ULRICH NERSINGER

DER UNBEKANNTE VATIKAN

ULRICH NERSINGER

DER UNBEKANNTE VATIKAN

media maria

Bibliografische Information: Deutsche Nationalbibliothek.
Die deutsche Nationalbibliothek verzeichnet diese Publikation in der Deutschen Nationalbibliografie; detaillierte bibliografische Daten sind im Internet über http://dnb.ddb.de abrufbar.

DER UNBEKANNTE VATIKAN
Ulrich Nersinger

Umschlaggestaltung: Finken & Bumiller, Stuttgart
Satz: SATZstudio Josef Pieper, Bedburg-Hau
Printed in Germany
ISBN 978-3-9816344-1-9

www.media-maria.de

INHALT

IV. DER SENAT DES PAPSTES

V. IM DIENST AN DER WELTKIRCHE – DIE RÖMISCHE KURIE

VI. RESIDENZ UND KULTURERBE DER WELT

VII. LITURGIEN UND ZEREMONIEN IM VATIKAN

EINLEITUNG

Wer sich im Internet einer bekannten Suchmaschine bedient und dort den Begriff »Vatikan« eingibt, erhält den Verweis auf fast siebzehn Millionen Einträge. Doch trotz oder vielleicht sogar wegen dieser vielen Suchergebnisse fällt eine Definition von dem, was der Vatikan ist, nicht leicht. Der *Mons et Ager Vaticanus* (»Vatikanische Hügel und Landstreifen«), in der Nähe des rechten Tiberufers der Ewigen Stadt gelegen, schauen auf eine Geschichte zurück, die weit in die vorchristliche Antike hineinreicht. Schon zu den Anfängen Roms umgab den Ort ein Faszinosum; die Herkunft seines Namens liegt noch heute im Dunkeln. Und in unseren Tagen, in denen die ganze Welt – und damit jede nur mögliche Form der Medien – den Vatikan fast täglich erwähnt und thematisiert, scheint nicht immer klar ersichtlich, was in ihm gesehen wird. Das Schlagwort »Vatikan« bietet eine Fülle von Deutungen und viel zu oft auch Missdeutungen. Das Buch versucht, einen Bogen von der Antike in die Gegenwart zu spannen. Es bemüht sich, die vielen Facetten des Vatikans in verständlicher und spannender Lektüre darzulegen. Es will versuchen, die Bedeutung des Vatikans in der heidnischen Antike aufzuzeigen, ihn als Ort des Martyriums, der Beisetzung und Verehrung des Apostels Petrus vorzustellen, seine Rolle als bevorzugte und aktuelle Residenz der Nachfolger des Apostelfürsten und als Sitz der Römischen Kurie, der Verwaltung der Weltkirche, zu würdigen, die kulturellen Errungenschaften, Wissenschaften und Kunstwerke, die mit ihm verbunden werden, hervorzuheben und die Gründe für die Existenz des kleinsten souveränen Landes der Erde, das 1929 das Erbe des 1870 untergegangenen Kirchenstaates antrat, zu vermitteln und in eine religiöse Dimension zu bringen. Die literarische Erkundigung möchte für den Leser so manchen wahren und vermeintlichen Schleier vom Vatikan entfernen und ihm eine solide, aber nicht trockene, sondern lebendig gestaltete Grundinformation bieten, die Neugier und Interesse für das Zentrum der katholischen Kirche weckt.

I. VOM HEIDNISCHEN CIRCUS ZUR KULTSTÄTTE DES CHRISTENTUMS

Der Aufstieg zur Kuppel der Petersbasilika in Rom ist mühsam. Doch wer ihn unternimmt, wird belohnt. Das Panorama, das sich dem Besucher der Ewigen Stadt bietet, beeindruckt. Als Pilger oder Tourist schaut man auf eine malerische Idylle, den Vatikan. Der Blick schweift über blitzblank geputzte Straßen und fällt auf wehrhafte Paläste, schmucke Gebäude und gepflegte Gartenanlagen. Kaum jemand vermag zu glauben, dass vor zweitausend Jahren das Land, das in unseren Tagen »Sankt Peter« umgibt, wenig einladend war, von den meisten Römern zu Recht gemieden wurde.

Im dunklen Schatten einer Stadt

In der Antike besaß er keinen guten Ruf, der *Ager Vaticanus* (»Vatikanisches Feld«), der sich zu Füßen des *Mons Vaticanus* (»Vatikanischer Hügel«) erstreckte. Der römische Geschichtsschreiber Publius Cornelius Tacitus spricht von *infamibus vaticanis locis* (»einer durch und durch üblen Gegend«). Plinius der Ältere erwähnt in seiner »Naturgeschichte« den Vatikan als einen »Sumpf voller Stechmücken« und berichtet, dass dort »riesige Schlangen lebten, die kleine Kinder in einem Happen auffressen konnten«. Selbst über den Wein, der dort wuchs, findet sich bei den Schriftstellern der Ewigen Stadt kein gutes Wort. »Wenn du den vatikanischen Wein trinkst, dann trinkst du Gift. Wenn du Essig gernhast, dann magst du dieses Getränk zu dir nehmen«, spottete der Dichter Martial.

Es sollte einem der wenig rühmlichen Herrscher des »Imperium Romanum« vorbehalten sein, den Ruhm des Vatikans zu begründen. Gaius Caesar Augustus Germanicus – der Welt besser bekannt als Caligula – besaß eine große Leidenschaft. Er liebte Spiele: Wagenrennen, die Tierhatz und den Kampf der Gladiatoren. Der Urenkel des Augustus, im Jahre 37 zum römischen Kaiser ausgerufen, war diesen Vergnügungen und Spektakeln mehr als allem anderen zugetan. Mit den öffentlichen Spielstätten aber wollte sich der junge Imperator nicht begnügen. Im Westen Roms, jenseits der Stadtmauern auf der anderen Tiberseite, besaß seine Mutter Agrippina ein Landgut. Dort, beim *Mons Vaticanus,* ließ Caligula einen privaten Circus anlegen, für dessen Verschönerung er keinerlei Mühe und Kosten scheute. Aus Heliopolis in Ägypten orderte er einen mächtigen Obelisken – fünfundzwanzig Meter hoch und über dreihundert Tonnen schwer – und befahl, ihn in der Arena aufzustellen.

Aber es sollte Caligula nicht mehr vergönnt sein, in seinem Circus Wagenrennen und Wettkämpfe zu erleben. Nach nur vier Jahren der Herrschaft fand der junge Kaiser den Tod. Anfangs war er beim Volk und den herrschenden Schichten beliebt, jedoch entwickelte er sich nach wenigen Monaten, vermutlich bedingt oder gefördert durch eine schwere Erkrankung, eine Hirnhautentzündung, zu einem wahnsinnigen Gewalttäter. »Bis hierhin vom Kaiser, jetzt muss über das Scheusal berichtet werden«, notierte Sueton in der Biografie des Imperators. Die kaiserliche Leibwache setzte dem Leben Caligulas am 24. Januar des Jahres 41 ein Ende; am letzten Tag der *Ludi Palatini* (»Palatinischen Spiele«) erschlug die Prätorianergarde ihren Herrn. Erst unter Nero, dem letzten Imperator aus dem julisch-claudischen Herrschergeschlecht, wurde der vatikanische Circus eröffnet. Der Kaiser selbst trat dort als Wagenlenker auf. Die Begeisterung für diesen Kampfsport hatte er von seinem Vater geerbt; als Lenker eines Zehnspänners sah man Nero sogar einmal unter den Teilnehmern der Olympischen Spiele. Der Kaiser empfand sich aber vor allem als Künstler, dem ein neues, schöneres und größeres Rom vor Augen stand – das aber nur durch einen Abriss des alten zu verwirklichen war.

Im Juli des Jahres 64 vernichtete ein Großbrand weite Teile Roms. Die Stadt war in vierzehn Regionen eingeteilt, nur vier von ihnen überstanden die gewaltige Feuersbrunst ohne größeren Schaden. Der römische Geschichtsschreiber Tacitus teilt in seinen Annalen mit, dass weder durch Hilfsmaßnahmen für das Volk noch durch Schenkungen des Kaisers und ausgiebige Sühneopfer für die Götter das Gerücht weichen wollte, es habe auf allerhöchsten Befehl gebrannt. Tacitus berichtet: »Um also dem Gerücht ein Ende zu machen, schob Nero andere als Schuldige vor und belegte sie mit den ausgesuchtesten Strafen: diejenigen nämlich, die bei der ungebildeten Menge, wiewohl ihrer Schandtaten verhasst, die *Chrestiani* hießen. Der Name leitet sich von Christus her. Für den Augenblick unterdrückt, brach der verderbliche Aberglaube wieder aus, diesmal jedoch nicht nur in Judäa, von wo das Unheil ausgegangen, sondern auch in Rom, wo sich ja die Gräuel und Schandtaten aus aller Welt ein Stelldichein geben und begeisterten Anklang finden.«

Tacitus fährt in seiner Schrift fort: »Man griff sie auf ... und überführte sie nicht so sehr der Brandstiftung, als dass man sie vielmehr aufgrund allgemeinen Menschenhasses als Verbrecher erwies. Dazu trieb man mit den Todgeweihten noch seinen Spott: in Tierfelle eingenäht, ließ man sie von Hunden zerfleischen; andere wurden an Kreuze geschlagen oder zum Feuertod bestimmt und nach Einbruch der Dunkelheit zur nächtlichen Illumination abgebrannt. Für dieses Schauspiel hatte Nero seine Gärten zur Verfügung gestellt.« Mit den *Horti Neronis* (»Gärten des Nero«) ist der Circus und das angrenzende Gebiet beim *Mons Vaticanus* gemeint. Auch Sueton, der sich einen Namen als Biograf der römischen Kaiser machte, wusste um die dramatischen Geschehnisse: »Mit Todesstrafen wurde gegen die Christen vorgegangen, eine Menschengattung, die sich einem neuartigen, gemeingefährlichen Aberglauben verschrieben hatte.«

»Petros èni« – Petrus ist hier

Die Tradition der frühen Kirche bezeugt, dass durch die Christenverfolgung des Jahres 64 Petrus und Paulus, die beiden Begründer der Gemeinde von Rom, den Tod fanden und ihr Leben als Zeugnis für den Glauben gaben. Schon im ersten Clemensbrief, der um das Jahr 96 entstand – vermutlich noch zur Regierungszeit Kaiser Domitians –, wird das Martyrium, das die Apostelfürsten in der Hauptstadt des Römischen Reiches erlitten, als bekannt vorausgesetzt. »Wegen Eifersucht und Neid sind die größten und gerechtesten Säulen verfolgt worden und haben bis zum Tod gekämpft … Petrus, der wegen ungerechtfertigter Eifersucht nicht eine und nicht zwei Mühen erduldet hat, ist, nachdem er Zeugnis abgelegt hatte, an den ihm gebührenden Ort der Herrlichkeit gelangt.«

Der Kirchenvater Eusebius von Cäsarea bekräftigt zu Beginn des vierten Jahrhunderts: »Es ist aufgezeichnet, dass Paulus in Rom selbst enthauptet und Petrus ebenso unter Nero gekreuzigt wurde. Dieser Bericht über Petrus und Paulus wird gestützt durch die Tatsache, dass ihre Namen in den Grabstätten bis zum heutigen Tag bewahrt wurden. Es ist ebenso durch Gaius bestätigt, ein Mitglied der Kirche unter Bischof Zephyrinus von Rom, der über die Orte, wo die heiligen Leichname der Apostel liegen, sagt: ›Aber ich kann die Trophäen der Apostel zeigen. Denn wenn du zum Vatikanhügel oder zur Via Ostia gehst, wirst du die Trophäen derer finden, die diese Kirche gründeten.‹«

Das Grabmonument für den heiligen Petrus im Vatikan – das sogenannte *Tropaion des Gaius* – dürfte um das Jahr 160 geschaffen worden sein. Schon wenige Jahre, nachdem man es errichtet hatte, zeigte sich an der rot verputzten Mauer, gegen die es gebaut worden war, ein tiefer Riss. Zur Stütze wurde im rechten Winkel zu ihr eine zweite Mauer hochgezogen. In deren Wand ritzten Mitglieder der christlichen Gemeinde fromme Inschriften ein, die als sichere Zeichen für das Vorhandensein eines Märtyrergrabes galten. Man konnte an der Mauer die Anfangsbuchstaben von Christus und Petrus erkennen und die Namen von Menschen, die ihrer Fürsprache anvertraut wurden. Auf einem nahen Gräberfeld fand man die Inschrift: »Petrus bittet Jesus Christus für die frommen Christen, die neben seinem Leib beigesetzt sind!«.

Nachdem das Römische Reich im Jahre 313 mit dem Christentum Frieden geschlossen hatte, ließ Kaiser Konstantin, angeregt durch seine Mutter Helena, die Ewige Stadt mit Kirchen, gewaltigen Basiliken, ausstatten. Eine von ihnen sollte dem heiligen Petrus geweiht und über dem Grab des Apostels errichtet werden. Um die Basilika zu erbauen, musste das Gräberfeld auf dem Vatikan mit Erde aufgefüllt werden. Auch brauchte das Grab des Heiligen einen besonderen Schutz. In einer antiken Quelle, dem »Liber Pontificalis«, heißt es, dass der Kaiser die *Memoria Petri* (»Grabmal des Petrus«) mit einem kostbaren Schrein aus Marmor und Porphyr umgab. Auf der östlichen Seite ließ man jedoch für die Gläubigen den Blick auf die irdische Ruhestätte des Apostels frei. Das Monument schmückte ein hohes Bronzegitter und von steinernen Weinreben umrankte Marmorsäulen. Auf der *Memoria* war ein Kreuz aus purem Gold angebracht, dessen Inschrift verkündete: »Constantinus Augustus und Helena Augusta erbauten diese königliche Kammer, umschlossen von der Basilika, die in entsprechendem Glanz erstrahlt.«

Für lange Zeit blieb die *Memoria Petri* unangetastet, bis hinein in die Dreißigerjahre des vergangenen Jahrhunderts. Als Pius XI. 1939 verstarb, sah sich Pius XII. dazu verpflichtet, dem letzten Wunsch seines Vorgängers nachzukommen. Pius XI. hatte in seinem Testament darum gebeten, so nahe wie möglich beim Grab des heiligen Petrus beigesetzt zu werden. Bei den Ausschachtungsarbeiten für die Grabstätte des Pontifex stieß man auf so bedeutsame Funde, dass man deren Entdeckung dem Papst unter großer Geheimhaltung mitteilte. Pius XII. beauftragte die Dombauhütte von Sankt Peter mit eingehenden Ausgrabungen am Fundort der Artefakte, die fast ein ganzes Jahrzehnt andauerten.

In der Stützmauer des *Tropaion* entdeckten die Archäologen Gebeine, die in einen kostbaren antiken Stoff gehüllt waren. Ein weiteres Fundstück war ein rot verputztes Mauerstück, auf dem man zwei Wörter in griechischer Sprache entziffern konnte: *Petros èni* (»Petrus ist hier«). 1950 gab Papst Pius XII. bekannt: »Das Grab des Apostelfürsten ist wiedergefunden worden! Die Riesenkuppel wölbt sich genau über dem Grab des ersten Bischofs von Rom, des ersten Papstes, einem zunächst äußerst bescheidenen Grab, über dem aber die Verehrung der späteren Jahrhunderte in wunderbarer Folge der Bauten das größte Heiligtum der Christenheit entstehen ließ.« Und achtzehn Jahre später konnte Paul VI. den Teilnehmern an einer Papstaudienz versichern: »Auf dem heutigen Stand der archäologischen und wissenschaftlichen Ergebnisse ist es Unsere Pflicht, Euch und der ganzen Kirche diese gute Nachricht mitzuteilen. Wir haben jetzt allen Grund zu glauben, dass die sterblichen Überreste des Apostelfürsten Simon, des Sohnes des Jonas, gefunden wurden.«

Die unter dem Altar der Basilika beigesetzten menschlichen Knochen waren von Fachleuten begutachtet und als die des heiligen Petrus anerkannt worden. Der mit Goldfäden durchwirkte Purpurstoff, in dem die Gebeine eingehüllt waren, wurde als ein weiterer Beleg dafür angesehen, dass man hier einen Menschen von herausragender Bedeutung beigesetzt hatte. Die Übertragung der Reliquien in die Stützmauer des *Tropaion* dürfte beim Bau der konstantinischen *Memoria* geschehen sein. Papst Damasus I. berichtet in einer Schrift aus der zweiten Hälfte des 4. Jahrhunderts, dass die Gräber im Vatikan der Gefahr ausgesetzt waren, von dem Wasser, das den Hügel herabfloss, beschädigt oder gar zerstört zu werden. Vielleicht wollte man die irdische Ruhestätte des Apostels aber auch nur vor der Plünderung durch frevlerische oder allzu fromme Hände schützen.

Ein Rätsel, das Historiker und Archäologen lange Zeit beschäftigt hatte, konnte gelöst werden. In den Katakomben des heiligen Sebastian an der Via Appia geben verschiedene antike Graffiti Auskunft über die Anwesenheit der sterblichen Überreste der heiligen Apostel Petrus und Paulus. Dort ist sogar die Mitteilung eines Gläubigen hinterlassen, dass hier das *Refrigerium* für die beiden Apostel gehalten worden sei – das *Refrigerium* war eine Mahlfeier zu Ehren der Verstorbenen. Der Grund für diese Zeugnisse liegt vermutlich in einem Ereignis des Jahres 258. Damals war unter den Christenverfolgungen des Valerianus die Beschlagnahme der Friedhöfe angeordnet worden. Fromme Christen dürften die Reliquien vom Vatikan und der Via Ostia zu den Katakomben an der Via Appia hin- und einige Monate später wieder an ihre angestammten Plätze zurückgebracht haben, als Gallienus, der Sohn und Mitregent des Valerianus, die Gräberfelder wieder freigab.

Eine Basilika für den Apostelfürsten

»Gott hat alle Völker den Römern unterworfen, um Christus den Weg zu bereiten«, konnte der römische Dichter Aurelius Prudentius Clemens im 5. Jahrhundert ohne großen Widerspruch behaupten. Prudentius schrieb diese Worte zu einer Zeit, in der aus einer von den Cäsaren zunächst misstrauisch beäugten und dann blutig verfolgten Minderheit eine Institution geworden war, die das römische Imperium entscheidend mittrug. Im Jahre 312 war es in Rom zum Kampf um die Vorherrschaft über die westliche Hälfte des Reiches gekommen. Kaiser Konstantin vertraute sich in der Schlacht bei der Milvischen Brücke dem Christengott an – und gewann. Die Legende will wissen, dass er zuvor am Himmel ein Kreuz erblickt habe: *In hoc signo vinces* (»In diesem Zeichen wirst du siegen!«). Konstantin hatte erkannt, welche Kraft und Stärke aus der neuen Religion hervorging. Der alte heidnische Götterglaube schien ihm nicht mehr fähig zu sein, das riesige Reich zusammenzuhalten.

Das Christentum bot sich als neue, unverbrauchte Klammer für die Einheit des Staates an. 313 erließ Konstantin gemeinsam mit Licinius, seinem Mitregenten im Osten des Reiches, das Edikt von Mailand: »Wir erteilen allen und auch den Christen die Erlaubnis, derjenigen Religion zu folgen, die sie wollen.« Zehn Jahre später entstand auf Befehl des Kaisers die erste Basilika über dem Grab des Apostels Petrus. Sie wurde 326 von Papst Silvester feierlich geweiht, aber erst im Jahre 349 vollendet. Das fünfschiffige Gotteshaus war 124 Meter lang und 64 Meter breit, vor dem Eingang fand sich eine große Säulenhalle mit einem Pinienzapfen-Brunnen in der Mitte. Durch mehr als elf Jahrhunderte wurde in der Basilika ununterbrochen gearbeitet, sie um kostbare Werke ergänzt und immer wieder aufs Neue ausgeschmückt. Künstler wie Giotto und Pietro Cavallini schufen zu ihrer Verschönerung prachtvolle Fresken und Mosaiken. Fußböden aus farbigem Marmor, lichtdurchflutete Glasfenster, silberne und goldene Hängelampen und einzigartige Wandteppiche hinterließen bei den Gläubigen einen tiefen Eindruck. In Sankt Peter hatte Konstantin die Anbringung einer Inschrift veranlasst, mit der der Kaiser sich an Christus wandte: »Unter Deiner Führung erhob sich die Welt triumphierend bis zu den Sternen, und Konstantin, der Sieger, erbaute Dir den Festsaal!«

Über tausend Jahre blieb der Bau bestehen. Dann, im 15. Jahrhundert, drohte die altehrwürdige Basilika zu verfallen. Zwar versuchten die Päpste, das Gotteshaus wiederherstellen zu lassen; aber ihren Bemühungen war nur wenig Erfolg beschieden. In den Mauern konnte man Risse sehen: Sie wurden von Jahr zu Jahr größer. Im Süden begann sich die Kirche um fast zwei Meter zu neigen. Mit Sorge betrachteten Klerus und Volk das morsche Dach, durch das bei Regen Wasser in das Innere der Basilika eindrang. 1505 trat Giuliano della Rovere als Julius II. die Nachfolge des Apostels Petrus an. Der Papst war ein Mann der Tat und fasste einen waghalsigen Entschluss. Ein Neubau der Peterskirche sollte alles bisher Dagewesene in den Schatten stellen. Am 18. April 1506 legte Julius II. den Grundstein für die neue Kirche. Die größten Meister der Zeit wurden in den Vatikan berufen, um ihr Bestes zu geben: Bramante, Sangallo, Raffael und Michelangelo. Die Pläne für die neue Basilika stammten von Donato Bramante. Sein Entwurf verband einen einfachen Zentralbau mit der Bekrönung durch eine gewaltige Kuppel; die Kirche sollte die Form eines griechischen Kreuzes erhalten. Nach dem Tod Bramantes wurden Sangallo und Raffael mit der Weiterführung der Arbeiten betraut; sie fügten dem Zentralbau jedoch ein Langhaus hinzu, das ihnen unverzichtbar erschien.

1547 übernahm der schon 72-jährige Michelangelo die Bauleitung von Sankt Peter; es wird berichtet, er habe dies getan »ohne irgendeinen Lohn, nur aus Liebe zu Gott und aus Ehrfurcht vor dem Apostelfürsten«. Der

Künstler erhielt vom Papst völlige Handlungsfreiheit. Er kehrte umgehend zum Zentralbaugedanken Bramantes zurück, denn wer sich davon entferne, schrieb Michelangelo, entferne sich von der Wahrheit. Nach dem Tod Buonarrotis wurden neue Architekten bemüht, um die Arbeiten fortzuführen: unter ihnen Pirro Ligorio und Giacomo Barozzi da Vignola. Die Vollendung der Kuppel vertraute Papst Sixtus V. Giacomo della Porta und Domenico Fontana an. Die beiden Baumeister brauchten weniger als zwei Jahre, um dem Auftrag des Pontifex gerecht zu werden. Die Kuppel, so hieß es in einem Nachruf auf Sixtus V., wurde »zum ewigen Ruhm Seiner Heiligkeit und zur Beschämung seiner Vorgänger erbaut«.

Unter Paul V. – der Papst aus dem Adelsgeschlecht der Borghese regierte von 1605 bis 1623 – durfte man Sankt Peter im Wesentlichen als vollendet betrachten. 1607 war Carlo Maderno zum neuen Architekten der Basilika ernannt worden. Er rückte von Bramantes Entwurf ab und gab Sankt Peter die Form eines lateinischen Kreuzes. Für diese Entscheidung waren vor allem liturgische Gründe ausschlaggebend gewesen. Die Gegenreformation drängte darauf, die Gottesdienste der katholischen Kirche als unübertreffbare Darstellungen des wahren Glaubens zu präsentieren: als »heiliges Schauspiel«. Das *Theatrum Sacrum* aber brauchte Raum und ließ sich nicht in einer Begrenzung zelebrieren. 1612 stellte Maderno die Fassade der Basilika fertig. Von deren Balustrade blicken dreizehn Statuen auf Rom hinab: Christus, Johannes der Täufer und elf Apostel – ohne den heiligen Petrus. Statuen des Petrus und des Völkerapostels Paulus wurden mehr als zweihundert Jahre später zuseiten der großen Treppe aufgestellt, die zu dem Gotteshaus hinaufführt. Am 18. November des Jahres 1626 weihte Papst Urban VIII. Sankt Peter mit großer Feierlichkeit ein. »Dieser Ort ist von Gott geschaffen, ein unschätzbares Geheimnis, nichts auszusetzen ist an ihm«, sang der Chor der Sixtinischen Kapelle bei der Weihemesse.

Dreißig Jahre später erhielt Gianlorenzo Bernini von Papst Alexander VII. den Auftrag, den Platz vor der Basilika zu gestalten. Es galt, die Piazza in Einklang mit den gewaltigen Ausmaßen von Sankt Peter und den verwinkelten Bauten des Apostolischen Palastes zu bringen. Der Platz, den Bernini entwarf, besitzt die Form einer großen Ellipse. Die zwei seitlichen Halbkreise werden von einem imposanten vierreihigen Säulengang gebildet. 88 Pfeiler und 284 dorische Säulen ließ Bernini aufstellen und mit 140 Heiligenstatuen krönen. Bernini verglich seine Kolonnaden mit den mütterlich ausgebreiteten Armen der Kirche. »Sie umfangen die Gläubigen, um sie im Glauben zu stärken, die Irrgläubigen, um sie der Kirche zurückzuführen, und die Ungläubigen, um sie im wahren Glauben zu erleuchten.« In der Mitte des Platzes erhebt sich der Obelisk, den Caligula vor fast zweitausend Jahren für seinen Circus bestimmt hatte. *Pyramis Beati Petri* (»Pyramide des seligen Petrus«) nannten die Römer früherer Zeiten das Monument, das Zeuge des Martyriums des ersten Bischofs der Ewigen Stadt geworden war. Der gewaltige Steinkoloss war im September des Jahres 1586 auf Anweisung Sixtus' V. von seiner ursprünglichen Stelle neben der Sakristei von Sankt Peter – dort, wo in der Antike der Circus des Nero lag – durch Domenico Fontana auf den Petersplatz überführt worden.

Neunhundert Mann, einhundertfünfzig Pferde und an die fünfzig Winden waren nötig gewesen, um den

Obelisken aufzurichten. Den Bewohnern der Ewigen Stadt wurde ein Schauspiel von unglaublicher Dramatik geboten. Über die Aufstellung des antiken Monuments schrieb der Architekt des Papstes: »Da unendlich viel Volk zusammenlief, um so ein merkwürdiges Unternehmen anzusehen, wurden, um Unordnung zu vermeiden, die Straßen abgesperrt, die über den Platz führten, und eine Bekanntmachung erlassen, dass an dem zur Hebung des Obelisken bestimmten Tage außer den Arbeitern niemand in die Schranken eintreten dürfe. Wer mit Gewalt eindränge, würde mit dem Tode bestraft. Ferner dürfe keiner die Arbeiter hindern, keiner dürfe sprechen, disputieren oder irgendeinen Lärm machen, und zwar bei schwerer Strafe, damit die prompte Ausführung der Befehle der Bediensteten nicht behindert werde. Zur sofortigen Vollstreckung wurde der Hauptmann der Sbirren mit seinem Korps innerhalb der Umschließung aufgestellt, sodass, teils wegen der Neuheit der Arbeit, teils wegen der angedrohten Strafen, in der Volksmenge, welche zusammenlief, die größte Stille herrschte.«

Während der Aufrichtung des Obelisken sollte nichts anderes zu hören sein als der Trompetenstoß, der den Arbeitern an den Winden ein jedes Mal das Zeichen zum Beginn einer neuen Runde gab. Doch plötzlich unterbrach ein lauter Schrei im Dialekt Liguriens die Stille: *Aigua ae corde* (»Wasser auf die Seile!«). Es war der Warnruf eines Seemanns aus Bordighera bei San Remo, der unter der Zuschauermenge stand. Er fürchtete, der schon nahezu aufgerichtete Obelisk könnte umstürzen. Es kam ihm vor, als drohten einige der durch die Reibung erhitzten Seile zu reißen. In seiner Angst hatte er den Schrei nicht zurückhalten können. Die Warnung wurde als richtig erkannt, sodass der Papst dem Rufer die angedrohte Strafe erließ, ihm sogar den Ehrentitel eines Kapitäns verlieh und das Recht zugestand, auf seinem Schiff die päpstliche Flagge zu führen. Zudem gewährte Sixtus V. dem Seemann und dessen Nachkommen das Privileg, alljährlich die Palmzweige für den Apostolischen Palast zu liefern. Noch heute übersenden Bordighera und San Remo dem Vatikan die Palmwedel für die feierliche Prozession zu Beginn der Karwoche.

Petrus und die Gräber seiner Nachfolger

Jahr für Jahr am Allerseelentag gedenken die Päpste in der vatikanischen Basilika ihrer Vorgänger. Sie steigen dann in die Grotten des Gotteshauses hinab, um das eine oder andere Grab eines Nachfolgers Petri aufzusuchen und dann dort in stillem Gebet zu verweilen. In der Basilika, die sich über der irdischen Ruhestätte des Apostelfürsten erhebt, sind aber längst nicht alle Oberhirten der katholischen Kirche beigesetzt. Ihre Gräber sind über ganz Rom, Italien und viele andere Länder der Erde verstreut.

Im Deutschen wird ein christliches Gräberfeld »Friedhof« genannt. Die aus dem Althochdeutschen kommende Bezeichnung »Friedhof« wird oft falsch gedeutet. Sie leitet sich nicht von dem Wort »Frieden« ab, sondern benennt einen Bereich vor einer Kirche, der genau umrissen, »eingefriedet«, ist. Friedlich, in beschaulicher Ruhe konnten die sterblichen Überresten der Päpste im Übrigen nur selten verbleiben, so, wie schon das Grab des heiligen Petrus auf eine abenteuerliche Historie zurückschaut. Die Kirchengeschichte verzeichnet einen Papst wie Formosus (891–896), der von seinem Nachfolger Stephan VI. aus dem Grab gerissen wurde, über dessen sterbliche Überreste man in einer »Leichensynode« Gericht saß, um ihn dann in einem barbarischen Akt zu verstümmeln und den Fluten des Tibers zu überantworten. Papst Theodor II., der nur drei Wochen auf dem Stuhl des heiligen Petrus saß, hob die Beschlüsse der makabren »Synode« wieder auf, ließ die geschändete Leiche aus dem Fluss bergen und setzte sie ehrenvoll in Sankt Peter bei.

Wurde Rom in vergangenen Zeiten belagert und von seinen Feinden eingenommen, kam es oft zu Plünderungen, die auch vor den Sarkophagen der Päpste nicht haltmachten. Prunkvolle Brustkreuze und kostbare Beigaben lockten so manchen Grabräuber an. Bisweilen vermag man auch darüber zu streiten, ob die »Verbannung« toter Oberhirten der katholischen Kirche aus der unmittelbaren Nähe zur vatikanischen Basilika praktische oder ideologische Gründe hatte. In »Santa Maria di Monserrato«, der Nationalkirche der Spanier in Rom, befindet sich das gemeinsame Grabmal von Calixt III. und Alexander VI. Die Borgia-Päpste, Onkel und Neffe, hatten ursprünglich in dem Kirchlein »Santa Maria della Febbre« bei »Alt-Sankt Peter« ihre irdische Ruhestätte gefunden. Der Neubau der vatikanischen Basilika bewirkte den Abriss der kleinen Kirche, und so wurden die sterblichen Überreste der beiden spanischen Päpste 1610 nach »Santa Maria di Monserrato« überführt.

Bis zum Pontifikat Leos XIII. zollte so mancher verstorbene Papst einer seltsam anmutenden Tradition seinen Tribut. Wenn der Leibarzt des Heiligen Vaters den Tod des Pontifex festgestellt hatte, wurden dem Körper des Verstorbenen das Herz und die inneren Organe entnommen und in ein Gefäß gelegt. Das aus Zink bestehende Behältnis verschloss man sorgfältig, versiegelte es und übertrug es in die Kirche »Santi Vincenzo e Anastasio« beim Trevi-Brunnen. Pius X. (1903–1914) verfügte unmittelbar nach seinem Amtsantritt, diesen Brauch nicht weiter fortzusetzen. Bei selig- und heiliggesprochenen Päpsten ist es jedoch noch heute üblich, dass man den Leichnamen Körperteile entnimmt, um sie als Reliquien den Gläubigen in aller Welt zukommen zu lassen.

Manchmal gehen tote Päpste auch auf Reisen. Im Mai 1959 wurde der Leichnam des heiligen Pius X. zum Bahnhof der Vatikanstadt und von dort aus mit einem Sonderzug nach Venedig gebracht, wo den Katholiken der Lagunenstadt für einige Tage die Möglichkeit gegeben wurde, die sterbliche Hülle ihres ehemaligen Patriarchen zu verehren. Pius X. hatte Venedig 1903 mit den Worten verlassen, er werde in seine Diözese zurückkehren, »lebendig oder tot«. Er sollte sein Versprechen halten. Im Zeitalter der neuen Medien haben die Gläubigen die Gelegenheit, einem verstorbenen Oberhaupt der katholischen Kirche nunmehr auch digital die Referenz zu erweisen. So kann via Internet das Grab Johannes Pauls II. in Sankt Peter von überall auf der Welt aufgesucht werden. Eine Webcam macht es möglich. »Ein Friedhofsbesuch, der dem Medienpapst gefallen hätte«, heißt es dazu aus dem Vatikan.

II. SOUVERÄN, OBERHIRTE, DIENER DER DIENER GOTTES

Bischof von Rom, Nachfolger des Apostelfürsten, Stellvertreter Jesu Christi, Oberster Pontifex der Universalkirche und Souverän des Staates der Vatikanstadt sind nur einige Titel, die den Papst bezeichnen; »Heiliger Vater« und »Eure Heiligkeit« sind oft gebrauchte Anreden. *Papa* (»Papst«) ist eine vertrauliche, familiäre Bezeichnung für *Pater* (»Vater«), mit der ursprünglich alle Bischöfe angeredet wurden; vom 6. Jahrhundert an wurde sie jedoch dem Bischof von Rom vorbehalten. In seinen wichtigsten Schreiben und Verfügungen nennt sich der Papst selber: *Servus servorum Dei* (»Diener der Diener Gottes«).

In der Nachfolge des heiligen Petrus

Alle Titel und Anreden, die für den Papst gebräuchlich sind, lassen sich in ihrem Ursprung auf die Zusicherung Christi an Simon Petrus zurückführen: »Du bist Petrus, und auf diesen Felsen werde ich meine Kirche bauen [...] Ich werde dir die Schlüssel des Himmelreiches geben« (Matthäus 16,18–19). Ein Theologe unserer Zeit, Martin Ebner, nennt diese Herrenworte »die Magna Charta des Papsttums«. Simon Kephas, der Fischer aus Galilea, wird zum tragenden Felsen der ganzen christlichen Gemeinde. Seine Bedeutung gleicht dem Eckstein des Tempels im Alten Bund. »Darum – so spricht Gott, der Herr: Seht her, ich lege einen Grundstein in Zion, einen harten und kostbaren Eckstein, ein Fundament, das sicher und fest ist: Wer glaubt, der braucht nicht zu fliehen« (Jesaja 28,16). Dem ersten Gottesvolk gab diese in Stein gefasste Zusicherung Trost und Hoffnung in allen Bedrängnissen.

Ein frühes Glaubensbekenntnis der Kirche, in dem Petrus namentlich Erwähnung findet, spricht der Apostel Paulus aus: »Christus ist für unsere Sünden gestorben, gemäß der Schrift, und ist begraben worden. Er ist am dritten Tag auferweckt worden, gemäß der Schrift, und erschien dem Kephas, dann den Zwölf« (1 Korinther 15,3–5). Die ausdrückliche Nennung des Petrus bezeugt, wie sehr sich die frühchristliche Gemeinde seiner herausragender Stellung bewusst war, bemerkenswert auch deswegen, da Paulus von Tarsus mit dem Ersten der Apostel nicht immer der gleichen Ansicht war. Die Kirche, im Heiligen Land gestiftet, dehnte schon bald ihren Auftrag, das Evangelium zu verkünden, auf das Römische Reich aus. Am Ende des ersten Jahrhunderts waren dort schon mehr als sechzig Namen von Städten und Orten bekannt, in denen christliche Gemeinden lebten. Das Römische Reich bot für die Ausbreitung des Christentums die denkbar günstigsten Voraussetzungen. Ein für die Antike einmaliges Straßen- und Verkehrsnetz, keinerlei Pass- und Devisenbeschränkungen und eine überall verbreitete gemeinsame Sprache, das »Volksgriechisch«, waren ungeheure Erleichterungen. Und nicht zuletzt die *Pax Romana*, die von Kaiser Augustus eingeleitete Friedenszeit, ermöglichte es der Kirche, im ganzen Reich zu wirken. *Caput Mundi* (»Haupt der Welt«) wurde die Stadt Rom genannt, von hier aus wurde das »Imperium Romanum« regiert.

Petrus und Paulus waren sich bewusst, dass dieser Ort eine ganz besondere Rolle im Leben der Kirche spielen sollte, und es dann auch tat. Die Anwesenheit und das Martyrium der beiden Apostel gaben Rom einen hohen Rang bei den übrigen christlichen Gemeinden. Die besondere Stellung des Petrus innerhalb des Apostelkollegiums sollte auf seine Nachfolger in der Hauptstadt des Römischen Reiches übertragen werden. Während die Nachfolge der übrigen Apostel nicht zwingend an einen bestimmten Bischofssitz gebunden war, so war es jedoch immer einhellige Tradition, dass der Inhaber des Sitzes in der Ewigen Stadt die Nachfolge Petri angetreten hat. Der Primat des Petrus wurde zum Primat der Kirche von Rom. Ignatius von Antiochien nennt die römische Gemeinde die »Vorsitzende im Liebesbunde«; Irenäus von Lyon spricht von der »größten, ältesten und allbekannten Kirche, die von den beiden ruhmreichen Aposteln Petrus und Paulus zu Rom gegründet und errichtet ist«, und Cyprian von Karthago schließlich nennt die Gemeinde von Rom »die Wurzel und Mutter der ganzen Kirche«. *Ubi Petrus, ibi Ecclesia* (»Wo Petrus ist, da ist die Kirche«), bekennt Ambrosius, der Bischof von Mailand. Im Jahre 451 beantworten die Teilnehmer am Konzil von Chalcedon ein Lehrschreiben Leos I. mit dem Ruf: »Petrus hat durch Leo gesprochen!« Wie ein roter Faden wird sich diese Erkenntnis durch die Geschichte der Kirche ziehen. Im mittelalterlichen Pilgerhymnus *O Roma nobilis* singen die Wallfahrer vor dem Grab des ersten Bischofs der Ewigen Stadt: »Du, dessen Vollgewalt aufschließt das Himmelstor, Petrus, den Bitten leih gnädiglich dein Ohr!« Auch als das christliche Gesicht Europas zu verblassen schien und Philosophien einer neuen Zeit auftauchen, wird von den Kritikern und Gegnern der Kirche noch immer die Ausstrahlung und

Kraft des Petrusamtes erkannt. »Der Papst stirbt, aber das Papsttum ist unsterblich«, bekennt Voltaire ohne Zögern.

In der Verantwortung für die Weltkirche

In den Konzilen, den Versammlungen aller Bischöfe der katholischen Kirche, wird der christliche Glaube dargelegt und interpretiert. Auf dem II. Vatikanischen Konzil, das von 1962 bis 1965 in der Ewigen Stadt tagte, wurde die überlieferte Lehre der Kirche für unsere Zeit in Erinnerung gerufen. Den rund dreitausend Teilnehmern aus aller Welt war es wichtig zu unterstreichen, dass der Papst »das immerwährende und sichtbare Prinzip und Fundament für die Einheit der Vielheit sowohl von Bischöfen als auch von Gläubigen« ist, denn er »hat kraft seines Amtes, nämlich des Stellvertreters Christi und des Hirten der ganzen Kirche, die volle, höchste und allgemeine Vollmacht über die Kirche, die er immer frei ausüben kann« (*Lumen Gentium*, 22–23). Solche Worte vermitteln die Schwere der Verantwortung, die den Päpsten auferlegt ist, der sie gerecht werden müssen – und es auch geworden sind. Zum Beginn seines Pontifikates sagte Benedikt XVI. in Erinnerung an seinen Vorgänger Johannes Paul II.: »Im Papst war den Menschen ein Vater sichtbar geworden, der alle irgendwie untereinander verband.«

In vielen lateinischen Urkunden, auch solchen jüngeren Datums, tauchen für den Papst die Bezeichnungen *Pontifex Maximus* und *Summus Pontifex* auf. Im vorchristlichen Rom war der *Pontifex Maximus* der ranghöchste heidnische Priester der Stadt. Ihm kam die

Oberaufsicht über alle sakralen Handlungen zu. Sein Wohnsitz befand sich auf dem Forum Romanum. Mit Augustus beginnend fiel allen römischen Kaisern diese hohe Würde zu. Als sich das Imperium im 4. Jahrhundert dem Christentum zuwendete, verzichteten sie auf die Nennung als *Pontifex Maximus*. Es waren dann die Bischöfe von Rom, die diese uralte Titulatur im 6. Jahrhundert aufgriffen. Die Herkunft der Bezeichnung *Pontifex* ist nicht eindeutig geklärt. Die meisten Gelehrten übersetzen sie jedoch mit »Brückenbauer«, abgeleitet vom lateinischen *pons* (»Brücke«) und *facere* (»machen«). Historische Quellen verraten, dass noch im 7. Jahrhundert vor Christus die römischen Oberpriester für die Instandhaltung der Brücken über dem Tiber verantwortlich zeichneten. Stimmt man der Deutung von *Pontifex* als dem Brückenbauer zu, scheint die Übernahme des Titels durch den Papst als verständlich und sinnvoll – der höchste der Bischöfe hat die Aufgabe und Pflicht, »Brücken zu bauen«, nicht nur zu Gott, sondern zu und unter allen Hirten und Gläubigen der Kirche.

Die den Päpsten von Christus übertragene Sorge für die ganze Kirche lässt sie nicht die Einordnung ihres Amtes in das Dienen hinein vergessen. Als sich der Patriarch von Konstantinopel, geprägt durch seine Stellung in der unmittelbaren Umgebung des Kaisers und beeinflusst durch das prächtige byzantinische Hofzeremoniell, den wohlklingenden Titel eines »Ökumenischen (Allgemeinen) Patriarchen« zulegte, reagierte Papst Gregor der Große (590–601) mit einer Titulatur, die auf das Grundlegende des kirchlichen Amtes verwies: In den offiziellen päpstlichen Schreiben benutzte er die Bezeichnung: *Servus servorum Dei* (»Diener der Diener Gottes«).

In einem Brief an die Gemeinde von Korinth ruft der heilige Paulus den Gläubigen in Erinnerung: »Wenn ich in den Sprachen der Menschen und Engel redete, hätte aber die Liebe nicht, wäre ich dröhnendes Erz oder eine lärmende Pauke« (1 Korinther 13,1). Diakonie und Caritas sind Wesensmerkmale der Kirche. »Die Armen nicht an seinen Gütern teilhaben zu lassen, heißt sie bestehlen und ihnen das Leben nehmen«, predigte der heilige Johannes Chrysostomus.

Begibt sich Papst Franziskus zu den großen öffentlichen Gottesdiensten nach Sankt Peter oder einer der großen Kirchen in Rom, folgt ihm eine kleine Gruppe von Personen. Unter ihnen sieht man auch den Inhaber eines Amtes im Vatikan, der sich lange Zeit keiner großen Bekanntheit erfreute und erst jetzt wieder mehr Beachtung findet – den Päpstlichen Almosengeber. Der Brauch, Almosen unter die Armen und Bedürftigen zu verteilen, lässt sich bereits auf das christliche Altertum zurückführen. Schon die Apostelgeschichte erwähnt diesen Liebesdienst der Kirche. Auch die Einrichtung von Hilfswerken für Alte, Kranke, Waisen oder Witwen, die schon in der Frühzeit der Kirche entstanden, machten das Austeilen von Almosen nicht überflüssig. Kammerherren des Papstes wurden mit dieser wichtigen Aufgabe betraut. Sie verteilten vor und nach der Messe an Bedürftige kleinere Geldbeträge; sogar bei feierlichen Prozessionen und Ausritten des Papstes versahen sie diese wichtigen karitativen Verpflichtungen. Gregor X. (1271–1276) richtete das Apostolische Almosenamt als feste Institution ein und ernannte einen Erzbischof zum Almosengeber. Wann immer sich der Papst in der Öffentlichkeit zeigte, befand sich dieser hohe Prälat an seiner Seite. Jeder konnte ihn ansprechen oder ihm eine Bittschrift übergeben.

In unseren Tagen ist dies aus praktischen Gründen und aus der Sorge um die Sicherheit des Papstes heraus schwieriger geworden. Wenn auch heute noch der Almosengeber den Papst bei dessen offiziellen Auftritten begleitet, so soll dies vor allem ein symbolisches Zeichen dafür sein, dass dem Papst die Armenfürsorge ein wichtiges und unverzichtbares Anliegen ist. Die Amtsräume des Päpstlichen Almosenamtes liegen in der Vatikanstadt, nur wenige Schritte vom Sant' Anna-Tor entfernt, in einer kleinen Gasse bei der Via del Pellegrino. Sie sind für jeden, der Hilfe benötigt, zugänglich. Die Wachtposten der Schweizergarde und der vatikanischen Gendarmerie haben die Order, niemandem den Zutritt zu verwehren. Oft sind es aber Pfarrer oder kirchliche Institutionen, die auf schriftlichem oder telefonischem Weg für Bedürftige um eine Unterstützung ansuchen. Die Almosen werden ohne Ansehen der Person und unnötige bürokratische Hürden gewährt; auch die Konfession oder Religionszugehörigkeit des Hilfesuchenden ist bei diesem Hilfswerk des Papstes kein Kriterium. »Wer sonst nirgendwo Hilfe bekommt und sich in einer echten Notlage befindet, kann bei uns auf eine rasche Unterstützung hoffen«, versichert ein Mitarbeiter des Almosenamtes.

Die bedeutendste Einnahmequelle des Almosenamtes ist die Ausstellung der Diplome *Benedizione Papale*. Dieser offiziell bestätigte »Päpstliche Segen« erfreut sich großer Beliebtheit. Katholiken aus allen Ländern der Erde erbitten ihn zu Taufen, Hochzeiten, Geburtstagen und ähnlichen Anlässen. Die Segenserteilungen gibt es auf Papier, Pergament oder Leder, und zwar immer mit dem Bild des regierenden Papstes. Die Namen der Empfänger werden von den Angestellten des Amtes handschriftlich eingesetzt. Jedes einzelne Dokument wird vom Almosengeber persönlich unterschrieben. »Autogramme für die Armen«, bemerkt die Ordensschwester, die im Vorzimmer des Erzbischofs sitzt, mit einem Lächeln. »Mehrere Hundert am Tag«, fügt sie hinzu. Der Segen selber ist kostenlos. Die konzessionierten Vermittler, die in den Souvenirläden rund um den Vatikan und in aller Welt für die Gläubigen die Ausfertigung dieser Urkunde besorgen, erheben aber für das Diplom eine bestimmte Summe und haben von dieser eine feste Gebühr an das Almosenamt zu entrichten. Der Gewinn aus den *Diplome di Benedizione Papale* fließt in voller Höhe der päpstlichen Wohlfahrtspflege zu.

Die Armenfürsorge ist Papst Franziskus ein besonderes Anliegen. Im August 2013 ernannte er einen neuen Almosengeber. Nach dem großen Flüchtlingsdrama vor Lampedusa, bei dem Anfang Oktober fast vierhundert Menschen den Tod fanden, schickte der Papst den Erzbischof auf die kleine italienische Insel, die gut zweihundert Kilometer vor der Küste Siziliens liegt. Dort leistete der Almosengeber schnelle und praktische Hilfe. Im Auftrag des Papstes verteilte er eintausendsechshundert Telefonkarten. Sie sollten den Betroffenen helfen, den Kontakt mit ihren Verwandten in der Heimat zu halten. Den Kindern im Aufnahmelager übergab der Erzbischof ein Spielezelt. »Das Almosenamt leistet eine Soforthilfe«, erklärte er gegenüber der Presse, »die weitere Unterstützung werden dann kirchliche Hilfswerke sicherstellen, die über die notwendigen Strukturen und die Logistik verfügen, die wir nicht haben.« Mit der Entsendung des Almosengebers nach Lampedusa hat Papst Franziskus gezeigt, dass er dessen Aufgabenbereich weit über Rom hinaus ausdehnen will. Das Apostolische Almosenamt verliert sich nicht in eine altehrwürdige Geschichte, sondern macht seinen Weg in die Gegenwart und in die Zukunft.

Der zweifache Souverän

Im September des Jahres 1870 ging nach über tausend Jahren die weltliche Herrschaft des Papstes zu Ende. Der Nachfolger Petri besaß nun keine territoriale, einem Land zugestandene Souveränität mehr. Doch seine Person und das, was er verkörperte, der Heilige Stuhl, verloren nicht ihre einzigartige Stellung in der Völkergemeinschaft, ihre von einem Staatswesen unabhängige Souveränität. Der Großteil der Staaten gestand diese dem Oberhaupt der katholischen Kirche zu. Weiterhin entsandten sie ihre Botschafter an den »Päpstlichen Hof« und der Papst seinerseits ließ sich überall in der Welt durch Apostolische Nuntien und Delegaten vertreten. Der Heilige Stuhl repräsentiert die gesamte katholische Kirche, die »in ihrer Universalität den Charakter einer übernationalen Institution hat, der eine völkerrechtliche Rechtspersönlichkeit zuerkannt wird, die ihr wirkliche Souveränität verleiht« (René Metz).

Am 11. Februar 1929 kamen die beiden »Souveränitäten« des Papstes wieder zusammen, durch die Gründung des *Stato della Città del Vaticano* (»des Staates der Vatikanstadt«). Die territoriale Unabhängigkeit ist zwar zweitrangig. aber dennoch wichtig, denn sie gestattet die freie und ungehinderte Ausübung der persönlichen

Souveränität. Zwischen dem Heiligen Stuhl und dem Vatikanstaat zu unterscheiden, ist in der Praxis nicht immer leicht – auch nicht auf höchstem diplomatischen Parkett. So musste im Jahre 1957 das Päpstliche Staatssekretariat die zuständigen Instanzen der Vereinten Nationen darum bitten, in den offiziellen Dokumenten der UN künftig die Bezeichnung »Heiliger Stuhl« und nicht »Vatikanstaat« zu verwenden. In Journalistenkreisen ist man in solchen Fällen pragmatischer. Der Romkorrespondent einer großen deutschsprachigen Zeitung gesteht ein, immer dann, wenn er sich nicht sicher ist, um welche der Rechtspersönlichkeiten es sich handelt, nur vom »Vatikan« zu sprechen.

Der Heilige Stuhl und der Vatikanstaat werden heraldisch durch eine Insignie dargestellt, die zeigt, das sich beide auf die gleiche Institution, das Papsttum, zurückführen: die Tiara mit den gekreuzten Schlüsseln Petri. Die dienende Gewalt der beiden Schlüssel ist der unaufgebbare Grund, die dreifache Krone eine geschichtliche Ausprägung, die noch in die Gegenwart hineinwirkt. Es gibt kaum ein Dokument oder Schreiben des Heiligen Stuhles, das nicht mit der Tiara und den Schlüsseln Petri geschmückt ist. Auf den Briefmarken und Stempeln der Vatikanischen Post ist die Insignie ebenso anzutreffen wie auf den Passierscheinen, die zum Betreten der Vatikanstadt berechtigen, oder den Eintrittskarten, die den Besuch der Vatikanischen Museen ermöglichen. In der Ewigen Stadt ist sie allgegenwärtig – an Brunnen, Stadttoren, Palästen und Kirchen. Die Tiara wird vom Oberhaupt der katholischen Kirche nicht mehr getragen und ebenfalls nicht mehr in seinem persönlichen Wappen geführt, denn die Verhältnisse in der Welt haben sich geändert, sodass die Krönungsworte, die den Papst als »Vater der Fürsten und Könige und Lenker der Welt« bezeichneten, nicht mehr zutreffen. Da aber der Passus, der den Papst bei dieser Zeremonie »Statthalter unseres Heilands Jesu Christi auf Erden« nennt, weiterhin Gültigkeit besitzt, hat die Tiara dennoch den legitimen Anspruch, weiterhin verwendet zu werden.

Gelb und Weiß als päpstliche Farben

Gegen Ende des 18. Jahrhunderts kamen in Europa die Kokarden auf, Abzeichen aus Papier oder Stoff, die vor allem an militärischen Kopfbedeckungen getragen wurden. Die Farben nahm man zumeist aus dem Wappen oder der Wappenfahne des Landes. Rom und die Päpste hatten oft goldene Darstellungen auf rotem Grund in ihren Wappenfahnen. Daher wurde im Kirchenstaat eine Kokarde in den Farben Gelb und Rot üblich.

Als die Truppen Napoleons auf ihrem zweiten Italienfeldzug im Jahre 1808 die Ewige Stadt besetzten, ordnete der Befehlshaber der französischen Soldaten die Eingliederung der päpstlichen Truppen in die kaiserliche Armee an. Um die »Verbrüderung« zu fördern, befahl man den Soldaten, die französische Kokarde von ihren Hüten zu entfernen und sie durch die gelbrote der päpstlichen Soldaten zu ersetzen. Da der Papst nicht mehr über seine regulären Truppen verfügte, konnte er seinen Protest gegen diese Anmaßung nur noch durch seine Palastwachen zeigen; er gab ihnen den Befehl, die gelbrote Kokarde mit einer gelbweißen zu tauschen. Pius VII. wählte die Farben Gelb und Weiß, da durch sie von alters her die Schlüssel des heiligen Petrus dargestellt wurden. Wenn die Päpste nach ihrer Wahl und Krönung von der

Lateranbasilika, ihrer eigentlichen Bischofskirche, Besitz ergriffen, erhielten sie zwei Schlüssel überreicht, einen goldenen und einen silbernen. Die beiden Schlüssel symbolisieren die dem Apostel Petrus von Christus übertragene Vollmacht, zu lösen und zu binden. In der Heraldik entsprechen Gold und Silber den Farben Gelb und Weiß.

Die Päpstliche Nobelgarde nahm 1808 die alte Kokarde ab und steckte die neue an. Mit den neuen Farben zeigten sie sich nicht nur in ihrem Quartier und im Apostolischen Palast, sondern auch in der Stadt. Durch dieses Verhalten aufgebracht, besetzten die Franzosen das Quartier der Nobelgarde, das sich in der Nähe des Quirinals im »Palazzo della Consulta« befand. Sie verhafteten die adeligen Gardisten, um sie in der Engelsburg festzusetzen. Nur wenige Zeit später wurde dann auch die Schweizergarde entwaffnet, der Papst gefangen genommen und nach Frankreich verschleppt. Nach dem Sturz Napoleons ordnete der Papst für all seine Truppen die gelbweiße Kokarde an. Zehn Jahre später wurde den Schiffen des Kirchenstaates eine neue Flagge vorgeschrieben: unterteilt in zwei Felder, gelb und weiß, in der Mitte die von der Tiara überhöhten gekreuzten Schlüssel Petri. Als erstes Armeekorps der Päpstlichen Staaten übernahm im Jahre 1831 die *Guardia Civica* (»die Bürgermiliz«) Gelb und Weiß in ihre Fahne; 1853 folgten als erste reguläre Einheiten der päpstlichen Armee die Regimenter der Linieninfanterie.

Das Ende des Kirchenstaates im Jahre 1870 führte häufig zum Streit um die gelbweiße Fahne des Papstes. Wurde sie in katholischen Ländern zu festlichen Gelegenheiten aufgezogen, protestierten regelmäßig die Botschafter Italiens gegen das Hissen der Flagge. In Frankreich versuchten antiklerikale und glaubensfeindliche Kräfte, das Hissen der päpstlichen Fahne zu verhindern; in einigen Departements gab es Verordnungen, die dies mit Strafandrohungen durchsetzen wollten. Ausgerechnet im Ersten Weltkrieg zeigte sich eine Entspannung im »Flaggenstreit«. 1916 hatte Papst Benedikt XV. neue Apostolische Nuntien für Belgien, Kolumbien und Argentinien ernannt; der Heilige Stuhl wollte die Gesandten per Schiff zu ihren Amtssitzen bringen lassen. Der mit großer Härte geführte U-Boot-Krieg schien dem aber entgegenzustehen. Durch den Missbrauch neutraler Flaggen waren auch Schiffe neutraler Staaten den Gefahren eines Angriffs und der Versenkung ausgesetzt. Die Regierung des Deutschen Reiches gab dem Vatikan zu verstehen, dass man für den Fall einer Inanspruchnahme eines neutralen Schiffes keine Garantie abgeben könne. Für den Fall jedoch, dass der Heilige Stuhl eine Möglichkeit fände, ein Schiff unter päpstlicher Flagge fahren zu lassen, werde dieses unter allen Umständen unbehelligt bleiben. Daraufhin teilte der Heilige Stuhl dem Deutschen Reich und den anderen Krieg führenden Mächten mit, dass die Beförderung seiner Gesandten durch den Dampfer »Nuncius« unter päpstlicher Flagge erfolgen werde. Die Botschafter des Papstes erreichten wohlbehalten ihre Bestimmungsorte.

Mit der Gründung des souveränen Staates der Vatikanstadt am 11. Februar 1929 kam der Fahne des Papstes die Anerkennung als Hoheitszeichen eines ausländischen Staates zu. Die Flagge des Vatikans besteht aus zwei vertikal getrennten Feldern, einem gelben nächst der Fahnenstange sowie einem weißen, das die dreifache Papstkrone mit den gekreuzten Schlüsseln des Apostelfürsten zeigt. Aber nicht nur auf der Fahne des Vatikanstaates sind die päpstlichen Farben zu sehen. Die vatikanische Gendarmerie trägt das Gelbweiß an der Mütze und der Uniformjacke. Und auch bei der *Banda Pontificia* (»Musikkapelle des Vatikans«) finden sich die päpstlichen Farben im Besatz der Schirmmütze und am Gürtel. Die Kokarde des Zweispitzes, den die Inhaber der Auszeichnungen der päpstlichen Ritterorden tragen, ist in Gelbweiß gehalten; ebenso die Bänder, an denen die Verdienstkreuze und -medaillen *Pro Ecclesia et Pontifice* und *Benemerenti* hängen. Fest- und Jubiläumsausgaben des »L'Osservatore Romano«, der Tageszeitung des Vatikans, sind mit den Farben des Papstes geschmückt, die Programmhefte und Covers der CDs des päpstlichen Rundfunksenders ebenfalls. Und wenn die Postbeamten des Vatikans die Briefkästen des Kirchenstaates leeren, benutzen sie gelbweiß gestreifte Postsäcke.

Eine Hymne für den Papst

Wenn der Papst zu Weihnachten oder Ostern den Segen *Urbi et Orbi* erteilt, erklingt zu seiner Begrüßung der *Inno Pontificio* (»die päpstliche Hymne«). Das Musikstück wird immer dann gespielt, wenn der Papst von der äußeren Loggia der Petersbasilika aus der Stadt und dem Erdkreis seinen feierlichen Segen spendet, im Vatikan ausländische Staatsoberhäupter empfängt oder selbst auf Reisen geht. Die Entstehung der Hymne geht auf ein Jubiläum des seligen Pius IX. zurück.

Giovanni Maria Mastai Ferretti hatte am 10. April 1819 in Rom die Priesterweihe empfangen. Fünfzig Jahre später durfte er als Pius IX. sein Goldenes Priesterjubiläum feiern. Vor der Fassade von Sankt Peter fand damals ein viel beachtetes Konzert statt. Sieben päpstliche Militärkapellen hatten dort Aufstellung genommen, unterstützt wurden sie durch einen tausend Mann starken Chor, der sich aus Angehörigen aller Streitkräfte des Kirchenstaates zusammensetzte. Der Papst wohnte der Aufführung von der Loggia der Basilika aus bei. Eine Darbietung wurde von den Zuhörern mit nicht enden wollendem Applaus aufgenommen, sie musste immer wieder aufs Neue gespielt werden: der *Marche pontificale*. Charles Gounod, dem die Musikwelt viele bekannte Lieder, Oratorien und Opern verdankt, ein tiefgläubiger Katholik und glühender Verehrer Pius' IX., hatte diesen Marsch eigens zum Jubiläumsfest des Papstes komponiert.

Der *Marche Pontificale* fand eine ungeheure Zustimmung. Und so mancher wünschte sich, ihn öfter und auch bei offiziellen Anlässen zu hören. Doch der Kirchenstaat besaß schon eine eigene Hymne, die von dem österreichischen Militärmusiker Viktorin Hallmayer komponiert worden war. Hallmayer war Kapellmeister beim 47. Linieninfanterieregiment der im Kirchenstaat stationierten österreichischen Schutztruppe gewesen. Er hatte einen Marsch anlässlich der Fahrten geschrieben, die Pius IX. im Jahr 1857 in den Päpstlichen Staaten und dem Großherzogtum der Toskana unternommen hatte. Der Marsch gefiel dem Pontifex in seinem lebhaften und feurigen Rhythmus so gut, dass er anordnete, ihn als offizielle Papsthymne zu verwenden. Fast hundert Jahre lang erfüllte er diesen Zweck.

In der Vorbereitungsphase des Heiligen Jahres 1950 wurde Pius XII. geraten, anstelle der alten Hymne doch Gounods *Marche Pontificale* einzusetzen. Der Papst, der bemerkte, dass ihm Hallmayers Stück oft *come un valzer*

(»wie ein Walzer«) vorgekommen sei, stimmte dem Vorschlag bereitwillig zu. Am Heiligabend des Jahres 1949 fand im Damasushof des Apostolischen Palastes eine besondere militärische Zeremonie statt. Die Päpstliche Palatingarde war mit ihrer Musikkapelle feierlich eingezogen. Der Kommandant der Garde verlas den Tagesbefehl, in dem auf Weisung des Päpstlichen Staatssekretariates angeordnet wurde, dass mit sofortiger Wirkung Charles Gounods *Marche Pontificale* als neue Hymne des Papstes und des Vatikanstaates zu gelten habe. Dann kam es zu einem musikalischen Wachwechsel: Ein letztes Mal spielte die Kapelle den Marsch Hallmayers, unmittelbar danach erklang Gounods Werk als *Inno Pontificio*.

»Kapelle« und »Familie« des Papstes

Der »Päpstliche Hof« – heute »Päpstliches Haus« genannt – nimmt eine einzigartige geschichtliche Stellung ein. Kein anderer Hof kann ein höheres Alter und Ansehen vorweisen, keiner hat so sehr die historische und kulturelle Dimension Europas mitgeprägt. Seine Anfänge reichen bis in die ersten Jahrzehnte des 4. Jahrhunderts zurück. Die Geschichte der *Aula Pontificia* begann am Lateran, erlebte im Exil von Avignon ein kurzes Intermezzo und fand seit der Rückkehr der Päpste nach Rom am Vatikan und am Quirinal ihre Fortsetzung.

Einer breiten Öffentlichkeit wurde der Hofstaat des Papstes erst im 20. Jahrhundert ins Bewusstsein gebracht. Durch Wochenschaufilme und Fernsehübertragungen präsentierten sich vatikanische Zeremonien einem immer größer werdenden Publikum. Die Feierlichkeiten hinterließen einen tiefen Eindruck. Man staunte, wenn der Papst, beschützt durch Hellebardiere der Schweizergarde und Offiziere seiner aristokratischen Leibwache, geleitet von Herolden und Päpstlichen Kammerherren, umgeben von Angehörigen des Hochadels, auf seiner *Sedia Gestatoria* (»Tragsessel«) in das Gotteshaus einzog und ein feierliches Pontifikalamt zelebrierte. Auch der Verlauf einer Papstaudienz verfehlte seine Wirkung nicht: das Durchschreiten der Säle des Apostolischen Palastes, bewacht von den in Galauniform gekleideten Angehörigen der päpstlichen Garden, den weltlichen Geheimen Kammerherren »mit Degen und Mantel«, die in ihrer spanischen Hoftracht dem Besucher das Geleit gaben, und den violett gewandeten Würdenträgern der Römischen Prälatur, die zum Dienst in den Vorzimmern der päpstlichen Gemächer verpflichtet waren.

Während des II. Vatikanischen Konzils mehrten sich die Stimmen, die eine Reform des »Päpstlichen Hofes« verlangten. Der Papst schien den Forderungen entsprechen zu wollen. Erste Andeutungen machte Paul VI. 1965 in einer Ansprache an die Patrizier und Adeligen der Stadt Rom. Ein Jahr später bat er Experten, Vorschläge für eine Reform des »Päpstlichen Hofstaates« zu erarbeiten. Am 28. März 1968 setzte er seine Unterschrift unter das Schreiben *Pontificalis Domus*. Der Papst wollte seinem Hof, »einer hervorragenden Körperschaft von einzigartiger Würde und Nutzen«, eine neue Ordnung geben, um ihn »den Gegebenheiten der Zeit anzupassen und auf die wirklichen Verhältnisse abzustimmen«. Er wünschte, dass »Unser alter wohlverdienter Hof von jetzt ab nur noch den ursprünglichen und angesehenen Namen ›Päpstliches Haus‹ tragen soll«. Ämter, die ihre ursprüngliche Funktion verloren hatten, hob der Papst auf. Der »Senator von Rom«, der »Oberstallmeister« und der »Mundschenk Seiner Heiligkeit« verschwanden aus den Verzeichnissen des »Päpstlichen Hofes«. Bezeichnungen und Dienste, die man als unzeitgemäß empfand, wurden gestrichen. So erlosch das Amt eines »Meisters des Heiligen Hospizes«, der sich bei Staatsbesuchen im Vatikan um die Gäste des Papstes zu kümmern hatte. Viele Aufgaben, die anfielen, wurden nun zusammengelegt, die Bezeichnungen hierfür modernisiert; die »Geheimkapläne«, »Ehrengeheimkapläne«, »Leuchterakolythen« und »Türhüter mit der roten Rute« fanden sich als »Kleriker der Päpstlichen Kapelle« wieder. Die geistlichen Ehrentitel wurden drastisch reduziert, sollten aber verbleiben, um verdienstvolle Geistliche in aller Welt auszuzeichnen und enger an den Heiligen Stuhl zu binden. Mit der Bestimmung »Im Päpstlichen Haus gilt kein einziges Amt als erblich« setzte man der Tradition, römischen Aristokraten bestimmte Dienste auf Dauer zu übertragen, ein Ende. Dem Adel der Ewigen Stadt wurden bei den Feierlichkeiten mit dem Papst keine besonderen Plätze mehr reserviert. Den Dienst der vier Palastwachen – Nobelgarde, Schweizergarde, Palatingarde und Gendarmerie – beschränkte der Papst. Zwei Jahre später sollte die Armee des Papstes noch eine weitere Reform erfahren.

»Wie viele Divisionen hat denn der Papst?«, soll Josef Stalin auf der Konferenz von Jalta spöttisch gefragt haben, als der Vorschlag aufgekommen war, den Heiligen Stuhl in die Friedensverhandlungen für ein Nachkriegseuropa einzubinden. Man hätte dem sowjetischen Diktator antworten können, dass der Vatikan zum damaligen Zeitpunkt, gemessen an der Zahl seiner Staatsbürger, das Land mit der größten Streitmacht der Erde war. Eine siebzigköpfige Nobelgarde, bestehend aus Mitgliedern der Adelsfamilien der Ewigen Stadt, an die einhundert Schweizergardisten, fast fünfhundert Mitglieder der Palatingarde, einer Miliz römischer Bürger, und einhundertfünfzig Gendarmen standen dem Papst zur Verfügung, schützten ihn und sein gerade einmal vierundvierzig Hektar großes weltliches Herrschaftsgebiet. Am 14. September 1970 teilte der Papst Kardinalstaatssekretär Jean Villot mit, dass er »nach reiflicher Überlegung und mit großem Bedauern« zu dem Entschluss gekommen sei, die päpstlichen Garden aufzuheben, »mit Ausnahme der altehrwürdigen Schweizergarde«. Die päpstliche Gendarmerie solle aus einer militärischen Formation in ein ziviles Polizeikorps übergeleitet werden. In dem Schreiben bezog sich Paul VI. ausdrücklich auf das II. Vatikanische Konzil, nach dessen Lehre auch die Umgebung des Nachfolgers des heiligen Petrus »den religiösen Charakter seiner Mission, immer inspiriert von einer evangelischen Einfachheit, zum Ausdruck zu bringen habe«. – »Unsere in der Vergangenheit hochverdienten Militärkorps sind daher nicht mehr zeitgemäß für einen Dienst am Heiligen Stuhl, weil die Notwendigkeiten entfallen sind, für die sie damals errichtet wurden«, erklärte der Papst. Kardinalstaatssekretär Jean Villot informierte am darauffolgenden Tag die Gardekommandanten über den Entscheid des Papstes.

Mit seinem *Motu Proprio* und der Entmilitarisierung des Vatikans hatte Papst Paul VI. eine Zäsur in der Geschichte einer jahrtausendealten Einrichtung des Heiligen Stuhles geschaffen. »Die Reformen Pauls VI. waren für den ältesten Hof der Welt eine Revolution«, stellte der Historiker Hartmut Benz fest.

Aber es gab auch laute und heftige Kritik. Reinhard Raffalt, selber der alten Welt zugeneigt, entgegnete den Kritikern der Reformen von 1968 und 1970, Vorwürfe seien nicht zuletzt den Konservativen zu machen, »die die Tradition in Erbpacht genommen hatten und dennoch angesichts der modernen Welt nichts mit ihr anzufangen wussten«, denn »ihnen hätte der verwandelnde Elan der Kirche früherer Jahrhunderte Ansporn und Beispiel sein müssen«, aber »stattdessen sahen sie in unbeweglicher Verzweiflung zu, wie der Verfall der Tradition in der römischen Kirche fortschritt, den sie selbst durch ihre Fantasielosigkeit gefördert hatten«.

Das »Päpstliche Haus« unserer Tage besteht aus der »Kapelle« und der »Familie« des Papstes. Zur »Päpstlichen Kapelle« gehören Persönlichkeiten aus dem ganzen Gottesvolk, Kleriker und Laien. Sie nehmen an den feierlichen religiösen Handlungen teil, die vom Papst selber oder in seiner Anwesenheit vollzogen werden. Neben dem Kardinalskollegium und hohen geistlichen Würdenträgern der Römischen Kurie werden zu ihr unter anderem die Generaläbte der Chorherren- und Mönchsgemeinschaften, die Generaloberen der Bettelorden, Domherren der römischen Erzbasiliken und die Pfarrer der Stadt Rom gezählt; als Laienmitglieder sind in ihr das Gremium der hochrangigsten Anwälte des Heiligen Stuhles, die Konsistorialadvokaten, und die Familiaren des Papstes anzutreffen. Der »Päpstlichen Familie« gehören Geistliche und Laien an, die den Papst als Haupt des Apostolischen Stuhles oder als Souverän des Vatikanstaates unterstützen. Zu den geistlichen Mitgliedern der »Familie« werden neben den Kardinälen und höchsten Würdenträgern der Römischen Kurie die Inhaber der päpstlichen Ehrentitel gerechnet. Unter den

Laien befinden sich die Päpstlichen Thronassistenten, die Angehörigen des Staatsrates der Vatikanstadt, der Kommandant der Schweizergarde, der Präsident der »Päpstlichen Akademie der Wissenschaften« und alle, die besondere Aufgaben in der unmittelbaren Umgebung des Papstes versehen, so die »Edelleute Seiner Heiligkeit« und die Bediensteten der päpstlichen Vorzimmer.

Die Leitung des »Päpstlichen Hauses« ist einem Präfekten anvertraut. Der Präfekt, der im Rang eines Erzbischofs steht, begleitet den Papst und assistiert ihm sowohl innerhalb als auch außerhalb des Apostolischen Palastes. Sein Amt ist eine ganz besondere Vertrauensstellung. Symbolisch zeigt sich das in seinem erzbischöflichen Wappen; die eine Hälfte des zweigeteilten Wappenschildes wird vom persönlichen Wappen des Papstes eingenommen. Der Präfekt hat die Angehörigen des »Päpstlichen Hauses« zu feierlichen Anlässen zusammenzurufen und über Ordnung und Verlauf der Feierlichkeiten zu wachen. Er legt die Rangordnung im »Päpstlichen Haus« fest und regelt den Dienst in den Vorzimmern der päpstlichen Gemächer, der sogenannten *Anticamera Pontificia*. Er bereitet die Besuche des Papstes in der Stadt Rom und innerhalb Italiens vor und ist für ihre Durchführung verantwortlich; Pastoralvisiten im übrigen Ausland organisiert er gemeinsam mit dem Päpstlichen Staatssekretariat. Die Rolle des »Päpstlichen Hauses« wird von vielen unterschätzt, denn ohne die unermüdliche Arbeit seiner Mitglieder wären Begegnungen mit dem Oberhaupt der katholischen Kirche – egal ob es nun Staatsbesuche, Generalaudienzen oder die Reisen des Papstes in andere Länder sind – nicht möglich.

Papst Franziskus weiß um diese Mühen und auch um die Bedeutung und den Wert dieser Institution. Im Januar 2014 empfing er die Angestellten der *Anticamera Pontificia* in Audienz. Ihnen verriet er, wem das »Päpstliche Haus« zur Verfügung steht: »Das Päpstliche Haus gehört allen Gliedern der katholischen Kirche, die in ihm Gastfreundschaft, familiäre Herzlichkeit und Unterstützung für ihren Glauben erfahren.«

Auszeichnungen, Orden und Ehrenzeichen

Im Laufe der Jahrhunderte begannen die Päpste, gewisse Würden des »Päpstlichen Hofes« auch ehrenhalber zu verleihen. Mit ihnen wollten sie Klerikern und Laien in und außerhalb Roms ihre besondere Wertschätzung bezeugen und sie enger an den Apostolischen Stuhl binden. Seit dem 9. Jahrhundert wurden verdiente Bischöfe mit dem Titel eines »Päpstlichen Thronassistenten« ausgezeichnet. Bei feierlichen Liturgien und Zeremonien wurden diesen Oberhirten am Thron des Papstes besondere Aufgaben übertragen. Sie erfreuten sich einer Reihe von Privilegien und Ehrenrechten; darunter der Ernennung zum *Comes Romanus* (»Römischen Graf«). Als äußeres Zeichen ihrer Würde trugen sie an der Kette ihres Brustkreuzes oberhalb des Pektorale die päpstlichen Insignien. Der Brauch, Bischöfe in den Rang von »Päpstlichen Thronassistenten« zu erheben, wurde bis zum Pontifikat Johannes Pauls II. beibehalten. In Deutschland wurde 1983 dem ehemaligen Bischof von Regensburg, Rudolf Graber, diese Würde verliehen.

Vor der Reform des »Päpstlichen Hofes« im Jahre 1968 ehrte man Priester durch die Ernennung zu Apostolischen Protonotaren und Päpstlichen Hausprälaten oder mit der Aufnahme in die verschiedenen Klassen der

Geheimen Geistlichen Kammerherren, der Geheimkapläne und der Geheimkleriker des Papstes. Auch sie erhielten bestimmte Privilegien zugesprochen und durften sich mit violetter Gewandung kleiden. Den Apostolischen Protonotaren war bei bestimmten Gelegenheiten sogar das Tragen einer weißen Mitra gestattet. Einige dieser geistlichen Ehrentitel wurden auf Lebenszeit verliehen, andere nur für die Dauer der Regierungszeit des Papstes, der die Verleihung ausgesprochen hatte – wobei jedoch die Möglichkeit gegeben war, nach dem Ableben des Papstes für das neue Pontifikat um eine Bestätigung des Titels anzusuchen. 1968 wurden die geistlichen Ehrentitel auf drei Stufen reduziert: auf die der »Überzähligen Apostolischen Protonotare«, der »Ehrenprälaten Seiner Heiligkeit« und der »Kapläne Seiner Heiligkeit«. Eine solche Ehrung macht sich heute vor allem durch Besonderheiten in der priesterlichen Kleidung bemerkbar. Die »Kapläne Seiner Heiligkeit« dürfen eine violett paspelierte Soutane mit einem violetten Zingulum tragen; den Ehrenprälaten und Protonotaren steht eine rubinrot paspelierte Soutane mit einem violetten Zingulum zu; die Letztgenannten dürfen sich zudem bei liturgischen Feierlichkeiten eines violetten Talars bedienen.

Nach dem Beispiel anderer Souveräne verliehen die Päpste Adelstitel. Noch bis in die erste Hälfte des 20. Jahrhunderts waren Nobilitierungen durch den Papst keine Besonderheit. Dann jedoch wurden Adelserhebungen immer seltener; zu einer der bekanntesten zählte die Verleihung des Titels einer Gräfin *ad personam* an Rose Fitzgerald Kennedy, die Mutter des späteren amerikanischen Präsidenten John F. Kennedy. Am alten »Römischen Hof« versahen katholische Laien als »Geheime Kammerherren mit Degen und Mantel« verschiedene Aufgaben. Sie trugen eine imposante Kleidung, das *Costume di tipo spagnolo* (»die Spanische Hoftracht«). Dieses Gewand schmückte ein dreigliedriges Kollier, das die Tiara, die Krone des Papstes und die gekreuzten Schlüssel Petri zeigte. Die weltlichen Kammerherren waren in mehrere Klassen unterteilt, von denen die höheren dem Adel vorbehalten waren. In einige Rangklassen wurden auch Männer berufen, die *extra urbem* (»außerhalb der Ewigen Stadt«) ihren Wohnsitz hatten. Die Geheimen Kammerherren und Ehrenkammerherren mit Degen und Mantel blieben nach den Reformen des Jahres 1968 im Amt, jedoch mit verändertem Namen und vereinfachter Kleidung. Sie leisten ihre Dienste heute als »Edelleute Seiner Heiligkeit« und werden aus allen Schichten des katholischen Volkes berufen. Ihre Ernennung gilt auf Lebenszeit. Sie tragen bei allen Feierlichkeiten einen schwarzen Frack mit den ihnen zukommenden Ordensdekorationen; von ihrem alten Gewand behielten sie die dreigliedrige Kette mit den päpstlichen Insignien bei.

Das »Päpstliche Jahrbuch« benennt fünf Ritterorden und zwei Ehrenzeichen, die der Papst als weltlicher und geistlicher Souverän verleiht. An oberster Stelle der päpstlichen Ritterorden erscheint der »Christusorden«. Er wurde 1318 durch den König von Portugal begründet und von Papst Johannes XXII. (1316–1334) bestätigt. Der neue Orden sollte anstelle des aufgehobenen Templerordens treten. Doch schon 1499 wurden seine Mitglieder von den feierlichen Ordensgelübden entbunden – bis dahin lebten die Ritter nach der Regel des heiligen Bernhard. Der Orden verlor seinen monastischen Charakter und kam unter das direkte Patronat des Heiligen Stuhles. In der Folge teilte sich der Orden in einen päpstlichen und einen portugiesischen Zweig. Der Christusorden des Papstes kennt nur eine Klasse und wird äußerst selten verliehen. Er war bis 1966 verdienstvollen katholischen Monarchen, Staatsoberhäuptern und hohen Würdenträgern des »Päpstlichen Hofes« vorbehalten. Zwei der wenigen Ausnahmen, die von dieser Vorschrift gemacht wurden, waren die Verleihungen an Otto von Bismarck und Konrad Adenauer. 1966 verfügte Papst Paul VI., dass der Orden nur noch an bekennende katholische Staatsoberhäupter zu verleihen sei.

Der Ursprung des »Ordens vom Goldenen Sporn« liegt im Dunkeln. Der Legende nach soll Kaiser Konstantin der Große ein Ritterkollegium mit dem Namen »Goldene Miliz« gegründet und Papst Silvester ihm die Regel des heiligen Basilius auferlegt haben. Für lange Zeit war mit der Verleihung des Ordens der Titel eines »Lateranensischen Pfalzgrafen« verbunden. Der Orden galt auch als päpstliche Würdigung der Verdienste bedeutsamer Personen aus der Welt der Künste. Komponisten wie Wolfgang Amadeus Mozart, Christoph Willibald Gluck und Gaetano Donizetti gehörten ihm ebenso an wie der Bildhauer Antonio Canova und der Maler Luis de la Cruz. Paul VI. gab dem Orden eine besondere Exklusivität, indem er ihn 1966 als Auszeichnung den christlichen Monarchen und Staatsoberhäuptern vorbehielt. Der »Piusorden« wurde in der heutigen Form 1847 von Pius IX. begründet. Der Orden ist geordnet in: Kollar-Ritter, Großkreuz-Ritter, Komture mit Stern, Komture und Ritter. Papst Paul VI. ordnete 1966 an, dass die höchste Rangstufe ausschließlich Monarchen und Staatsoberhäuptern vorbehalten bleiben soll – und zwar aus Anlass offizieller Staatsbesuche im Vatikan. Der »Piusorden« ist der einzige päpstliche Ritterorden, der kein

Kreuz aufweist, damit er vom Papst auch an nichtchristliche Persönlichkeiten verliehen werden kann.

1831 schuf Papst Gregor XVI. den »Orden des heiligen Gregors des Großen« als Auszeichnung für loyale und verdienstvolle Bürger der Päpstlichen Staaten; seit dem Untergang des alten Kirchenstaates galt die Aufnahme in diesen Orden als Würdigung besonderer, für den Heiligen Stuhl und die katholische Kirche geleisteter Dienste. Der Orden ist in zwei Klassen unterteilt, in eine zivile und in eine militärische: Großkreuz-Ritter, Komture mit Stern, Komture und Ritter bilden die verschiedenen Rangstufen. Der »Orden des heiligen Papstes Silvester« wurde ebenfalls von Gregor XVI. begründet. Er ist der rangniederste der fünf päpstlichen Ritterorden. Er verfügt nur über eine zivile Klasse. Papst Johannes Paul II. beschloss 1996, dass in den Pius-, Gregorius- und Silvesterorden auch Personen weiblichen Geschlechts aufgenommen werden können – als Kollar-Damen, Großkreuz-Damen, Komtur-Damen mit Stern, Komtur-Damen und Damen. Das Verdienstkreuz *Pro Ecclesia et Pontifice* stiftete Papst Leo XIII. aus Anlass der Feier seines Goldenen Priesterjubiläums. Die Medaille *Benemerenti* wurde erstmals unter Papst Pius VI. (1775–1799) verliehen. Die beiden Ehrenzeichen sind je nach Pontifikat unterschiedlich gestaltet und gefertigt. Sie werden von einem gelbweißen Band gehalten und an der linken Brust getragen. *Pro Ecclesia et Pontifice* und *Benemerenti* sind Auszeichnungen für katholische Männer und Frauen; im Gegensatz zu den päpstlichen Ritterorden können sie auch an Ordensleute verliehen werden.

Die Verleihung eines geistlichen oder weltlichen Ehrentitels durch den Papst, die Aufnahme in einen päpstlichen Ritterorden und die Auszeichnung mit einem Verdienstkreuz oder einer Medaille sind als Zeichen des Dankes zu verstehen, für Dienste, die dem Heiligen Stuhl und der Kirche in herausragendem Maße geleistet wurden. Aber darüber hinaus kommt ihnen eine weitere Bedeutung zu. Sie nehmen ihre Träger in die Pflicht, sie fordern ein Bekenntnis zu den Idealen, für die sie stehen. Violette Gewandung, aufwendig gefertigte Colliers, päpstliche Ordenskreuze und Ehrenzeichen wollen daher mehr als Schmuck und Dekoration sein – sie sind bleibender Ansporn.

Die Schutztruppe des Papstes

Männer und Frauen, die in der Welt Verantwortung tragen und in der Öffentlichkeit präsent sind, brauchen einen Kreis von Personen, der ihnen für Leib und Leben Sicherheit gibt und Angriffe und Attentate auf sie zu verhindern bemüht ist. Der Papst als Oberhaupt der Kirche und Souverän des Vatikanstaates ist davon nicht ausgenommen. Vor mehr als fünfhundert Jahren rief Papst Julius II. Schweizer Söldner zu seinem persönlichen Schutz in die Ewige Stadt. Am 22. Januar 1506 traten hundertfünfzig Landsknechte ihren Dienst beim Oberhaupt der katholischen Kirche an. Für die Historiker gilt die Leibwache des Papstes damit als die älteste noch bestehende militärische Einheit der Welt.

Und dennoch ist die Schweizergarde eine »junge« Truppe. Die meisten der päpstlichen Leibwächter sind kaum älter als fünfundzwanzig Jahre. »Nachwuchs« bekommt die Garde Jahr für Jahr. Die Kompanie im Rang eines Regiments besteht aus einhundertzehn Mann.

Wer in die Garde eintritt, muss katholisch, ledig, von Geburt Schweizer und zwischen neunzehn und dreißig Jahren alt sein sowie einen guten Leumund besitzen. Das berühmte Gardemaß von einhundertvierundsiebzig Zentimetern Körpergröße ist zwar abgeschafft, wird aber in der Praxis beibehalten, da es für den Ehrendienst als notwendig erscheint. Bei seiner Vereidigung verpflichtet sich der Rekrut auf mindestens zwei Jahre. Während seiner Dienstzeit besitzt der Gardist die vatikanische Staatsbürgerschaft. Die farbenprächtige Uniform geht nicht, wie oft irrtümlich angenommen, auf Michelangelo zurück, sondern entstand aus der im Mittelalter üblichen Landsknechtstracht. Die traditionelle Bewaffnung der päpstlichen Leibwache besteht aus Hellebarde, Pike, Lanze und Schwert; zudem verfügt die Garde über Gewehre, Pistolen und Tränengas. Die Päpstliche Schweizergarde hat laut ihrem Reglement »ständig über die Sicherheit des Heiligen Vaters und seiner Residenz zu wachen, die Eingänge zur Vatikanstadt zu sichern sowie Ehren- und Ordnungsdienste auszuführen«. Der Dienst der Garde ist heute in fünf Bereiche unterteilt: Kontrolldienst, Wachdienst, Ordnungsdienst, Ehrendienst und Nahschutzdienst.

Der Kontrolldienst wird an allen offiziellen Eingängen zur Vatikanstadt geleistet (Bronzetor, Sant' Anna-Tor, Glockenturm und dem Zugang neben dem Palast des ehemaligen Heiligen Offiziums). Der Wachdienst umfasst die Bewachung des Apostolischen Palastes als Residenz des Papstes – und seit Neuestem des vatikanischen Gästehauses. Ordnungs- und Ehrendienst leisten die Gardisten bei Empfängen, Audienzen und allen Gottesdiensten, bei denen der Papst anwesend ist. Die Garde ist präsent, wenn Staatsoberhäupter, Regierungschefs und Minister dem Vatikan einen offiziellen Besuch abstatten oder ausländische Botschafter ihre Beglaubigungsschreiben überreichen. Der Nahschutzdienst bezeichnet den unmittelbaren, körpernahen Schutz des Papstes, den Einsatz als Bodyguard. Schon zwei Jahrzehnte nach ihrer Gründung musste sich die Schweizergarde als Leibwache bewähren. Am 6. Mai des Jahres 1527 brach die spanisch-deutsche Soldateska Kaiser Karls V. in die Ewige Stadt ein und zog plündernd und mordend zum Vatikan. Die Landsknechte, deren Oberbefehlshaber gestorben war, wollten sich so Ersatz für den ausstehenden Sold verschaffen. Einhundertsiebenundvierzig Gardisten, unter ihnen auch ihr Kommandant Kaspar Röist, wurden in der Basilika und im Apostolischen Palast auf barbarische Weise niedergemetzelt. Zweiundvierzig Schweizern gelang es, Papst Clemens VII. zu beschützen und mit ihm die sichere Engelsburg zu erreichen. In die Geschichte ist dieses blutige Ereignis als *Sacco di Roma* eingegangen.

An jedem 6. Mai legen daher die neuen Rekruten der Schweizergarde einen feierlichen Eid ab: »Ich schwöre, treu, redlich und ehrenhaft zu dienen dem regierenden Papst und seinen rechtmäßigen Nachfolgern und mich mit ganzer Kraft für sie einzusetzen, bereit, wenn es erheischt sein sollte, selbst mein Leben für sie hinzugeben. Ich übernehme dieselbe Verpflichtung gegenüber dem Heiligen Kollegium der Kardinäle während der Sedisvakanz des Apostolischen Stuhles. Ich verspreche überdies dem Herrn Kommandanten und meinen übrigen Vorgesetzten Achtung, Treue und Gehorsam. Ich schwöre, all das zu beachten, was die Ehre meines Standes verlangt.«

Was bewegt junge Männer zu Beginn des 21. Jahrhunderts, ein solches Versprechen abzugeben – in einer

Uniform aus dem Mittelalter und mit einer Landsknechtswaffe in der Hand? Ist ein solcher Dienst noch zeitgemäß? Die Antworten, die man von den Gardisten erhält, überraschen. Sie sind offen und ehrlich. »Ich bin stolz, Teil einer so langen Tradition zu sein«, bekennt ein Gardist aus dem Wallis unbekümmert. Er habe schon immer etwas für die Kirche tun wollen, und als Schweizer sei ihm das eben auf diese ganz besondere Weise möglich. Dabei ein buntes Gewand und eine alte Waffe zu tragen, sei für ihn »lebendige Geschichte«. Das würde er bei den Touristen und Pilgern immer wieder spüren. Ständig fotografiert zu werden sei zwar anstrengend, mache ihm und seinen Kameraden aber auch Spaß und baue auf.

»Dem Papst so nahe zu sein, das ist schon toll!«, begeistert sich ein Vizekorporal aus der deutschsprachigen Schweiz. Mehr als zwei Stunden mit der Hellebarde am Altar zu stehen, mache ihm wenig aus: »Der Heilige Vater feiert die Messe und ist dreimal so alt, wie ich es bin.« Disziplin habe er daher nicht nur von seinen militärischen Vorgesetzten gelernt, sondern auch von seinem obersten Dienstherrn, dem Papst. Ein Gardist aus dem Kanton Luzern gibt zu, aus ganz weltlichen Gründen in die Garde eingetreten zu sein. Um Sprachen und Rom kennenzulernen und »die Großen der Welt bei Audienzen zu sehen«. Aber der Dienst im Vatikan habe bei ihm Stück für Stück auch das Interesse an der Religion geweckt: »Dafür bin ich heute dankbar.« Als Gewinn sehe er es auch an, an den Eingängen zur Vatikanstadt den Umgang mit Menschen gelernt zu haben. Dass eine Heiratserlaubnis nur derjenige erhält, der längere Zeit gedient hat und bereits Korporal ist, wird von den meisten Gardisten eingesehen. »Eine Freundin zu haben, verbietet uns niemand«, heißt es zum Trost. Davon kann man sich in den Trattorien des Borgo und in den Eisdielen bei der Piazza Navona überzeugen. Hierhin führen die Hellebardiere an ihren freien Tagen die hübschen jungen Römerinnen aus.

III. IN ALLER WELT VERTRETEN

Die aktuellen politischen Ereignisse bestätigen es. Wo immer es zu Problemen und Konflikten unter Völkern kommt, ist eine besondere Wissenschaft und Kunst gefordert: die Diplomatie. Staaten und Regierungen bedienen sich ihrer, und auch der Papst.

Ein Blick in die Geschichte

Schon auf den Provinzsynoden und Allgemeinen Konzilien der Antike ließ sich der Bischof von Rom durch Legaten, Kleriker der verschiedensten Weihestufen, vertreten. Seit dem 4. Jahrhundert entsandte er *Apokrisiare* (»Botschafter«) an den kaiserlichen Hof von Konstantinopel. Als die Langobarden und Franken politische Verantwortung im weströmischen Reich übernahmen, fanden sich päpstliche Gesandte auch an deren Höfen ein. Bedeutenden Missionaren – wie Augustinus von Canterbury und Bonifatius – räumten die Päpste die Stellung eines »Apostolischen Legaten« ein. Im 11. Jahrhundert wurden die Päpstlichen Legaten zu wichtigen Instrumenten für die Durchführung der Kirchenreform und der Verbreitung der Ideen einer *Libertas Ecclesiae* (»Freiheit der Kirche«). Die bedeutenden Reformsynoden dieser Zeit fanden unter ihrem Vorsitz statt. In den folgenden Jahrhunderten nahmen die Gesandten Roms eine zentrale Rolle bei der Bekämpfung von Häresien ein; die Kreuzzüge begleiteten sie als Stellvertreter des Papstes. Während des ganzen Mittelalters wirkten sie zudem für die politischen Interessen des Papstes, des obersten Repräsentanten der Christenheit und Souveräns des Kirchenstaates. Mit dem Beginn des 16. Jahrhunderts wurde dann eine neue Phase des päpstlichen Gesandtschaftswesens eingeleitet, die Schaffung dauernder Vertretungen des Papstes bei den weltlichen Mächten.

Vor der Französischen Revolution hatten die Vertreter des Heiligen Stuhles grundsätzlich den Vorrang vor den Gesandten weltlicher Mächte, selbst viele protestantische Staaten gewährten stillschweigend den päpstlichen Diplomaten dieses Privileg. Auf dem Wiener Kongress (1815) wurde dieser Brauch bestätigt. Das Gesandtschaftswesen des Apostolischen Stuhles bestand auch nach dem Zusammenbruch der weltlichen Herrschaft des Papstes im Jahre 1870 fort, so genoss er weiterhin das aktive und passive Gesandtschaftsrecht. Seine einzigartige Stellung in der Völkergemeinschaft wurde geschätzt und benötigt: 1885 war zwischen dem Deutschen Reich und Spanien ein Streit um die im Südpazifik gelegene Inselgruppe der Karolinen entbrannt, der zu einem Krieg zu eskalieren drohte. Der deutsche Reichskanzler Otto von Bismarck – mit Sicherheit kein Freund der katholischen Kirche – und der Ministerpräsident Spaniens baten Leo XIII. um einen Schiedsspruch. Der Papst entsprach der Bitte und erreichte eine Aussöhnung.

1969 erließ Paul VI. ein Dokument, das Handschreiben *Sollicitudo Omnium Ecclesiarum*, das die Aufgaben der Legaten des römischen Papstes genauestens beschreibt. In der Einleitung heißt es: »Die Sorge um die Gesamtkirche, die Uns Gott nach seinem geheimen Ratschluss auferlegt hat und über die Wir Ihm Rechenschaft schulden, macht es erforderlich, dass Wir als Stellvertreter Christi für die ganze Kirche in den verschiedenen Teilen der Welt in angemessener Weise gegenwärtig sind und die Verhältnisse der einzelnen Kirchen genau kennen .... Durch Unsere Legaten, die bei den verschiedenen Nationen weilen, nehmen Wir selbst teil am Leben Unserer Kinder, gliedern Uns gleichsam in ihre Gemeinschaft ein und werden leichter und sicherer mit ihren Anliegen und tiefsten Wünschen bekannt.«

Der Legat habe den Heiligen Stuhl über die Verhältnisse der jeweiligen Teilkirche »in Wahrheit und Billigkeit« zu informieren. Die Ansichten und Wünsche der Gläubigen solle er dem Papst und der Römischen Kurie zur Kenntnis bringen; andererseits aber habe er auch das Handeln Roms den Katholiken vor Ort zu verdeutlichen und zu übermitteln. Er sei verpflichtet, den Bischöfen mit Rat und Tat beizustehen. Besondere Aufgaben kämen ihm bei der Bestellung von neuen Bischöfen zu: die Übermittlung oder der Vorschlag der Namen von geeigneten Kandidaten, zu denen er ausführliche Erkundigungen und Nachforschungen einzuholen habe. »Das Amt des Legaten steht nicht über der Vollmacht des Bischofs, noch ersetzt oder beeinträchtigt es diese, im Gegenteil, er schützt und stärkt sie durch brüderlich klugen Rat«, stellte Papst Paul VI. unmissverständlich klar.

»Wir entsenden sie auch zu den höchsten Trägern der Staatsgewalt, nämlich dorthin, wo die katholische Kirche gleichsam verwurzelt oder doch wenigstens irgendwie gegenwärtig ist. Das Recht dazu liegt von Natur aus in dem Uns eigenen geistlichen Amte und ist zudem im Laufe der Jahrhunderte durch gewisse geschichtliche Ereignisse sehr begünstigt worden«, heißt es an anderer Stelle des Schreibens. Der Legat habe die Beziehungen des Heiligen Stuhles zur Regierung des Staates, zu dem er entsandt sei, zu führen, zu fördern und zu pflegen. Zu der Anwesenheit päpstlicher Gesandter bei den im 20. Jahrhundert entstandenen internationalen Institutionen bemerkte Paul VI.: Die Kirche, die »ohne Grenzen« sei, passe sehr gut in diesen Rahmen der internationalen Organisationen, denn sie fühle sich wie diese dem Gemeinwohl der Menschheit verpflichtet. Sie wolle daher bei der Bewältigung der Probleme des Friedens, der Abrüstung und der Sicherheit präsent sein und ihren Beitrag zum Fortschritt der Völker leisten.

Legaten, Nuntien und Delegaten

Als ranghöchster persönlicher Vertreter des Papstes fungierte früher der Kardinallegat *a latere*; ihn entsandte der Papst als sein »Alter Ego« zu besonders bedeutenden staatlichen oder kirchlichen Feierlichkeiten. Ihm kamen protokollarische Ehren zu, die sonst nur einem Souverän gebührten. Hohe Prälaten, Mitglieder des »Päpstlichen Hofes« und Offiziere der adeligen Leibwache des Papstes, der Nobelgarde, gaben dem Legaten das Geleit. Heutzutage ernennt der Papst eher »einfache« Kardinallegaten, *Inviati speciali* (»Sondergesandte«). Ihre Begleitung ist schlichter, den aktuellen Gegebenheiten angepasst. Die Aufgaben dieser Legaten im Kardinalsrang sind zeitlich befristet und werden durch das Ernennungsschreiben genau umrissen.

Die päpstlichen Legaten, die den Heiligen Stuhl sowohl bei den Ortskirchen als auch bei den Staaten und deren Regierungen auf Dauer vertreten, heißen »Apostolische Nuntien«. Die Ernennung, Versetzung und Abberufung der Nuntien fällt allein in die Kompetenz des

Papstes. In den Ländern, mit denen der Vatikan keine offiziellen diplomatischen Beziehungen pflegt, finden sich »Apostolische Delegaten«. Diese sind mit rein religiös-kirchlichen Aufgaben, die sie bei der jeweiligen Ortskirche erfüllen, betraut. Beide, Nuntien und Delegaten, stehen im Rang von Bischöfen. Der Heilige Stuhl ist zudem Mitglied oder Beobachter bei zahlreichen internationalen Organisationen, staatlichen wie auch nichtstaatlichen. Die dortigen Vertreter des Heiligen Stuhles tragen den Titel eines »Nuntius«, eines »Delegierten« oder eines »Ständigen Beobachters«. Ihre Direktiven erhalten sie vom Päpstlichen Staatssekretariat. Der vom Heiligen Stuhl zu unterscheidende Vatikanstaat gehört zahlreichen internationalen Regierungsorganisationen an, ebenso verschiedenen nichtstaatlichen Organisationen mit weltweitem Charakter.

Die Existenz der päpstlichen Diplomatie ergibt sich aus dem Petrusamt. Wie in der christlichen Antike so ist auch heute wieder ihr einziger Beweggrund die Sorge um den Menschen. Weltliche Interessen des Papstes, die sie über Jahrhunderte mittrug, haben nach dem Untergang des alten Kirchenstaates für sie keine Bedeutung mehr. Letztendlich ist sie in unseren Tagen nichts anderes als Dienst am Glauben: die Seelsorge.

Nuntiaturen im Fadenkreuz

Gesandte des Papstes wurden nicht nur mit Ehren überhäuft, sondern fanden sich auch beträchtlichen Gefahren ausgesetzt. Legaten und Nuntien wurden überfallen, verschleppt, gefoltert und ermordet, Nuntiaturen belagert, besetzt und geplündert.

In der Neuzeit glaubte man, von Übergriffen verschont zu bleiben. Vergebens. Selbst in der jüngsten Vergangenheit sahen sich die Diplomaten des Papstes dramatischen Situationen gegenüber. Als der Erste Weltkrieg zu Ende ging, riefen in München die Spartakisten die »Bayerische Arbeiter- und Soldatenrepublik« aus und terrorisierten die Stadt. Der König floh, die ausländischen Botschafter reisten ab. Der einzige Diplomat, der verblieb, war der Vertreter des Papstes, Monsignore Eugenio Pacelli. Mehrfach drang die Soldateska der neuen »Republik« in die Apostolische Nuntiatur ein. Man setzte dem Nuntius den Revolver auf die Brust, erzwang die Herausgabe des Botschaftswagens und forderte den Prälaten zum Verlassen des Landes auf, was dieser jedoch verweigerte.

Ähnliche Szenen spielten sich fast drei Jahrzehnte später in den Ländern Osteuropas ab, die nach 1945 unter kommunistische Herrschaft geraten waren. Und auch während der politischen Umwälzungen in Afrika und Asien wurden päpstliche Gesandtschaften mit kritischen Situationen konfrontiert. Bewaffnete Auseinandersetzungen waren für die Vertreter des Papstes niemals ein Grund, auf dem kürzesten Weg das betreffende Land zu verlassen. Während des ersten Golfkrieges verblieb nur eine Handvoll ausländischer Gesandter in der irakischen Hauptstadt; unter den wenigen traf man den Apostolischen Nuntius, Erzbischof Marian Oles, an. Noch heute wird sein Name bei der Bevölkerung Bagdads in Ehren gehalten – »Vater Nuntius war unser Freund!«

Auch demokratische Staaten scheuten sich nicht, Ende des zwanzigsten Jahrhunderts das Völkerrecht zu verletzen und gegen diplomatische Vertretungen des

Heiligen Stuhles vorzugehen. Im Dezember 1989 erlebte Panama eine US-amerikanische Invasion. Dem Staatschef des Landes, General Manuel Noriega, gelang am Heiligabend die Flucht in die Apostolische Nuntiatur, wo er um Asyl ansuchte. Truppenverbände des *US Southern Command* umstellten binnen wenigen Stunden das Gebäude der päpstlichen Vertretung. Da die amerikanischen Soldaten es aus verständlichen Gründen nicht wagen wollten, in das exterritoriale Gebiet einzudringen, entschieden sie sich für eine sehr perfide Art des Terrors. Riesige Lautsprecher und Gettoblaster wurden aufgestellt und die Nuntiatur mit ohrenbetäubender Rockmusik beschallt. Als erstes Musikstück ertönte *Guns N'Roses* »Welcome to the jungle«, dann folgten »Crying in the Chapel« und »Go to Hell«. Soldaten zerschossen sämtliche Laternen und Lampen rund um das Nuntiaturgebäude. Der Vatikan legte offiziellen Protest ein und weigerte sich, Manuel Noriega an die USA auszuliefern. Nach zehn Tagen verließ General Noriega von sich aus die Nuntiatur.

Sogar seit Jahrzehnten außer Dienst gestellte päpstliche Vertretungen können noch zu einem Symbol gegen staatliche Willkür werden. In Vietnam forderten Katholiken 2008 vom kommunistischen Regime die Rückgabe illegal beschlagnahmter kirchlicher Güter, darunter eine Reihe von Gotteshäusern und das Gebäude der ehemaligen Apostolischen Nuntiatur in Hanoi. Das Ansuchen des Erzbischofs von Hanoi und die friedlichen Proteste vietnamesischer Katholiken erregten den Zorn der Machthaber. Gegen die Demonstranten ließ das Volkskomitee von Hanoi Parteimitglieder und den Ho Chi Min-Jugendverband aufmarschieren. Heiligenbilder und Kreuze wurden zerstört, Betende geschlagen und

Priester bespuckt. Im September beschloss das Volkskomitee den Abriss der Nuntiatur, um auf dem Gelände einen öffentlichen Park anzulegen.

In Venezuela ist die katholische Kirche eine der wenigen Institutionen des Landes, die dem linkspopulistischen Regime, das seit Jahrzehnten viele demokratische Rechte beschränkt, noch widersprechen kann. Der mittlerweile verstorbene Staatschef Hugo Chávez setzte in der Verwirklichung seiner Politik auf Demagogie und Unterdrückung, er verstaatlichte die Schlüsselindustrien und entzog regierungskritischen Medien – Fernsehsendern, Rundfunkstationen und Zeitungen – die Lizenz. Im Januar 2009 drangen militante Anhänger des venezolanischen Staatspräsidenten in die Apostolische Nuntiatur ein. Nach Angaben der Tageszeitung »Diaro Católico de Venezuela« zündeten die *Chavistas* in dem Gebäude sechs Tränengasgranaten.

Die Päpste und ihre Gesandten waren sich immer bewusst, dass sie im Kreuzfeuer der Politik standen, oft sogar im wortwörtlichen Sinne. Doch sie spürten auch, dass ihre Arbeit nicht vergebens war und für bedeutsam gehalten wurde. Eine »Qualitätseinschätzung« der päpstlichen Diplomatie gab 1924 der Außenminister der Sowjetunion, Georgij W. Tschitscherin: »Wir Kommunisten sind ganz sicher, über den Londoner Kapitalismus triumphieren zu können. Doch Rom wird sich als härtere Nuss erweisen. Wenn es Rom nicht gäbe, könnten wir mit all den verschiedenen Spielarten des Christentums fertig werden. Aber Rom entsendet zur Pflege seiner Religion Vertreter sämtlicher Nationalitäten. Sie sind wirksamer als Kanonen und Armeen. Der Ausgang dieses Kampfes ist ungewiss. Gewiss ist, dass er lange dauern wird.«

Päpstliche Konsuln

Unter den ersten Glückwünschen, die nach einer Präsidentschaftswahl in den USA das Weiße Haus erreichen, sind jene, die aus dem Apostolischen Palast im Rom kommen. Die Beziehungen zwischen dem Vatikan und Washington werden heute als freundschaftlich bezeichnet. Dies war nicht immer so, denn mit der Sonderrolle des Heiligen Stuhles im Völkerrecht taten sich die durch ein laizistisches Religionsverständnis geprägten USA lange schwer. Volle diplomatische Beziehungen kamen daher erst in jüngerer Zeit, im Jahre 1984, zustande. Den Weg dorthin ebneten aber – und dies mag verblüffen – weder Apostolische Nuntien noch Delegaten, sondern rein weltliche Vertreter des Papstes: die Konsuln des alten Kirchenstaates. Als Datum für den ersten offiziellen Kontakt des Heiligen Stuhles zu den Vereinigten Staaten darf man den 15. Dezember 1784 benennen. An diesem Tag teilte der Apostolische Nuntius in Frankreich den dort agierenden amerikanischen Kommissaren mit, dass die Häfen von Civitavecchia und Ancona den Schiffen der jungen Republik offenstehen würden.

Bis zur Aufnahme konsularischer Beziehungen zwischen den USA und den Päpstlichen Staaten sollten jedoch noch einige Jahre vergehen. Im Juni 1797 wurde dann erstmals ein amerikanischer Geschäftsmann als Konsul nach Rom entsandt. In den folgenden Jahren sollten sich weitere amerikanische Konsuln in den Päpstlichen Staaten niederlassen. Päpstliche Konsuln nahmen ihrerseits in Washington, Philadelphia, New York, New Orleans, Baltimore, Charleston, Trenton, Norfolk, Savannah, Boston, Cincinnati und San Francisco ihre Arbeit auf – als erstem Konsul des Kirchenstaates wurde am 26. Juli 1797 dem römischen Kaufmann Giovanni Battista Sartori das *Exequatur* (»die Genehmigung zur Ausübung konsularischer Tätigkeiten«) erteilt. Da es in den Vereinigten Staaten keine diplomatischen Vertreter des Heiligen Stuhles gab, übernahmen die päpstlichen Konsuln von Beginn an Aufgaben, die über ihren eigentlichen weltlichen Auftrag hinausgingen. Nicht nur die Korrespondenz zwischen dem Heiligen Stuhl und den amerikanischen Bischöfen ging durch ihre Hände, auch an der Errichtung von Diözesen und der Ernennung von Bischöfen waren die Konsuln des Papstes beteiligt. In manchen Konsulaten nahmen die Akten mit den »außerordentlichen« Vorgängen ein Vielfaches mehr an Raum ein als die der ordentlichen.

Als im September 1870 die Truppen des italienischen Königs in Rom einmarschierten und dem alten Kirchenstaat ein Ende bereiteten, mussten die päpstlichen Konsuln auf der ganzen Welt ihre Arbeit einstellen. Die ihnen vom Völkerrecht zugestandenen Rechte und Privilegien waren nach Auffassung der Regierungen erloschen. Jedoch nicht überall. Überraschenderweise waren es gerade die Vereinigten Staaten, die zum Ärger des Königreiches Italien den Konsuln des ehemaligen Kirchenstaates das *Exequatur* nicht entzogen. In der *Library of Congress* kann man den heftig geführten Briefwechsel des italienischen Botschafters mit dem *State Department* in Washington nachlesen. Die Vereinigten Staaten weigerten sich, dem Wunsche Italiens nach unmittelbarer Schließung der Konsulate des Kirchenstaates Folge zu leisten und ließen sie bis zum Tod oder dem freiwilligen Verzicht des Amtsträgers bestehen. Der päpstliche Generalkonsul in New York, Louis B. Binsse, blieb daher bis zu seinem Tod am 28. März 1895 offiziell im Amt.

Ein Vorfall aus dem Jahre 1876 machte in den USA Schlagzeilen und trug in politischen Kreisen zu großer Erheiterung bei – nur nicht bei den konsularischen Vertretern des jungen Italiens. Damals fand in Philadelphia die Weltausstellung statt; Anlass war der zweihundertste Geburtstag der Vereinigten Staaten von Amerika. Der italienische Generalkonsul hatte einen Gang durch die Ausstellung unternommen, um die von ihm zugelassenen Aussteller seines Heimatlandes zu begrüßen und um einen Blick auf die Exponate zu werfen. Schon in der ersten Halle traf er auf einen italienischen Stand, dessen Besitzer er nicht kannte und dessen Name ihm nicht vertraut war. Der konsularische Vertreter Italiens ließ sich von seinem Landsmann die Einfuhrerlaubnis zeigen. Zuerst blickte er überrascht, dann ungläubig und zuletzt wütend auf ein Schreiben, das den Briefkopf des päpstlichen Generalkonsuls in New York trug, fein säuberlich von diesem unterzeichnet war und das eindrucksvolle Siegel des alten Kirchenstaates aufwies. Die Besucher der Ausstellung nahmen dann verwundert wahr, wie ein zorniger, hoch erregter italienischer Generalkonsul von Stand zu Stand eilte und hier und da die Papiere seines »Amtskollegen« zu kassieren suchte.

Fast hundert Jahre nach dem Untergang des alten Kirchenstaates stellte man auf dem diplomatischen Parkett verblüfft fest, dass sich der Heilige Stuhl erneut um den Aufbau von Konsulaten bemühte. Er nahm an der Wiener Konsularkonferenz von 1963 teil und trat dem in der Donaumetropole geschlossenen »Übereinkommen über konsularische Beziehungen« bei. Der Leiter der vatikanischen Delegation wies in der letzten Sitzung der Konferenz auf eine mögliche Bedeutung konsularischer Vertretungen des Vatikanstaates hin. Die Wiener Konvention hatte in Artikel 17 formuliert: »In einem Staat, wo der Entsendestaat weder eine diplomatische Mission unterhält noch durch die diplomatische Mission eines dritten Staates vertreten ist, kann mit Zustimmung des Empfangsstaates ein Konsul beauftragt werden, diplomatische Amtshandlungen vorzunehmen, ohne dass dies seine Stellung als Konsul berührt.« Aber es kam dann doch nicht dazu, dass in bestimmten Staaten päpstliche Konsulate errichtet wurden.

Die politischen Gegebenheiten in der Welt begannen sich im Pontifikat Pauls VI. radikal zu verändern. Die jungen Völker Afrikas, Asiens und Ozeaniens suchten von sich aus diplomatische Beziehungen zum Vatikan. Ein Vierteljahrhundert später bewirkte der Zusammenbruch des kommunistischen Systems im Osten Europas ein Weiteres, und so klopften die aus der Konkursmasse des Kommunismus entstandenen neuen Staaten am Bronzeportal des Apostolischen Palastes an. Im neuen Millennium verfügen daher nur noch verschwindend wenige Staaten über keine offiziellen Kontakte zum Heiligen Stuhl. Die Wiederbelebung der Institution päpstlicher Konsulate besitzt heute keine unmittelbare Aktualität mehr. Dass sie jedoch in der Vergangenheit eine Berechtigung hatten und ihnen unter besonderen Umständen eine nicht geringe Bedeutung zukam, wird am Beispiel der Beziehungen zwischen dem Vatikan und den USA deutlich – mit allen Unzulänglichkeiten und Kuriositäten.

Alljährlich empfängt der Papst zum Jahresbeginn in der *Sala Regia* (»Königssaal«) des Apostolischen Palastes das beim Heiligen Stuhl akkreditierte diplomatische Korps. Die Gesandten nehmen dann vor einer imposanten Kulisse Platz, die ihnen mit eindrucksvollen Gemälden die weltlichen Machtansprüche vergangener Zeiten und die Erfolge päpstlicher Politik vor Augen halten. Am Sitz des Papstes fanden sich zu fast allen Zeiten Vertreter der verschiedensten Herrscher und Völker ein. Sie sollten die Interessen ihrer Länder wahren und fördern. Neben diesen Gesandtschaften gab es auch solche, die nur geschickt worden waren, um den Päpsten Huldigungen und Geschenke zu überbringen. Beide Arten von Gesandtschaften kamen nicht nur aus den katholischen Ländern; auch protestantische Fürsten und nichtchristliche Potentaten waren am »Päpstlichen Hof« vertreten. Gesandtschaften beim Heiligen Stuhl mit einer gewissen Beständigkeit gibt es seit dem Ende des 15. Jahrhunderts; wenige Jahrzehnte später begannen sich dauernde Vertretungen zu bilden.

Ein ständiges Ärgernis waren in Rom die Streitigkeiten der Gesandten in Präzedenzfragen: Feste, öffentliche Aufzüge und Prozessionen boten fortdauernd Gelegenheit, durch diplomatischen Notenwechsel vermeintliche Rechte einzufordern. Nicht selten wurde versucht, sie gewaltsam zu erzwingen. Wegen der heftigen Ausschreitungen, die bei den Feierlichkeiten zur Besitzergreifung des Laterans von den Gesandten verursacht wurden, verbot ihnen Papst Clemens XI. (1700–1721) die Teilnahme an dieser Feier. Zu einem schwerwiegenden Eklat kam es bei der Fronleichnamsprozession des

Jahres 1696. Der Gesandte Österreichs, Graf Georg Adam Martinez, ein Enkel des durch den Prager Fenstersturz weltberühmt gewordenen böhmischen Statthalters, beanspruchte entgegen des bestehenden Brauches die Präzedenz vor dem Gouverneur der Ewigen Stadt, Monsignore Giambattista Spinola. Papst Innozenz XII. war von der Forderung des für sein herrisches Auftreten bekannten Gesandten informiert worden und hatte Monsignore Spinola angewiesen, der Prozession dieses Jahres fernzubleiben. Dennoch kam es zum Eklat. Mit dem unverdienten Zugeständnis noch nicht zufrieden, bestand Martinez darauf, unmittelbar vor den Kardinaldiakonen einherzuschreiten. Es entstand eine heftige Debatte, die in eine Rangelei und Rauferei überzugehen drohte, sodass die festliche Prozession mit dem Allerheiligsten nicht mehr fortgesetzt werden konnte.

Ein enormes Problem stellte die sogenannte »Quartiersfreiheit« dar. Die diplomatischen Vertreter großer Nationen in der Ewigen Stadt beanspruchten nicht nur für ihre Botschaftspaläste das Recht der Exterritorialität, sondern dehnten dieses Privileg auch auf umliegende Gebäude, Straßen und Plätze aus. So wurden manchmal ganze Viertel der päpstlichen Oberhoheit entzogen. Der Gesandte Spaniens beanspruchte die Jurisdiktion über den gesamten Stadtteil von Sant' Andrea delle Fratte bis zum Beginn des Tritone und zum Corso hin. Die Grenzen dieses Bezirkes waren durch weiße Schilder gekennzeichnet, auf denen die Buchstaben A. D. S. (»Ambasciata di Spagna«) eingemeißelt waren. Der Stadtteil zählte damals an die 14 000 Einwohner, fast ein Zehntel der Bevölkerung Roms. Er war ein Staat im Staat. Die stadtrömischen Behörden besaßen hier keinerlei Befugnisse und die päpstliche Polizei hütete sich, sich in die Dinge einzumischen, die hier vorgingen.

Es geschah nicht selten, dass um die Wahrung der vermeintlichen Immunität Streitigkeiten mit den Behörden des Papstes entstanden – oft aus ganz unbedeutenden Anlässen. Manchmal drohten sich aus kleinen Streitigkeiten große Staatsaffären zu entwickeln. 1662 überschritten die überzogenen Ansprüche des Gesandten Frankreichs jedes Maß. Er wollte die »Quartiersfreiheit« über den von ihm bewohnten »Palazzo Farnese« ausdehnen, »soweit mein Auge reicht«. Der Gesandte erklärte, er könne deshalb nicht dulden, dass die Polizeisoldaten des Papstes am Palast vorbeizögen. Nach blutigen Zwischenfällen vor der Residenz des Botschafters eskalierte der Streit so sehr, dass der französische König die päpstlichen Besitzungen in Frankreich in Beschlag nahm und drohte, in den Kirchenstaat einzumarschieren und ihn zu besetzen.

Mehr als hundert Jahre später führte das Verhalten ausländischer Diplomaten zu kriegerischen Auseinandersetzungen und der Besetzung des Kirchenstaates. Durch den Staatsstreich vom 4. September 1797 kam in Frankreich eine Regierung an die Macht, die antiklerikal und kriegerisch gesinnt war. Bonaparte und das Direktorium betrieben in Rom vermehrt Anstrengungen für einen »Volksaufstand«. Der Haupttreffpunkt der revolutionären Elemente in Rom war der »Palazzo Corsini«, der Sitz des französischen Gesandten Joseph Bonaparte, eines Bruders Napoleons. Unter den diplomatischen Emissären, die für einen Volksaufstand in der Ewigen Stadt sorgen sollten, befand sich auch General Duphot, der als künftiger Schwager Joseph Bonapartes galt.

Am 27. Dezember kam es zu schweren Zusammenstößen päpstlicher Soldaten mit fanatischen Aufrührern. Es fielen Schüsse, zwei Mann wurden getötet. Die Aufständischen flohen in den »Palazzo Corsini«. Duphot erschien mit gezücktem Säbel unter den Aufständischen und verhielt sich äußerst aggressiv. Als ihn die päpstlichen Sicherheitskräfte entwaffnen wollten, wehrte sich der General heftig und verletzte viele der Ordnungshüter. Es kam zu einem Handgemenge, in dessen Verlauf ein Schuss fiel und Duphot tot zu Boden sank. Der Tod Duphots kam Paris wie gerufen. Trotz einer unnötigen Entschuldigung der päpstlichen Regierung – Kardinalstaatssekretär Doria gestand aus Angst eine nicht vorhandene Schuld ein – erteilte das Direktorium im Januar 1798 den französischen Truppen den Befehl, nach Rom zu marschieren und die Ewige Stadt zu besetzen.

Beim Heiligen Stuhl waren auch Priester, Äbte, Bischöfe, Patriarchen und Kardinäle als Gesandte fremder Fürsten beglaubigt. In der Ewigen Stadt sah man die Rolle dieser Diplomaten als schwierig an. Einerseits waren sie Untertanen und Vertreter eines fremden Fürsten, andererseits schuldeten sie dem Papst als Kleriker unbedingten Gehorsam. In vielen Fällen ergab sich daher ein hohes Konfliktpotenzial. Im Grunde waren die Verpflichtungen zwei Souveränen gegenüber unvereinbar. So war man an der Kurie froh, als in der Mitte des 19. Jahrhunderts der letzte geistliche Vertreter mit dem Titel eines Geschäftsträgers verstarb. Als Preußen in späteren Jahren beabsichtigte, Kardinal Gustav zu Hohenlohe-Schillingsfürst mit den Agenden eines Botschafters beim Heiligen Stuhl zu beauftragen, lehnte der Vatikan dies rundweg ab.

Diplomaten – »gefangen« im Vatikan

In den Lateranverträgen von 1929 hatte das Königreich Italien feierlich erklärt, dass der Vatikan für ausländische Diplomaten, die beim Heiligen Stuhl akkreditiert sind, in Rom ein Wohnrecht besitze, da es auf dem Territorium des Vatikanstaates nicht genug Möglichkeiten gab, eine solch große Anzahl von Diplomaten unterzubringen: »Die Gesandten der auswärtigen Regierungen beim Heiligen Stuhl genießen im Königreich auch weiterhin alle Vorrechte und Immunitäten, die den diplomatischen Vertretern nach dem internationalen Recht zustehen, und ihre Residenzen können nach wie vor auf italienischem Gebiet verbleiben. Sie genießen die ihnen nach dem internationalen Recht zustehende Immunität, auch wenn ihre Staaten keine diplomatischen Beziehungen mit Italien unterhalten.« Doch die Regierung des Duce weigerte sich, dieser völkerrechtlich abgesicherten Vereinbarung nachzukommen. Mit dem Eintritt Italiens in den Zweiten Weltkrieg zogen daher die diplomatischen Vertretungen der Alliierten, an ihrer Spitze diejenigen Frankreichs, Großbritanniens und Polens, in den Vatikan, in das Hospiz »Santa Marta«.

Als im Dezember 1941 Italien den Vereinigten Staaten von Amerika den Krieg erklärte, sah sich auch die Vertretung der USA gezwungen, den Boden des Königreiches Italien in Richtung Vatikan zu verlassen. Nach ihrem Kriegseintritt gelang es den Amerikanern unter Anwendung des entsprechenden Drucks, eine Reihe lateinamerikanischer Staaten davon zu überzeugen, sich dem Kampf gegen das deutsch-italienisch-japanische Bündnis anzuschließen. Es handelte sich um Bolivien, Brasilien, Kolumbien, Kuba, Ecuador, Peru, Uruguay und Venezuela. Deren Vertreter mussten nun auch in die Vatikanstadt übersiedeln. Mit dem Eintreffen acht weiterer Gesandtschaften stellte der Heilige Stuhl ein weiteres Gebäude für die Unterbringung der Diplomaten und ihrer Familien bereit: den *Palazzo del Tribunale* (»Gerichtspalast«) des Kirchenstaates. Entgegen internationaler Gepflogenheiten wurde es den alliierten Diplomaten auf Anordnung der italienischen Regierung untersagt, vatikanisches Staatsgebiet zu verlassen. Die Vertreter der Achsenmächte und der neutralen Staaten hingegen hatten freien Zugang zum Kirchenstaat. Hierdurch konnten die lateinamerikanischen und andere alliierte Diplomaten mit ihren Kollegen Informationen austauschen und Nachrichten von ihren noch in Rom lebenden Freunden erhalten.

Anfang Juni 1944 zogen die Deutschen aus Rom ab. Nach dem Einmarsch alliierter Truppen in die Ewige Stadt waren es nun die Diplomaten der Achsenmächte und ihrer Verbündeten, die im Vatikan Zuflucht suchten. Der Papst, der an seinem verbrieften Recht der Souveränität und Neutralität festhielt, bot nun diesen dasselbe Privileg an und nahm sie innerhalb des Vatikanstaates auf. Die Diplomaten Deutschlands, Japans, Ungarns, Rumäniens, Finnlands und der Slowakei nahmen das Angebot Pius' XII. an und bezogen im Juni 1944 das Hospiz »Santa Marta« und den »Palazzo del Tribunale«. Sie durften ihren Zufluchtsort erst verlassen, nachdem die alliierten Mächte dem Papst die notwendigen Garantien gegeben hatten, dass die Diplomaten freies Geleit für eine Reise in ihre jeweiligen Länder erhielten.

Mit welchen diplomatischen Empfindlichkeiten man im Vatikan während des Zweiten Weltkriegs zu kämpfen hatte, machte eine Audienz vom 9. Mai 1942 deutlich.

An diesem Tag überreichte der japanische Botschafter Ken Harada dem Papst in der *Sala del Trono* (»Thronsaal«) seine Beglaubigungschreiben, die ihn als »Sonderbeauftragten im Range eines Botschafters« auswiesen. Die USA zeigten sich darüber irritiert, dass Myron Taylor, der als persönlicher Repräsentant des amerikanischen Präsidenten fungierte, im gleichen Zeitraum nur in der *Sala del Tronetto* (»Saal des kleinen Thrones«) empfangen worden sei. Die Prälaten des Staatssekretariates beschwichtigten, der japanische Gesandte sei der offzielle Vertreter des japanischen Kaiserreiches, und man habe ihn daher mit dem Protokoll, das Botschaftern vorbehalten sei, empfangen. Für Myron Taylor als persönlichem Repräsentanten Präsident Roosevelts hätten die diplomatischen Gepflogenheiten ein anderes Protokoll vorgesehen. Die Episode hatte ihre Brisanz auch dadurch erhalten, dass erst Anfang des Jahres 1942 – wenige Wochen nach dem Angriff auf Pearl Harbour – Japan dem Heiligen Stuhl die Aufnahme diplomatischer Beziehungen angeboten hatte. Vom *State Department* in Washington war die amerikanische Vertretung im Vatikan angewiesen worden, dem Papst die *deep-rooted objections* (»grundsätzlichen Einwände«) der USA mit Nachdruck mitzuteilen.

IV. DER SENAT DES PAPSTES

»Wie die unbewegliche Angel, die die Tür vor- und rückwärts öffnen lässt, so besitzen der heilige Petrus und seine Nachfolger die unbehinderte Urteilsfähigkeit über die gesamte Kirche. Seine Kleriker werden Kardinäle genannt, weil sie fester der Türangel zugehören, durch die alles Bewegung empfängt«, schrieb in der Mitte des 11. Jahrhunderts der Päpstliche Legat Humbert da Silva Candida dem Patriarchen von Konstantinopel.

»Türangel« und »Teil des päpstlichen Leibes«

Die Bezeichnung »Kardinal« leitet sich vom lateinischen *cardo* (»Türangel«) ab. Seit dem 6. Jahrhundert wird das Adjektiv *cardinalis* in der Bedeutung von »Haupt-« gebraucht, um Kleriker zu bezeichnen, die eine besondere Rolle in der Seelsorge als Priester oder Diakon ausübten. In der Ewigen Stadt entstanden so die Kardinäle, die engsten und wichtigsten Mitarbeiter des Papstes.

Da die Kirche von Rom in den ersten Jahrhunderten ihres Bestehens immer wieder Verfolgungen ausgesetzt war, mussten sich die Christen zu ihren Gottesdiensten in Privathäusern einfinden. Manche Häuser wurden den Gemeinden bereits im dritten Jahrhundert von reichen Christen ausschließlich zum Gottesdienst zur Verfügung gestellt. Diesen Häusern gab man die Bezeichnung *Tituli* (»Titel«). Die *Tituli* verwiesen auf den ursprünglichen Besitzer oder trugen schon früh den Namen eines Heiligen. In jedem der »Titel« befand sich ein geräumiger Saal für die Zusammenkünfte, in dem die Eucharistie gefeiert wurde; daneben gab es aber auch Wohnräume für die Priester und die verschiedenen Kirchendiener, die den Dienst in dem zu dem Titel gehörigen Gebiet, später Pfarrei genannt, zu versehen hatten. Die geistlichen Vorsteher eines *Titulus* wurden »Kardinalpriester« genannt. Zu ihnen gesellten sich die »Kardinaldiakone«, Kleriker, die in der Verantwortung für die Verwaltung des kirchlichen Besitzes standen und mit karitativen Verpflichtungen betraut waren. Unter Papst Fabian (236–250) waren ihnen weitreichende Aufgaben in den vierzehn Regionen der Ewigen Stadt zugeteilt worden. Kardinalbischöfe wurden erstmals zu Beginn des 9. Jahrhunderts erwähnt. Es waren die Oberhirten der sogenannten suburbikarischen Diözesen, der Bistümer, die in der unmittelbaren Umgebung der Stadt Rom lagen: Ostia, Albano, Frascati (Tusculum), Palestrina, Porto e Santa Ruffina, Sabina e Poggio Mirteto und Velletri.

Das Kardinalat ist als Institution allein und unmittelbar auf den Papst bezogen. In der römischen Antike, zur Zeit der Cäsaren, galten die Senatoren als *Pars corporis Imperatoris* (»Teil des kaiserlichen Leibes«). Ähnlich eng wurde später von Theologen und Rechtsgelehrten das Verhältnis der Kardinäle zum Papst gesehen; sie galten als *Pars corporis Papae* (»Teil des päpstlichen Leibes«). Diese enge organische Bindung erklärt auch, warum die Kardinäle nicht ernannt, sondern »kreiert« werden – vom lateinischen *creare* (»erschaffen«). Sie gelten als *Kreaturen* (»Geschöpfe«) des Papstes, die allein dem Obersten Hirten und keinem anderen Oberen dienen und verantwortlich sind, ihm allein zugehören. So ist auch die rote Kleidung der Kardinäle im Grunde keine eigene, sondern leitet sich von der ursprünglich ebenfalls roten Gewandung des Papstes ab, der als wichtige

Insignie vom römischen Imperator den kaiserlichen Purpur übernahm – in der Form des *Mantums* (»großen päpstlichen Mantels«). Die Voraussetzungen, um in das Kardinalskollegium aufgenommen zu werden, haben sich im Laufe der Zeit gewandelt. 1586 verlangte Papst Sixtus V.: »Da die Kardinäle wahrhaft die Stützen, das strahlende Licht der Kirche, das Fundament des Tempels Gottes und die Säulen der christlichen Gesellschaft sind, sollen sie von besonderer Tugend, von Frömmigkeit und Gelehrsamkeit erfüllt sein. Um so hoher Ehre würdig zu werden, sollen sie sich durch Untadeligkeit ihres vergangenen Lebens und durch außergewöhnliche Verdienste von anderen unterscheiden. Ihr Leben und ihr ganzes Verhalten soll anderen ein Beispiel sein, ihre Worte, ihre Antworten, ihre Meinung und ihr Rat sollen allen Christen als Regeln rechten Lebens und Denkens gelten.«

Heute sieht das kirchliche Gesetzbuch vor: »Der Papst wählt die Männer, die zu Kardinälen erhoben werden sollen, frei aus; sie müssen wenigstens die Priesterweihe empfangen haben, sich in Glauben, Sitte, Frömmigkeit sowie durch Klugheit in Verwaltungsangelegenheiten auszeichnen; wer noch nicht Bischof ist, muss die Bischofsweihe empfangen« (Canon 351, § 1). Von der Verpflichtung, die Bischofsweihe zu empfangen, kann dispensiert werden, wenn ein Kardinal zum Datum seiner Kreierung bereits das achtzigste Lebensjahr vollendet hat. Erst Papst Johannes XXIII. hatte im Jahre 1962 verfügt, dass alle Mitglieder des Kardinalskollegiums die Bischofsweihe zu empfangen haben. Noch gegen Ende des 19. Jahrhunderts gab es Purpurträger, die keine höhere Weihe empfangen hatten als die eines Diakons, unter ihnen die Kardinalstaatssekretäre Ercole Consalvi (1757–1824) und Giacomo Antonelli (1806–1876). Der letzte

»echte« Diakon unter den Kardinälen war Teodolfo Mertel, der Spross einer deutsch-italienischen Familie, der 1899 in seinem Geburtsort Allumiere bei Civitavecchia starb. Mertel hatte seine Weihe sogar erst nach der Erhebung zum Kardinal erhalten. Im Konsistorium vom 15. März 1858 in das Kardinalskollegium berufen, spendete ihm zwei Monate später Papst Pius IX. in der Hauskapelle seiner Sommerresidenz Castel Gandolfo das Sakrament.

Konsistorium und Kreierung

In den antiken Gesetzestexten der Kaiserzeit fand sich für den Senat eine Bezeichnung, die in den Sprachgebrauch der Kirche überging: das *Consistorium*. Im 12. Jahrhundert trat das Kardinalskollegium so in Erscheinung, wie es uns bis in die jüngste Vergangenheit vertraut ist. Bis dahin waren die wichtigsten kirchlichen Belange nur bei Synoden und Konzilien beraten und entschieden worden. Im Pontifikat Papst Innozenz' II. (1130–1143) trat eine Änderung ein; in der Auseinandersetzung um die Lehre des Kanonikers Abaelard legte der Papst die Prüfung, Diskussion und Entscheidung hierüber in die Kompetenz einer feierlichen Versammlung der Kardinäle, die unter seinem Vorsitz stand und »Konsistorium« genannt wurde. Mit Papst Alexander III. (1159–1181) begann die Zeit, in der Beschlüsse, die für die Kirche bedeutsam waren, immer mehr in Konsistorien gefasst wurden. Mit der im 16. Jahrhundert erfolgten Kurienreform Papst Sixtus' V. wurde das Konsistorium »nur noch ein feierlicher zeremonieller Akt, welcher beibehalten wurde, um das Bild des früheren kurialen Lebens vor den Augen der Gegenwart lebendig darzustellen« (Nikolaus Hilling). Was früher von den Kardinälen in diesen Versammlungen debattiert und beschlossen wurde, wurde jetzt an anderer Stelle entschieden und erfuhr in einem Konsistorium nur noch seine feierliche Promulgation. Die heutige Form der Konsistorien legte das Kirchenrecht 1983 fest: »Die Kardinäle helfen dem obersten Hirten der Kirche auf kollegiale Weise hauptsächlich in den Konsistorien, zu denen sie sich auf Anordnung des Papstes und unter seinem Vorsitz versammeln; Konsistorien gibt es als ordentliche oder außerordentliche« (Canon 353, § 1).

In einem ordentlichen Konsistorium findet auch die Aufnahme neuer Kardinäle statt. »Die Kardinäle werden kreiert durch Dekret des Papstes, das vor dem Kardinalskollegium verkündet wird; von der Verkündigung an haben sie die im Gesetz umschriebenen Pflichten und Rechte«, heißt es im Gesetzbuch der Kirche (Canon 351, § 2). Das Konsistorium wird öffentlich genannt, weil aus diesem besonderen Anlass Gäste geladen sind. Als Ort der Feier wird heute zumeist die Petersbasilika genommen. Nach der Verlesung des Dekretes und der Ableistung des Treueeides durch die Kardinäle spricht der Papst die Worte: »Zum Lobe des Allmächtigen Gottes und zur Zierde des Apostolischen Stuhles empfangt das Rote Birett, das Zeichen der Kardinalswürde, das anzeigt, dass Ihr bereit sein müsst, mit Festigkeit bis zum Vergießen des Blutes für die Mehrung des christlichen Glaubens, für den Frieden und die Ruhe des Volkes Gottes und für die Freiheit und Verbreitung der Heiligen Römischen Kirche einzustehen.« Jeder der Kardinäle nähert sich dann einzeln dem päpstlichen Thron und kniet nieder. Der Papst setzt dem neuen Purpurträger das Rote Birett auf und streift ihm den Kardinalsring über: »Empfange den Ring aus der Hand Petri und wisse, dass mit der Liebe des Apostelfürsten Deine Liebe wachsen möge.« Dann weist er dem neuen Purpurträger seine Kirche in der Ewigen Stadt zu: »Zur Ehre des Allmächtigen Gottes und der heiligen Apostel Petrus und Paulus übertragen Wir Dir den Titel (oder die Diakonie) … Im Namen des Vaters und des Sohnes und des Heiligen Geistes. Amen.« Im Anschluss an das Konsistorium begrüßen die neuen Kardinäle in den großen Sälen des Vatikans ihre Verwandten, Freunde und Mitarbeiter zu den *Visite di cortesia* (»Höflichkeitsbesuchen«). In den Tagen nach dem Konsistorium lädt der Papst die Neukreierten zu einer Messfeier mit ihm ein.

In einem angemessenen Zeitraum nach der Kreierung sollen die Kardinäle von dem ihnen zugewiesenen Gotteshaus »Besitz« ergreifen. Was ihre Titelkirchen und Diakonien betrifft, fordert das Kirchenrecht die Kardinäle dazu auf, »das Wohl dieser Gotteshäuser mit Rat und Schirmherrschaft zu fördern«; es schärft ihnen aber ein, »sich in keiner Weise in die Angelegenheiten einzumischen, die sich auf deren Vermögensverwaltung, Disziplin oder kirchlichen Dienst beziehen« (Canon 357). An der Außenfassade seiner Titelkirche oder Diakonie hat ein neuer Kardinal ein Schild mit seinem Wappen aufzuhängen, daneben ein weiteres mit dem Wappen des regierenden Papstes. Mit einem festlichen Gottesdienst nimmt er dann die *Presa di possesso* (»Besitzergreifung«) vor. Purpurträgern aus reichen Ländern werden oft Gotteshäuser anvertraut, die dringend einer Renovierung bedürfen oder die sich in den ärmeren römischen Stadtvierteln befinden und deren Gemeinden für jede ideelle und materielle Unterstützung dankbar sind.

Immer schon haben sich die meisten der Kardinäle verpflichtet gefühlt, ihrem Titel oder ihrer Diakonie die notwendige Unterstützung zukommen zu lassen; zahlreiche Gedenktafeln und Inschriften bezeugen diese Verbundenheit eines Kardinals mit »seiner« Titelkirche oder Diakonie.

Insignien und Vorrechte der Kardinäle

»Vom Dom in Sevilla läuteten die Glocken zur Vesper, als El Greco an der Tür des Kardinals pochte. Im Dienerzimmer stand der zeremonielle Hütetisch, auf dem das ganze Haus seine Kopfbekleidung auslegte. Beim Anblick der Hüte zu Füßen des Kruzifixes, vom Baldachin des Kardinals beschattet, dessen Hut wie eine rote Sonne über den Dienerhüten an der Wand hing, lächelte El Greco, sooft er auch schon in die Häuser der Kirchenfürsten eingetreten war. ›Wer da wohnt unter des Höchsten Hut‹, fiel es ihm ein, es war ja auch die Zeit der Komplet. ›Denn er wird mich befreien aus der Schlinge der Jäger und dem widerhakigen Wort!‹ … Auf einem hochbeinigen Tisch vor einem schwarzen Kruzifix lag das rote Birett des Kardinals, hoch und schmal, oben sich verbreiternd, mit vier runden Zacken, einer Windrose gleich – er gebietet dem Wind. Er ist also zu Hause, der Träger des Biretts, wohlan!« (Stefan Andres, »El Greco malt den Großinquisitor«).

Der Kopfbedeckung eines Kardinals – Hut und Birett – kam und kommt große Bedeutung zu. »Was ein Würdenträger auf sein Haupt setzt, ist das sichtbarste Zeichen der Stellung, die er einzunehmen beansprucht«, ruft der Historiker Percy Ernst Schramm in Erinnerung. Die augenfälligste Insignie der Kardinäle war der *Galerus*

(»großer breitrandiger Hut«), dessen erstmalige Verleihung Papst Innozenz IV. (1243–1254) zugeschrieben wird. Der *Galerus* besaß zwei mit Quasten verzierte Schnüre. Die Schnüre dienten dazu, den Hut durch einen Knoten unter dem Kinn zu befestigen. Die Anzahl der roten Quasten – dreißig, links und rechts je fünfzehn – wurde erst 1832 definitiv festgelegt. Den *Galerus* setzten die Kardinäle später nicht mehr auf. Er wurde in der Residenz des Kirchenfürsten ausgestellt und bei seinem Tod an das Fußende des Sterbebettes gelegt. War der Verstorbene ein residierender Bischof oder Erzbischof gewesen, wurde der Hut oft im Gewölbe seiner Kathedrale aufgehängt. Wer in London *Westminster Cathedral* oder in New York *St. Patrick's* aufsucht, sollte einen Blick in die Höhe wagen; dort kann er Zeugen dieses Brauches wahrnehmen. Heute erblickt man den *Galerus* ansonsten nur noch als heraldisches Zeichen. Er ist über dem Wappenschild eines Kardinals angebracht. Der Rang eines Purpurträgers wurde als so bedeutsam und einzigartig angesehen, dass der Rote Hut sogar die Verwendung von Adelsinsignien verbietet. Als sich im 19. Jahrhundert die Kardinäle des *Second Empire* Kronen und Senatorenmantel als heraldische Prunkstücke zulegten, wurden von den Wappentafeln der Titelkirchen und Diakonien der französischen Kardinäle die weltlichen Insignien durch Bedienstete des »Päpstlichen Hofes« entfernt. Der Heilige Stuhl war jedoch nicht eingeschritten, als Henry Benedict Stuart, der Cardinal Duke of York, nach dem Tode seines Bruders Charles Edward den Namen »Henry IX.« und den Titel »Majestät« annahm und die Königskrone über seinem Kardinalswappen anbrachte. In diesem Fall galt es, die Thronansprüche eines Katholiken zu wahren.

War das Rot der Kardinäle zunächst ein Verweis auf die herausragende Stellung des Papstes, so ermahnte schon Papst Eugen IV. (1431–1447) die Kardinäle, dass der Purpur sie auffordere, falls nötig, das Blutzeugnis für die Kirche Christi zu erleiden. Reformkardinäle wie Karl Borromäus, Cäsar Baronius und Pierre de Bérulle sahen im römischen Purpur nie etwas anderes als die Aufforderung zum Martyrium; der Purpur war für sie die Farbe des Blutes Christi, des ewigen Hohenpriesters und höchsten Herrn. Seit der Antike wurde der rote Farbstoff für die Gewänder von Kaiser und Senatoren, Papst und Kardinälen aus der Purpurschnecke gewonnen. Plinius der Ältere gibt in seiner »Naturalis Historia« Auskunft über die aufwendige und enorme Summen verschlingende Herstellung der Farbe, für die weit mehr als zehntausend Schnecken nötig waren. Erst im 16. Jahrhundert gelang es, die Kosten zu senken, indem man die im Panzer der weiblichen Cochenille-Schildlaus enthaltene Karminsäure zur Gewinnung des Purpurs nutzte. Eine moderne, industrielle Fabrikation der herrschaftlichen Farbe setzte dann ihrer Bedeutung als luxuriöse Gewandung Grenzen. Auch deshalb nimmt es nicht wunder, dass in unseren Tagen in dem imperialen Machtsymbol vergangener Zeiten wieder mehr die Bereitschaft gesehen wird, für den Glauben und die Kirche unerschrocken und selbstlos einzutreten – notfalls bis zum Vergießen des Blutes.

Viele Rechte und Privilegien der Kardinäle aus vergangenen Zeiten haben heute an Bedeutung verloren oder sind gar nicht mehr existent. Manche wirken aber bis in die Gegenwart nach. Papst Urban VII. (1623–1644) bestimmte, dass die Kardinäle mit der Anrede »Eminenz« zu ehren seien; keine andere Person sollte mehr diesen Titel führen, ausgenommen die drei geistlichen Kurfürsten des Heiligen Römischen Reiches Deutscher Nation und der Großmeister des Malteserordens. Heute ist der Fürst-Großmeister des Souveränen Malteser-Ritterordens der einzige Würdenträger, der außer den Kardinälen auf die Anrede »Eminenz« bestehen darf. »Eminenz« ist noch immer die gebräuchliche Titulatur für einen Kardinal; eine neuere Verordnung des Vatikans lässt aber auch ein schlichtes »Herr Kardinal« zu. Den Trägern des römischen Purpurs werden weiterhin die diplomatischen Gepflogenheiten nach dem Rang eines »Prinzen königlichen Geblütes oder eines regierenden Hauses« zugestanden. Detaillierte Vorschriften des Heiligen Stuhles zur Residenz und der »Familie«, sprich »Hofstaat«, eines Kardinals und seines Verhaltens in der Öffentlichkeit wurden noch in der Mitte des 20. Jahrhunderts erlassen. Sie sind überholt und laden manchmal zu einem Schmunzeln ein. Schon vor zweihundert Jahren tat sich das Gros der Kardinäle schwer, den zeremoniellen Ansprüchen gerecht zu werden. »Zwei elende Klepper vor einer rot lackierten Karosse – das ist der ganze Luxus eines Kardinals«, merkte Henri Beyle Stendhal zu Beginn des 19. Jahrhunderts an. Nur einige wenige Kardinäle konnten aufgrund ihrer Abstammung oder ihres Vermögens den Anforderungen des Protokolls entsprechen.

Als die Zeit der Kutschen der Vergangenheit angehörte, wurden die Kardinäle angewiesen, sich statt dieser eines Automobils zu bedienen. Die Benutzung öffentlicher Verkehrsmittel sollte unter allen Umständen vermieden werden. Da vielen Kardinälen die finanziellen Möglichkeiten des Unterhalts eines eigenen Automobils fehlten, nahmen sie häufig die Angebote der beim Heiligen Stuhl akkreditierten ausländischen Diplomaten an, bei offiziellen Anlässen auf einen Wagen und Chauffeur der Gesandtschaft zurückzugreifen – ein noch heute häufig in Anspruch genommener Brauch. War ein Kardinal gezwungen, mit der Eisenbahn zu reisen, so hatte er stets für sich ein separates Abteil zu reservieren. Ein Purpurträger, der ein öffentliches Verkehrsmittel benutzte oder privat zu Fuß ging, wurde angehalten, sich schwarz zu kleiden – ohne jedes erkennbare Zeichen, das auf seine Kardinalswürde hinwies. Doch die zeremoniellen Ehren, die einem Mitglied des Kardinalskollegiums zukamen, in Bausch und Bogen für überflüssig zu halten oder sie prinzipiell der Lächerlichkeit preiszugeben, wäre ungerecht, denn sie waren kein Selbstzweck. Der Schriftsteller Reinhard Raffalt hebt hervor, dass die Anmut der Rede und der Schliff der Umgangsformen bei den Purpurträgern nicht Ausdruck der Hoffart waren. Er zitierte einen Ausspruch Kardinal Valerio Valeris: »Die Ehren, die wir empfangen, geben uns die Möglichkeit, jene zu ehren, die sie uns entgegenbringen.«

Das vornehmste Wahlkollegium der Welt

Das exklusivste Recht der Kardinäle tritt bei der Sedisvakanz des Apostolischen Stuhles ein. »Beim Tode des Oberhauptes der allgemeinen römischen Kirche sollen die Kardinalbischöfe zuerst alles aufs Genaueste regeln. Darauf sollen sie die Kardinalpriester hinzunehmen, und die übrige Geistlichkeit und das Volk sollen ihre Zustimmung zu der Neuwahl geben«, bestimmte Papst Nikolaus II. im Jahre 1059. Auf dem von Papst Alexander III. im Jahre 1179 einberufenen II. Laterankonzil wurde festgesetzt: Die Wahl des Bischofs von Rom haben alle Kardinäle vorzunehmen und nicht nur die Bischöfe unter ihnen. So blieb es für eine lange Zeit. Knapp acht Jahrhunderte später nahm Papst Paul VI. eine wichtige Änderung vor. Er bestimmte 1970: »Mit Vollendung des 80. Lebensjahres verlieren die Kardinäle das Recht, den Papst zu wählen, und damit auch das Recht, am Konklave teilzunehmen.«

Zu den Wählern eines neuen Oberhauptes der katholischen Kirche äußert sich die Papstwahlordnung aus dem Jahre 1996 eindeutig: »Das Recht, den Römischen Papst zu wählen, steht einzig und allein den Kardinälen der Heiligen Römischen Kirche zu mit Ausnahme derer, die vor dem Todestag des Papstes oder vor dem Tag der Vakanz des Apostolischen Stuhles schon das 80. Lebensjahr überschritten haben … Unbedingt ausgeschlossen ist das aktive Wahlrecht eines anderen kirchlichen Würdenträgers oder die Einmischung einer weltlichen Macht, gleich welchen Ranges und welcher Ordnung sie sein mag« (*Universi Dominici Gregis*, II, 33). Keiner der wahlberechtigten Kardinäle kann von der aktiven oder passiven Wahl aus irgendeinem Grund oder Vorwand ausgeschlossen werden. Nur den Kardinälen, die vom Papst abgesetzt wurden oder mit seiner Zustimmung auf den Purpur verzichtet haben, ist der Zutritt zu verweigern. Das Kardinalskollegium besitzt keinerlei Vollmacht, diese während der Sedisvakanz wieder in seine Reihen aufzunehmen oder zu rehabilitieren.

Die in der Ewigen Stadt anwesenden wahlberechtigten Kardinäle sind verpflichtet, nach dem Eintritt der Sedisvakanz fünfzehn volle Tage auf die abwesenden zu warten. Liegen schwerwiegende Gründe vor, kann das Kardinalskollegium den Beginn der Wahl hinausschieben, jedoch höchstens um fünf weitere Tage. Wegen der besonderen Umstände seines Rücktritts im Februar 2013 gab Benedikt XVI. den Kardinälen durch eine spezielle Verfügung die Möglichkeit, die Wahl unter bestimmten Bedingungen vorzuziehen. Alle wahlberechtigten Kardinäle sind – so die Papstwahlordnung – »kraft heiligen Gehorsams gehalten, der Ankündigung der Einberufung nachzukommen und sich an den dazu festgelegten Ort zu begeben, außer sie seien durch Krankheit oder einen anderen schwerwiegenden Grund gehindert, der jedoch als solcher vom Kardinalskollegium anerkannt werden muss« (*Universi Dominici Gregis,* II, 38). Von den Kardinälen, die aufgrund ihres Alters nicht mehr das Recht besitzen, an der Wahl des Papstes teilzunehmen, erwartet die Papstwahlordnung das fürbittende Gebet: »Wegen der ganz besonderen Bindung zum Apostolischen Stuhl, die der Kardinalspurpur mit sich bringt, sollen sie sich an die Spitze des Volkes Gottes stellen, das insbesondere in den Papstbasiliken der Stadt Rom und auch in den Kultstätten der anderen Teilkirchen versammelt ist, damit durch das beharrliche und inständige Gebet, vor allem während des Wahlverlaufes, den wählenden Mitbrüdern vom allmächtigen Gott der notwendige Beistand und die notwendige Erleuchtung des Heiligen Geistes zuteil werde, und sie auf diese Weise wirksam und wirklich an der schwierigen Aufgabe teilhaben, die Universalkirche mit ihrem Hirten zu versehen« (*Universi Dominici Gregis,* II, 85).

Im Konklave ist es den Kardinälen untersagt, Botschaften zu empfangen oder aus der Vatikanstadt hinauszusenden. Sie dürfen weder aktuelle Zeitungen lesen noch Radio- oder Fernsehsendungen verfolgen. Am Ort der Papstwahl, in der Sixtinischen Kapelle, schwören die

Kardinäle, »Geheimhaltung über alles zu wahren, was in irgendeiner Weise die Wahl des Papstes betrifft und was am Wahlort geschieht und direkt oder indirekt die Abstimmungen betrifft, dieses Geheimnis in keiner Weise während oder nach der Wahl des neuen Papstes zu verletzen, außer wenn vom Papst selbst eine ausdrückliche Erlaubnis dazu erteilt worden ist. Gleichermaßen versprechen und schwören sie, niemals eine Einmischung, eine Opposition noch irgendeine andere Form zu unterstützen oder zu begünstigen, wodurch weltliche Autoritäten jeglicher Ordnung und jeglichen Grades oder irgendwelche Gruppen oder Einzelpersonen sich in die Papstwahl einzumischen versuchen sollten« *(Universi Dominici Gregis,* II, 53). Die Vorschriften Johannes Pauls II. verpflichten sie dazu, bei ihrer Stimmabgabe *solum Deum prae oculis habentes* (»allein Gott vor Augen zu haben«).

Auf neuen Wegen

Johannes Paul II. und Benedikt XVI. haben die Kardinäle wieder stärker in ihre Entscheidungen eingebunden. Beide Päpste legten Wert auf außerordentliche Versammlungen der Purpurträger, um deren Meinung zu gewichtigen Themen des Glaubens und der Gemeinschaft der Gläubigen einzuholen. Benedikt XVI. sah in dem Senat der Kirche eine Einrichtung, »die unmittelbar und beständig mit dem Nachfolger Petri zusammenarbeitet und ihn bei der Ausübung seines universalen Dienstes unterstützt«.

Papst Franziskus zeigte bereits in den ersten Monaten seines Pontifikates, wie sehr er auf die Mitglieder des

Kardinalskollegiums setzt. Im April 2013 berief er für eine Reform der Römischen Kurie einen achtköpfigen Kardinalsrat ein, dem er im September desselben Jahres mit einem päpstlichen Handschreiben einen rechtlichen Status gab. Mit der Kreierung neuer Kardinäle im Februar 2014 setzte er klare Akzente. Traditionen verschloss er sich nicht: Seinem Staatssekretär verlieh er ebenso wie den Präfekten der Kongregationen das Rote Birett, und auch den Sekretär des Konklaves, dem er gemäß eines alten Brauches nach der Wahl zum Papst seinen Pileolus, das Scheitelkäppchen, aufgesetzt hatte, bekleidete er nun ganz mit der roten Farbe. Aber er demonstrierte auch äußerst eindrucksvoll, dass er das Kardinalskollegium als »sein« Gremium betrachtet. Er allein entschied über die Vergabe des Kardinalats, nicht der vermeintliche Anspruch eines Bistums oder einer Behörde der Römischen Kurie.

An jeden der von ihm neu benannten Kardinäle schrieb Papst Franziskus: »Lieber Bruder, die Kardinalswürde ist keine Beförderung, weder eine Ehre noch eine Zierde. Sie ist schlicht ein Dienst, der danach verlangt, den Blick zu weiten und das Herz zu öffnen. Und dieses Weiter-Sehen und Universeller-Lieben-Können, mit größerer Intensität, kann man, obwohl das paradox erscheint, nur erreichen, indem man dem Weg des Herrn folgt: dem Weg des Sich-Kleinmachens und der Demut, wie ein Sklave zu werden (vgl. Philipper 2,5–8). Deshalb bitte ich dich mit Nachdruck, diese Ernennung mit einem einfachen und demütigen Herzen zu empfangen. Und auch wenn du sie mit Wonne und Freude aufnehmen solltest, passe auf, dass dieses Gefühl weit entfernt ist von jedem Ausdruck der Weltlichkeit.«

V. IM DIENST AN DER WELTKIRCHE – DIE RÖMISCHE KURIE

»Weil Uns die Fülle Seiner kirchlichen Vollmacht, die Uns vom Herrn übertragen wurde, zu Schuldnern aller Christgläubigen gemacht hat, können Wir doch nicht den Zustand und die Ordnung des menschlichen Lebens vervielfältigen … Weil nämlich das Gesetz des menschlichen Lebens das nicht erlaubt, können Wir auch nicht in eigener Person die Last aller Sorgen tragen, sondern Wir sind bemüht, das mithilfe Unserer Brüder auszuüben, die Glieder Unseres Leibes sind, was Wir viel lieber persönlich erledigen würden, wenn es die Zweckmäßigkeit der Kirche erlaubte« (Papst Innozenz III. 1198–1216).

Die Anfänge

Wer sich das erste Mal in der Ewigen Stadt aufhält, wird es kaum versäumen, das »Forum Romanum« aufzusuchen. Das Herzstück der antiken Welt beeindruckt noch nach zwei Jahrtausenden. Die Ruinen des Forums lassen auch im dritten Millennium den einstigen Glanz des »Imperium Romanum« erahnen. Am Ende der altehrwürdigen Via Sacra erhebt sich ein mächtiger Backsteinbau. Das Gebäude – es stammt in seiner jetzigen Anlage aus dem Jahre 303, der Regierungszeit des Kaisers Diokletian – war der Sitz des Senates: der Kurie. Von hier aus wurden die Geschicke des Römischen Reiches bestimmt oder zumindest mitgetragen.

Die ersten Christen Roms wussten um die Verwaltung ihres Staates, kannten seine Institutionen. Sie achteten sie, auch wenn diese durch die Cäsaren in ihrem ursprünglichen Ideal oft missbraucht wurden. Paulus, römischer Staatsbürger von Geburt, nutzte nach seiner Gefangennahme in Jerusalem die Gesetze Roms, um durch sie in die Hauptstadt des Imperiums zu gelangen und dort für den Glauben zu wirken. Nach Jahrhunderten der Verfolgung wurde das Christentum im Römischen Reich zur Staatsreligion. Die Bindung an das alte heidnische Imperium behielt sie und »taufte« sie. Es war daher vielleicht kein Zufall, dass die Türen der Kurie des *Forum Romanum* (»Römischen Forums«) nicht zerstört oder eingeschmolzen wurden, sondern dass man sie wieder verwendete – sie lassen bis zum heutigen Tag die Gläubigen in die Lateranbasilika hinein, in die Kathedrale des Papstes, das »Haupt aller Kirchen des Erdkreises«. In der Verwaltung übernahm die Kirche Elemente des alten Roms. Der Kirchenlehrer Petrus Damiani betonte noch zu Beginn des 11. Jahrhunderts, die römische Kirche müsse in ihrer Verwaltung die antike Kurie der Römer nachahmen.

Die rechtlichen Strukturen des republikanischen und kaiserlichen Roms verbanden sich mit Bräuchen und Ämtern des byzantinischen Hofes und des Frankenreiches. Kanzleien und Richterkollegien, aber vor allem die Kardinäle standen dem Papst in seinem Dienst an der Ewigen Stadt und der Weltkirche zur Seite. Wichtige Entscheidungen wurden in den Konsistorien, den *ad hoc* einberufenen Versammlungen des Papstes mit den Purpurträgern, gefällt. Doch für eine kontinuierliche Arbeit waren feste Institutionen nötig. Im 16. Jahrhundert wurden die Kongregationen, ständige Versammlungen einer bestimmten Anzahl von Kardinälen, geschaffen, die neben den schon bestehenden Gerichtshöfen und Sekretariaten für ein funktionierendes Leben in der Kirche Sorge trugen. Es war vor allem dem Reformeifer Sixtus' V. (1585–1590) zu verdanken, dass eine Kurienstruktur entstand, die in ihren Grundzügen bis in unsere Tage hinein existiert. Der Verlust des Kirchenstaates im Jahre 1870 führte dazu, dass die römische Verwaltung neu geordnet werden musste, da viele ihrer Behörden auch in die einstigen weltlichen Verantwortlichkeiten der Kirche eingebunden waren. Pius X. führte 1907 eine grundlegende Reform durch, die in das neue Gesetzbuch der Kirche, den »Codex Iuris Canonici«, einfloss.

Auf dem II. Vatikanischen Konzil, das in den Jahren 1962 bis 1965 tagte, wurde mit großer Leidenschaft über die Kurie diskutiert. Im Dekret *Christus Dominus* (»Christus der Herr«) unterstrichen die Konzilsväter: »Bei der Ausübung der höchsten, vollen und unmittelbaren Gewalt über die Gesamtkirche bedient sich der Papst der Behörden der Römischen Kurie. Diese versehen folglich ihr Amt in seinem Namen und mit seiner Vollmacht zum Wohle der Kirchen und als Dienst, den sie den geweihten Hirten leisten.« Die Teilnehmer an der Kirchenversammlung wünschten jedoch, »dass unter die Mitglieder der Behörden auch einige Bischöfe, besonders Diözesanbischöfe, aufgenommen werden, weil nur sie umfassend gegenüber dem Papst die Mentalität, die Wünsche und die Notwendigkeit aller Ortskirchen vermitteln«. Noch viele andere Forderungen wurden erhoben; den meisten kam Papst Paul VI. mit seiner Kurienreform von 1967 nach. Sie setzte vor allem auf eine Internationalisierung der Kurie, auf die Hinzuziehung von

Oberhirten der Ortskirchen, der zeitlichen Begrenzung der Amtsdauer der Mitarbeiter und einer wirksamen Zusammenarbeit der römischen Behörden untereinander. Auf der Grundlage dieser Reform und aus aktuellen Erfordernissen heraus erließ Johannes Paul II. etwas mehr als zwei Jahrzehnte später eine Verfügung, die Apostolische Konstitution *Pastor Bonus* (»Der Gute Hirte«), mit der er weitere Schritte zur Erneuerung der Römischen Kurie setzte.

»Ohr, Herz und Arm des Papstes«

Als wichtigste und einflussreichste Behörde der Römischen Kurie gilt das Päpstliche Staatssekretariat. Es ist das zentrale Exekutivorgan für die Verfügungen, die der Papst als Oberhaupt der Kirche trifft, und wird vom Kardinalstaatssekretär geleitet. Seit Leo X. (1513–1521) gab es den *Secretarius intimus*, auch *Secretarius Papae* genannt, der dem Papst bei der Ausübung der Amtsgeschäfte half. Fast zeitgleich kam die Institution des Kardinalnepoten auf. Der Kardinalnepot bezeichnete einen Blutsverwandten des Papstes, der als dessen besonderer Vertrauensmann mit der Leitung der Kirchenpolitik betraut war. »In der Geschichte der Kardinalnepoten sind Licht und Schatten kräftig gemischt«, urteilte Klaus Mörsdorf. Zu den Lichtgestalten gehörte der heilige Karl Borromäus. Pius IV. hatte seinen erst 21-jährigen Neffen 1560 zum Kardinalnepoten und Erzbischof von Mailand berufen. Karl Borromäus wurde die rechte Hand des Papstes und zu dessen gutem Geist. Er erwies sich als unermüdlicher Förderer der Kirchenreform. Seinem Bemühen war es letztendlich zu verdanken, dass das Konzil von Trient fortgesetzt und erfolgreich abgeschlossen werden konnte. Der Oberhirte von Mailand ging als einer der großen heiligen Bischofsgestalten in die Kirchengeschichte ein.

Das Verhältnis von *Secretarius intimus* und Kardinalnepoten wechselte von Pontifikat zu Pontifikat, bald lag der Einfluss bei dem einen, bald bei dem anderen. Oft kam es sogar vor, dass beide über das gleiche Personal verfügten. 1692 schaffte Innozenz XII. den Nepotismus offiziell ab und damit auch das Amt des Kardinalnepoten; alle bisherigen Vollmachten des Nepoten übernahm nun der *Secretarius intimus* als Kardinalstaatssekretär. Dieser war nun sowohl für die Kirchenpolitik als auch für die inneren und äußeren Angelegenheiten des Kirchenstaates zuständig.

Im 19. und 20. Jahrhundert unterzogen die Päpste ihr Staatssekretariat einer Reihe von Reformen. Bis zu der durch das II. Vatikanische Konzil erwirkten Kurienreform Pauls VI. nahm das Päpstliche Staatssekretariat den Rang nach den Kongregationen, den Tribunalen und den Ämtern des Heiligen Stuhles ein. 1967 erhob es der Pontifex zur obersten Kurienbehörde mit weitreichenden Kompetenzen und Vollmachten, es wurde »das Ohr, das Herz und der Arm des Papstes« (Paul Poupard). Ein vatikanisches »Superministerium« war entstanden. Johannes Paul II. merkte 1988 in seiner Kurienreform an: »Das Staatssekretariat hilft dem Papst bei der Ausübung seines höchsten Amtes. Ihm steht der Kardinalstaatssekretär vor. Es umfasst zwei Sektionen, nämlich die Sektion für die allgemeinen Angelegenheiten, unter der unmittelbaren Leitung des Substituten, dem ein Assessor zur Seite steht, und die Sektion für die Beziehungen mit den Staaten, unter der Führung eines eigenen Sekretärs, dem ein Subsekretär zur Seite steht« (*Pastor Bonus*, 39–40).

Die Aufgabe der ersten Sektion besteht darin, dem Papst in den Fragen seines täglichen Dienstes behilflich zu sein, der sich sowohl auf die Sorge um die universale Kirche als auch auf die Beziehungen zu den Behörden der Römischen Kurie bezieht. Sie besorgt die Redaktion der Dokumente, die der Papst ihr anvertraut. Sie bearbeitet die Unterlagen für die Ernennungen der Römischen Kurie und bewahrt das Bleisiegel sowie den Fischerring auf und beaufsichtigt die offiziellen Mitteilungsorgane des Heiligen Stuhles und besorgt deren Veröffentlichung. Der zweiten Sektion kommt die Aufgabe zu, die Angelegenheiten zu erledigen, die mit den Regierungen verhandelt werden müssen. In ihrer Kompetenz liegen: die diplomatischen Beziehungen des Heiligen Stuhles mit den Staaten, der Abschluss von Konkordaten inbegriffen, und die Vertretung des Vatikans bei internationalen Organisationen und Konferenzen.

2006 ernannte Benedikt XVI. den Erzbischof von Genua, Kardinal Tarcisio Bertone, zu seinem Staatssekretär. In einem Interview mit Andrea Tornielli, dem Vatikanisten der Mailänder Tageszeitung »Il Giornale«, gab Kardinal Bertone an, der wichtigste Aspekt seines neuen Amtes sei, dass der Staatssekretär ein Mann sein müsse, »der treu zum Papst steht«. Er habe »der Treibriemen des Willens des Papstes« zu sein. »Ich hoffe«, so der Kardinal, »die geistliche Sendung der Kirche betonen zu können, die über Politik und Diplomatie hinausgeht.« Luigi Bettazzi, der emeritierte Oberhirte seines Heimatbistums Ivrea, habe ihm gesagt, es sei wichtig, mehr »Kirchensekretär« als »Staatssekretär« zu sein.

Neun Kongregationen widmen sich den wichtigsten Bereichen im Leben der Kirche – sie sind zuständig für die Glaubenslehre, die orientalischen Kirchen, den Gottesdienst und die Sakramentenordnung, die Selig- und Heiligsprechungsverfahren, die Bischöfe, die Evangelisierung der Völker, den Klerus, die Institute des geweihten Lebens und für die Gesellschaften des apostolischen Lebens und das Katholische Bildungswesen. Jeder Kongregation steht ein Kardinalpräfekt vor, der von einem Sekretär im bischöflichen Rang unterstützt wird. Neben den Kardinälen und Bischöfen, die diesen päpstlichen »Ministerien« zugeordnet sind, wirken in ihnen auch *Konsultoren* (»Berater«) aus aller Welt, Kleriker, Ordensleute und Laien, Männer und Frauen.

Vor allem zwei der Kongregationen stehen im Scheinwerferlicht der Öffentlichkeit. Als zu Unrecht umstritten gilt die 1542 von Paul III. zum Schutz des Glaubens errichtete »Heilige Kongregation der römischen und allgemeinen Inquisition«. Ausgeklügelte Foltermethoden, grausame Kerkerhaft und lodernde Scheiterhaufen werden mit ihr in Verbindung gebracht. Doch ohne manche Fehlentwicklungen zu beschönigen oder zu entschuldigen, für die damalige Zeit war die »Inquisition« – so seltsam es auch klingen mag – eine sehr moderne Behörde, die, im Gegensatz zu weltlichen Entsprechungen, in ihren Untersuchungen Rechtsnormen einführte und sich sogar an sie hielt. Obwohl sie bereits seit Jahrhunderten niemandem körperlichen Schaden zugefügt hat, hafteten ihrem Ansehen auch in der jüngsten Vergangenheit die alten Vorurteile an. Selbst Namensänderungen, so 1908 in »Heiliges Offizium«

und 1965 in »Kongregation für die Glaubenslehre«, halfen nicht viel.

Als Papst Johannes Paul II. die Römische Kurie reformierte, bekräftigte er gegenüber der »Kongregation für die Glaubenslehre« den Auftrag, »die Lehre über Glaube und Sitten auf dem ganzen katholischen Erdkreis zu fördern und zu schützen« *(Pastor Bonus,* 48). Um die Wahrheit des Glaubens und die Unversehrtheit der Sitten zu sichern, trage sie dafür Sorge, »dass nicht Glaube und Sitten durch allgemein verbreitete Irrtümer irgendeinen Schaden nehmen«. Es sei ihre Pflicht, Schriften und Lehrmeinungen von Katholiken zu prüfen, »die als dem rechten Glauben entgegengesetzt und gefährlich erscheinen, und, wenn feststeht, dass sie der Lehre der Kirche entgegenstehen, weist sie diese rechtzeitig zurück, nachdem sie ihrem Urheber die Gelegenheit gegeben hat, seine Auffassung umfassend darzulegen«. Die Kongregation hat dafür zu sorgen, »dass es nicht an einer geeigneten Widerlegung falscher und gefährlicher Lehren fehlt, wenn sich solche möglicherweise im christlichen Volk verbreitet haben«.

Als mediales Schreckgespenst taugt die Kurienbehörde aber weiterhin, noch immer werden diejenigen, die ihr vorstehen, in Zeitungsartikeln und TV-Berichten als Büttel der Inquisition präsentiert: Doch die Präfekten der »Kongregation für die Glaubenslehre« taugen nicht als grimmige Großinquisitoren, die eigenhändig in den Wäldern der Albaner Berge das Holz für meterhohe Scheiterhaufen im Innenhof des »Palazzo del Sant' Uffizio« sammeln. Alfredo Ottaviani, Franjo Seper, Joseph Ratzinger und William Joseph Levada waren weder zähnefletschende »Wachhunde« noch Menschen und Ideen niederwalzende »Panzerkardinäle«. Sie sahen sich als Männer der Kirche, die den Glauben fördern, auslegen und schützen sollten. Den ehemaligen und den jetzigen Präfekten stärkt Papst Franziskus den Rücken, die »Kongregation für die Glaubenslehre« habe die Pflicht, dem Gottesvolk das Recht zu gewähren, »das *Depositum Fidei* (›Glaubensgut‹) in seiner Reinheit und in seiner Ganzheit zu empfangen«.

Alfredo Ottaviani, der Bäckersohn aus dem römischen Stadtviertel Trastevere, galt in den Sechzigerjahren des vergangenen Jahrhunderts als Gallionsfigur des konservativen Flügels der Kirche, als kämpferischer und unerbittlicher Hüter des Glaubens – und als jemand, der militärische Auseinandersetzungen in der Moderne für durch und durch unsittlich und den Einsatz von Atomwaffen für ein Verbrechen hielt. Von seinem Salär als ranghoher Mitarbeiter der Kurie unterstützte er eine Vielzahl von Waisenhäusern und Heimen, die er in seiner knapp bemessenen Freizeit häufig aufsuchte. Bei einem dieser Besuche sah er die Zöglinge eines Kinderheims mit Holzschwertern kämpfen. Alfredo Ottaviani rief die Oberin des Hauses zu sich, leerte seine Geldbörse und sagte: »Kauft Fußbälle!« Nichts anderes macht die »Kongregation für die Glaubenslehre« tagtäglich. Sie erkennt Irrtümer, untersagt sie und zeigt die Alternative auf.

Die Selig- und Heiligsprechungen der katholischen Kirche sind in den letzten Jahrzehnten zu einem Lieblingsthema der Medien geworden. Und mit Kritik an ihnen und der verantwortlichen Institution der Kurie wird nicht gespart. Fragt man im Vatikan nach der zuständigen päpstlichen Behörde für diese kirchliche Praxis, kommt oft die Antwort, das sei die Aufgabe der *Fabbri-*

ca dei Santi, (»Heiligenfabrik«). So flapsig der Ausdruck auch ist, die Bezeichnung erscheint logisch. Dennoch stimmt sie nicht, denn die Kirche »macht« keine Seligen und Heiligen; vielmehr stellt sie in einem aufwendigen Verfahren mit der »Kongregation für die Selig- und Heiligsprechungsprozesse« nichts anderes als einen Tatbestand fest: das Faktum der Heiligkeit.

Ein Selig- oder Heiligsprechungsverfahren für einen vorbildlichen Katholiken kann schon fünf Jahre nach dessen Tod beantragt werden – für den Prozess, der Johannes Paul II. betraf, gewährte der Papst eigens eine Dispens. Zuständig ist die Ortskirche, zumeist ein Bistum, in dem der Kandidat lebte oder verstarb. Der Bischof holt zunächst umfangreiche Erkundigungen ein. Wenn er glaubt, dass reelle Chancen für ein Verfahren bestehen, bestellt er einen Gerichtshof, der das Leben des Kandidaten durchleuchtet, dessen Schriften prüft und Zeugen verhört. Nach dem Abschluss der bischöflichen Untersuchungen werden beglaubigte Kopien aller Akten nach Rom geschickt. Mitarbeiter der römischen Behörde für die Selig- und Heiligsprechungsverfahren erstellen aus diesen Unterlagen eine wissenschaftliche Dokumentation, die sogenannte *Positio*. Diese mehrere hundert Seiten umfassende Darstellung der heroisch gelebten Tugenden oder eines Martyriums wird einer Expertengruppe von Theologen übergeben. Kommen diese Fachleute zu einem positiven Entscheid, wird der »Fall« einem Gremium von Kardinälen und Bischöfen vorgelegt.

Danach erfolgt ein eigenständiges Verfahren, in dem noch ein Wunder nachzuweisen ist. Hier fällen zunächst hoch qualifizierte Mediziner ein Urteil, dann die Theologen und später wieder die Kardinäle und Bischöfe. Bei

Selig- und Heiligsprechungsverfahren sieht die Kirche in den Wundern den *Digitus Dei* (»Finger Gottes«). Er ist für sie ein Zeugenbeweis von »ganz oben«, die Bekräftigung der vorbildhaften Christusnachfolge durch Gott selbst. Im Falle von Märtyrern dispensiert der Papst in der Regel von dem geforderten Wunder, denn ihr Sterben ist schon Zeugnis genug für einen uneingeschränkten Glaubensvollzug. Letztendlich entscheidet der Papst frei darüber, ob der Betreffende in das Verzeichnis der Seligen oder Heiligen aufgenommen wird. Eine Seligsprechung wird er vornehmen, wenn die Verehrung auf einen Orden, eine Region oder ein Land beschränkt bleiben soll, eine Heiligsprechung, wenn eine weltweite Verehrung sinnvoll erscheint. Papst Benedikt XVI. entschied zu Beginn seines Pontifikates, dass er selber nur noch Heiligsprechungen vornehme. Die Seligsprechungen ließ er in der jeweiligen Teilkirche in seinem Auftrag und in seinem Namen vollziehen.

Ein französischer Philosoph äußerte sich gegenüber Paul VI. kritisch zur Praxis der Selig- und Heiligsprechungsverfahren. Der Papst gab ihm ein Bündel von Prozessakten mit. Nach deren Lektüre bekannte der Philosoph gegenüber Paul VI.: »Diese Menschen würde auch ich heiligsprechen.« Darauf erwiderte ihm der Papst: »Sehen Sie, mein lieber Freund, diese Verfahren haben wir bereits im Ansatz verworfen.« – »Wenn die Kirche gewisse Gläubige heiligspricht, das heißt, feierlich erklärt, dass diese die Tugend heldenhaft geübt und in Treue zur Gnade Gottes gelebt haben, anerkennt die Kirche die Macht des Geistes der Heiligkeit, der in ihr ist. Sie stärkt die Hoffnung der Gläubigen, indem sie ihnen die Heiligen als Vorbilder und Fürsprecher gibt«, erläutert der Katechismus der katholischen Kirche die Praxis der Selig- und Heiligsprechungsverfahren (Nr. 828). Heiligkeit war für die Väter des II. Vatikanischen Konzils keine fromme Übung, sondern gehörte für sie zum Wesen der Kirche: »Alle Christgläubigen jeglichen Standes oder Ranges sind zur Fülle des christlichen Lebens und zur vollkommenen Liebe berufen« *(Lumen Gentium*, Nr. 40).

Die Gerichtshöfe des Papstes

Der Heilige Stuhl verfügte schon früh über eine eigene Gerichtsbarkeit. Die richterlichen Funktionen lagen ursprünglich in den Händen des Papstes und seiner engsten Ratgeber, der Kardinäle. Um die Jahrtausendwende fanden sich als Richter auch die *Cappellani Papae* (»Kapläne des Papstes«), die der Papst beauftragte, die Prozesse zu leiten, denen er nicht persönlich vorzustehen beabsichtigte oder den Kardinälen überweisen wollte. Diese Kapläne waren zunächst Vernehmungsrichter. Von Innozenz III. (1198–1216) wurde ihnen dann die Vollmacht zugesprochen, Urteile zu fällen.

Es verwundert nicht, dass der älteste noch bestehende Gerichtshof, die »Apostolische Pönitentiarie«, ihre Verantwortung in der Sorge um das Seelenheil der Gläubigen sieht. Bis in die zweite Hälfte des 20. Jahrhunderts hinein war vielen Bewohnern und Besuchern der Ewigen Stadt der Anblick der *Bacchetta* vertraut. Mit diesem rutenähnlichen Stab gewährte der Kardinalgroßpönitentiar den Gläubigen an bestimmten Tagen in der Karwoche einen besonderen Ablass, den Nachlass zeitlicher Sündenstrafen von hundert Tagen. Der auf einem Richterstuhl sitzende Kardinal nahm den Stab in die

Hand und berührte mit ihm leicht die Köpfe der vor ihm knienden Gläubigen. Der Ursprung dieser Geste weist in die Antike. Wollte im alten Rom jemand seinem Sklaven die Freiheit schenken, führte er ihn vor den Prätor, um die Urkunde der Freilassung ausstellen zu lassen. Bei der Übergabe derselben erteilte der Herr seinem Sklaven einen Schlag, den letzten, den er ihm geben durfte – als Zeichen der Entlassung.

Der uns heute seltsam vorkommende Brauch, den der Kardinalgroßpönitentiar in alten Zeiten in den großen Basiliken der Ewigen Stadt vornahm, war einer der seltenen öffentlichen Auftritte dieses Würdenträgers. Ansonsten verrichteten er und der Gerichtshof, dem er vorstand, ihre Arbeit im Stillen. Denn die »Apostolische Pönitentiarie« ist kein Gerichtshof im üblichen Sinne, da die Öffentlichkeit völlig ausgeschlossen bleibt. Sie hat für den geheimen Gewissensbereich zu entscheiden, in Fällen der Lossprechung von kirchlichen Strafen und der Erteilung von Dispensen, die dem Papst vorbehalten sind. Nach dem Kirchenrecht darf von bestimmten Sünden nicht jeder Beichtvater freisprechen – sie sind »reserviert«. Wenn die Bischöfe oder bevollmächtigte Beichtväter keine allgemeine Dispens erhalten haben, von diesen Sünden freizusprechen, oder wenn darüber eine Unklarheit besteht, müssen solche Fälle in Rom der »Apostolischen Pönitentiarie« vorgelegt werden. Alle Beichtväter der Welt können sich an sie wenden; in den entsprechenden Anträgen werden keine Namen genannt. Die Entscheidung des Gerichtshofs wird im Beichtstuhl geheim weitergegeben. Der Gerichtshof darf von rein kirchlichen, nicht jedoch göttlichen Gesetzen entbinden. Auch von privaten Gelübden, die ein Gläubiger auf sich genommen hat, kann sie bei gewichtigen

Gründen befreien oder diese in leichtere Verpflichtungen umwandeln. Die an den Gerichtshof der Pönitentiarie herangetragenen Fälle werden, soweit möglich, innerhalb eines Tages, gerechnet ab dem Eintreffen des Gesuchs bei der Behörde, behandelt; für die Kirche gilt hier der alte Grundsatz: »Das Heil der Seele ist das oberste Gesetz.«

Die Zuständigkeit der »Apostolischen Pönitentiarie« erstreckt sich auch auf das Ablasswesen. Unter »Ablass« wird der Nachlass zeitlicher Sündenstrafen nach der Vergebung der Sündenschuld, der Absolution, verstanden. Wurde durch ein Gebet oder eine fromme Verpflichtung einem Gläubigen ein Ablass von hundert Tagen gewährt, dann war darunter zu verstehen, dass man ihm die zeitliche Strafe, die der Sünder in früheren Zeiten durch die Übernahme einer Kirchenbuße von hundert Tagen ableisten musste, erließ. 1967 gab Papst Paul VI. dem Ablasswesen eine neue Ordnung. Seit dieser päpstlichen Verfügung spricht man nur noch von einem Teilablass oder einem vollkommenen Ablass, je nachdem, ob er von der zeitlichen Sündenstrafe teilweise oder ganz befreit. Ablässe mit den früher üblichen Zeitangaben (vierzig Tage, hundert Tage usw.) werden nicht mehr erteilt; sie entsprechen dem heutigen Teilablass.

Im 14. Jahrhundert bildete sich der päpstliche Gerichtshof: »Gericht der Römischen Rota«. Worauf diese Bezeichnung zurückgeht, weiß man nicht genau. Vielleicht rührt sie von der kreisförmigen Anordnung der Richterstühle her oder einem auf Rädern laufenden Gestell, auf dem sich die Gesetzbücher befanden. Aber auch der Umstand, dass die Prozesse nach einem bestimmten Turnus den verschiedenen Kollegien von je drei oder fünf Richtern zur Behandlung überwiesen wurden – gewissermaßen »rotierten« –, könnte zu der Namensgebung geführt haben. Wer Richter des »Gerichts der Römischen Rota« wurde, musste ein *Doctor iuris famosus* sein. Später verlangte man den Titel eines Doktors des kirchlichen und des bürgerlichen Rechts, und zwar ohne jede Ausnahme und Dispens. Der Richter sollte über einen bestimmten Besitz verfügen, damit gegen ihn nicht der Verdacht der Käuflichkeit aufkam (auf diese Vorschrift wird heute verzichtet). Bei der Eröffnung des Gerichtsjahres 2014 hat Papst Franziskus auf eine weitere Qualifikation hingewiesen: »Der Richter ist Diener der Gerechtigkeit, aufgerufen, die Lage der Gläubigen zu behandeln und zu beurteilen, die sich vertrauensvoll an ihn wenden, um es dem Guten Hirten nachzutun, der sich um das verletzte Schäfchen kümmert.«

Das »Gericht der Römischen Rota« war und ist ein Gerichtshof, der seine Urteile kollegial fällt und nicht durch einen Einzelrichter. In der Regel werden die Verfahren von einem Gremium von drei Richtern behandelt. Das »Gericht der Römischen Rota« agiert hauptsächlich als Berufungsgericht. Es sorgt für eine Einheitlichkeit der Rechtsprechung und hilft so untergeordneten Gerichten durch die eigenen Urteile. In der Praxis ist die »Rota« jedoch überwiegend mit der Berufung in Ehenichtigkeitsverfahren beschäftigt. Ein Ansuchen um die Annullierung einer Ehe kann das »Gericht der Römischen Rota« auch direkt unter Umgehung bischöflicher Gerichte übernehmen. Falls es sich in einem Verfahren um die Ehe eines Staatsoberhauptes oder Angehörigen eines regierenden Herrscherhauses handelt, wird der Prozess grundsätzlich in Rom verhandelt, da die Gefahr einer Beeinflussung des örtlichen Gerichtes besteht.

Unter den Gerichtshöfen des Papstes ist noch der »Oberste Gerichtshof der Apostolischen Signatur« zu nennen. Er wacht über die rechte Ausübung der Rechtsprechung in der katholischen Kirche und ist mit einem Kassationsgericht vergleichbar. Zudem entscheidet er über Kompetenz- und Verwaltungsstreitigkeiten zwischen den Behörden der Römischen Kurie. »Eigene Urteile fällen wir nicht, wir sind für Korrekturen zuständig«, pflegte ein Präfekt der »Apostolischen Signatur« die Arbeit des Gerichtshofs zu erläutern. In der Öffentlichkeit fand und findet der »Oberste Gerichtshof der Apostolischen Signatur« nur selten Beachtung. *Coram publico* (»öffentlich«) traten Mitglieder des Gerichtes im alten päpstlichen Zeremoniell, wie es vor 1968 üblich war, in Erscheinung: Die Richter übernahmen bei feierlichen Pontifikalmessen das Amt der Akolythen; die Referendare hatten beim Ein- und Auszug des Papstes über der *Sedia Gestatoria* (»Tragsessel«) den Baldachin emporzuhalten.

Räte, Ämter und eine kommende Reform

Päpstliche Räte beschäftigen sich mit den Laien, der Familie, der Seelsorge im Gesundheitsdienst oder der Förderung der Einheit unter den Christen. Drei Ämter sind mit den Finanzen der Kirche befasst: Die »Apostolische Kammer«, die »Güterverwaltung des Apostolischen Stuhles« und die »Präfektur für die wirtschaftlichen Angelegenheiten des Heiligen Stuhles«. Die Vorbereitung und Durchführung der Audienzen und der nichtliturgischen Zeremonien des Papstes ist der »Präfektur des Päpstlichen Hauses« anvertraut. Das »Amt für die liturgischen Feiern des Papstes« betreut die gottesdienstlichen Feiern mit dem Oberhaupt der katholischen Kirche; es untersteht dem päpstlichen Zeremonienmeister, dem eine Reihe von Zeremoniaren als Hilfe beigestellt sind. Darüber hinaus gehören zur Römischen Kurie diverse Päpstliche Kommissionen, die für die Bibel, Lateinamerika oder die Kulturgüter der Kirche zuständig sind, jedoch zum Teil ihre Arbeit in Zusammenarbeit mit den Kongregationen leisten.

Die Päpste haben von Anfang an die Römische Kurie nicht als ein Herrschaftsinstrument betrachtet, sondern als einen dem Petrusamt zutiefst eigenen Dienst. Papst Benedikt XVI. hat dies immer wieder nachdrücklich betont. In Predigten und Ansprachen geißelte er den klerikalen Karrierismus und rief sich und seinen Mitarbeitern in Erinnerung: »Die totale und großzügige Verfügbarkeit im Dienst für die anderen ist das Unterscheidungsmerkmal dessen, der in der Kirche mit Autorität ausgestattet ist.« Im Mittelpunkt einer Predigt von Papst Franziskus in der Kapelle des vatikanischen Gästehauses stand das Evangelium vom Guten Hirten. Der Papst betonte, man könne in den Schafstall nur durch die Tür, nämlich Christus, hineingehen. Wer anderswo einsteige, dem verlange nur nach dem Profit für sich selbst; er sei einer, der »aufsteigen« wolle. Auch in den christlichen Gemeinden gebe es diese Aufsteiger: Karrieristen, die nur das Ihre suchen und bewusst oder unbewusst so tun, als träten sie ein. Doch sie sind Diebe und Räuber. Warum? Weil sie Jesus die Herrlichkeit stehlen, ihre Herrlichkeit wollen, und das ist es, was er den Pharisäern sagte: ›Ihr reicht euch die Herrlichkeit gegenseitig herum.‹«

Insidern der Römischen Kurie scheint seit Längerem Handlungsbedarf für eine Reform gegeben. Nicht jeder

Vorsteher einer Kurienbehörde müsse mit dem roten Kardinalshut belohnt und nicht jeder Sekretär einer Kongregation, eines Gerichtshofes oder Amtes mit der Bischofswürde ausgestattet werden. Abschied zu nehmen sei von der unguten Tradition, Personen, die sich in ihrem Aufgabengebiet nicht bewährt haben oder dem Willen des irdischen und himmlischen Arbeitgebers entgegenwirkten, mit einer Beförderung wegzuloben. Manche Reformforderungen seien aber auch an der Redlichkeit der Antragsteller zu messen. Der Ruf aus den Ortskirchen, die Römische Kurie weiter zu internationalisieren, bedeute aber auch die Bereitschaft, aus dem eigenen Bistum hierfür Mitarbeiter zur Verfügung zu stellen – und zwar fähige Priester, Ordensleute und Laien, wenn möglich die besten. Als ein mitteleuropäischer Bischof einmal vom aufgeblasenen Apparat kirchlicher Verwaltung sprach, konterte der Vatikan: »Meinen Exzellenz den unsrigen oder den Ihrer Diözese?« Denn vergleicht man die Behörden des Papstes mit den Ordinariaten vieler Bistümer, so schneidet Rom keineswegs schlecht ab. Es kommt mit deutlich weniger Personal und Kosten aus als diese.

Dass es an der Römischen Kurie Karrieresucht, Intrigen und Verfehlungen vielfältiger Art gibt, ist nicht zu leugnen. Aber diese Missstände kommen in jeder menschlichen Gesellschaft, in jeder kirchlichen Gemeinschaft vor. Und durch seine einzigartige Stellung ist der Vatikan »ein geschichtliches Gebilde, das in konzentrierter Form die Höhenflüge und Abgründe des menschlichen Geistes widerspiegelt« (Reinhard Raffalt). Der Großteil der Kurialen leistet gute Arbeit; er ist nicht in unlautere Geschäfte und in die Machenschaften einiger weniger Seilschaften verwickelt. Als die »Vatileaks«-Affäre des Jahres 2013 ihren Zenit erreichte, berichtete Erzbischof Angelo Becciu, der zweithöchste Beamte im Staatssekretariat: »Mir hat jemand in letzter Zeit anvertraut, dass er sich geniere zu sagen, dass er im Vatikan arbeite, und ich habe ihm erwidert: ›Halten Sie Ihren Kopf hoch und seien Sie stattdessen stolz darauf.‹«

Eine Reform der Kurie hat Papst Franziskus bereits initiiert. Kleine Schritte sind schon zu beobachten. In vielem berät sich der Papst noch. Wann und wie größere Veränderungen eintreten werden, bleibt ihm allein überlassen. Eines ist jedoch sicher, es wird kein leichter Weg werden.

VI. RESIDENZ UND KULTURERBE DER WELT

Nach seiner Wahl zum Oberhaupt der katholischen Kirche weigerte sich Papst Franziskus, in den Apostolischen Palast des Vatikans zu ziehen. Er nahm Wohnung in dem Gebäude, in dem er für die Dauer des Konklaves seine Bleibe gefunden hatte – im Gästehospiz »Domus Sanctae Marthae«. Dass ein Pontifex Maximus sein Zuhause nicht in dem imposanten Repräsentationsbau des Kirchenstaates sieht, ist zwar außergewöhnlich, aber auch nicht ohne Entsprechungen in der Kirchengeschichte.

Leben und Wirken »apud Sanctum Petrum«

Wir sind es gewohnt, vom Vatikanpalast als »dem« Wohnsitz des Papstes zu sprechen. Historisch liegen die Fakten jedoch anders. Fast ein Jahrtausend lang lebten und wirkten die Päpste beim Lateran, ihrer eigentlichen Bischofskirche. Das Terrain, auf dem sich die Kathedrale und der Lateranpalast noch heute befinden, hatten die Nachfolger des heiligen Petrus im 4. Jahrhundert in Besitz genommen. Das ehemalige Landgut der Familie der Laterani war dem römischen Bischof von Kaiser Konstantin dem Großen zum Geschenk gemacht worden. Vom alten Lateranpalast, dem *Patriarchium* der Päpste, ist kaum noch etwas erhalten. Wie prachtvoll sich die Residenz nach der Umgestaltung durch Leo III. (795–816) gab, kann man erahnen, wenn man vor einer ihrer noch immer eindruckvollen Überreste, der Apsis des

Triclinium (»päpstlichen Fest- und Speisesaals«) steht. In seiner »Göttlichen Komödie« staunte Dante, »um wie viel der Lateran, was Menschen sonst geschaffen, überragte«.

Da aber Sankt Peter außerhalb der eigentlichen Stadt lag, sich der Bischof von Rom jedoch zu bestimmten Gottesdiensten dorthin zu begeben hatte, entstand schon unter Papst Symmachus (498–514) bei der Basilika des Apostelfürsten die erste Anlage einer Residenz, die sogenannte *Episcopia*. Quellen des 9. Jahrhunderts berichten von *Cubicula* (»Schlafräumen«) für den Pontifex und seinen Hof. Eugen III. (1145–1153) errichtete ein *Palatium* (»einen Palast«), den Innozenz III. (1198–1216) und Nikolaus III. (1277–1280) erweiterten. Nikolaus III. war der erste Papst, der den Vatikan als eine Residenz ansah. Ihren Palast bauten die Päpste nun festungsartig aus, er sollte für sie in bewegten Zeiten zu einem sicheren Hort werden. Im 14. Jahrhundert gerieten die Päpste unter den Einfluss der Könige von Frankreich und so wurden die Geschicke der katholischen Kirche für gut siebzig Jahre von Avignon aus geleitet. In Rom wuchs der Unmut, dass der Nachfolger des heiligen Petrus seinen Sitz im fernen Frankreich gefunden hatte. Der Dichter Petrarca schrieb an Urban V. (1362–1370): »Wie kannst du ruhig schlafen unter goldenen Dächern an den Ufern der Rhône, während der Lateran zu einer Ruine verkommt und die Mutterkirche, ihres Daches beraubt, über keinerlei Schutz vor Wind und Regen verfügt?«

Die Päpste kehrten zwar, nachdrücklich von der heiligen Katharina von Siena ermahnt, in die Ewige Stadt zurück, ihre Residenz aber nahmen sie nun im Vatikan. Mit Nikolaus V. (1447–1455), dem Humanisten Tommaso Parentucelli, begann eine neue Phase der Bautätigkeit im Vatikan. – »Die Aufgabe, ein würdiger Sitz und eine sichere Residenz des Papstes zu sein, wurde mit den an der Antike geschulten Augen und im Geist der Frührenaissance neu in Angriff genommen, mit dem Pontifikat Nikolaus' V. ist der Ausgangspunkt für die geschichtlich gewachsene und künstlerisch gestaltete Papstresidenz erreicht« (Deoclecio Redig de Campos). Doch auch danach pflegten die Päpste einen Großteil des Jahres jenseits des Tibers zu verbringen, im »Palazzo Venezia« beim Kapitol oder auf dem Quirinalshügel. Der Quirinalspalast mitten im Herzen der Ewigen Stadt war von Gregor XIII. (1572–1585) erbaut worden. Vor allem die dortigen klimatischen Verhältnisse ließen ihn zu einer bevorzugten Wohn- und Regierungsstätte des Papstes werden. Zu ihrem Sommersitz erwählten die Oberhirten der Kirche seit dem 17. Jahrhundert die Villen von Castel Gandolfo in den Albaner Bergen. Mit der politischen Einigung Italiens und der Einnahme Roms im September des Jahres 1870 wurden dem Heiligen Stuhl die Besitzansprüche auf die Residenz beim Quirinal verweigert. Als Italien vom Papst die Herausgabe der Schlüssel des Palastes forderte, konterte Pius IX.: »Seit wann brauchen denn Diebe Schlüssel? Sie haben doch Dietriche und Brecheisen!« Nunmehr im Gebiet des Vatikans »gefangen«, suchten sich die Päpste außer im Apostolischen Palast auch in ihren Gartenanlagen wohnlich einzurichten.

Leo XIII. (1878–1903) verbrachte die Sommermonate in der »Casina di Pio IV«, dem heutigen Sitz der »Päpstlichen Akademie der Wissenschaften« – nur zur Übernachtung kehrte er in den vatikanischen Palast zurück. Später ließ er in den Gärten den größten Turm der alten

Verteidigungsmauer, den »Torre di Leo IV«, wohnlich herrichten. Ein vom Papst hoch geschätzter Künstler, der deutsche Maler Seitz, hatte auf dem Gewölbe des Turms sinnbildlich den Sternenhimmel Roms im Zeichen des Löwen dargestellt. Diese Huldigung an den Pontifex wurde leider ein wenig durch einen technischen »Einfall« des Architekten Mannucci abgewertet: Die Sterne am Gewölbe entsprachen ebenso vielen kleinen Lämpchen, die aufflammten, wenn ein bestimmter Schalter umgelegt wurde. Von dem Sternenhimmel hing ein großer, fein gearbeiteter Murano-Kronleuchter herab. Der Fußboden war mit Marmor ausgelegt. Wandbespannungen, Statuen, Bilder und Mobiliar im Fin-de-Siècle-Stil sollten dem Papst den Aufenthalt angenehm machen. Dem Heiligen Vater gefiel der Raum so gut, dass er sich immer häufiger zum Arbeiten dorthin zurückzog und sogar Empfänge in ihm abhielt. Der Turm hielt ein Zimmer mit einem kleinen eisernen Bett bereit, in das der Papst sich bei Bedarf zurückziehen konnte. In der Nähe des Turmes wurde ein gemauerter Pavillon errichtet, um dort Kaffee zu trinken und etwas Muße zu finden. Aus dem kleinen Pavillon wurde dann mit der Zeit eine *Palazzina*, ein Landhäuschen. Unter Pius XI. (1922–1939) zog Radio Vatikan in den Turm und die *Palazzina* ein.

In der zweiten Hälfte des vergangenen Jahrhunderts wurde ein zweiter Turm zur päpstlichen Wohnstätte erkoren. Vom *Torre di San Giovanni* erhält man einen einzigartigen Blick über die Gärten. Der Turm liegt gemeinsam mit dem Hubschrauberlandeplatz des Papstes auf dem höchsten Punkt in der Vatikanstadt – knapp achtzig Meter über dem Meeresspiegel. Johannes XXIII. ließ das Gemäuer aufwendig restaurieren und in ihm bequeme Wohnräume einrichten. Seinen neuen Sommersitz zu genießen, war dem Papst nur kurze Zeit vergönnt; Johannes XXIII. verstarb am 3. Juni 1963. Unter Paul VI. (1963–1978) wurde der Turm zum Gästehaus für hohe kirchliche Würdenträger. Zu Beginn seines Pontifikates übersiedelte Johannes Paul II. für einige Wochen in den »Turm des heiligen Johannes«, da die päpstlichen Appartements im Apostolischen Palast einer Renovierung unterzogen werden mussten. Auch nach der Wahl Benedikts XVI. hatte man alles für eine Übersiedlung des Papstes in die Vatikanischen Gärten vorbereitet; der Großteil der notwendigen Arbeiten in der päpstlichen Wohnung fand jedoch in der Zeit statt, die Benedikt XVI. in seiner Sommerresidenz in den Albaner Bergen verbrachte.

Wenn Papst Franziskus den Apostolischen Palast als Wohnung meidet, so dürfte als Grund für diese Entscheidung kaum die Ablehnung eines übertriebenen Luxus vorliegen – eher eine von ihm befürchtete Isolation seiner Person. Denn trotz eines prachtvollen Ambientes erreichte die Unterkunft der Päpste in den letzten zwei Jahrhunderten oft nicht einmal den Standard eines gutbürgerlichen Haushalts. Von einem Besuch am Sterbebett Pius' IX. berichtete Don Bosco: »Der Heilige Vater liegt zu Bett, und sein Bett ist so niedrig und elendig wie das eines unserer Jungen. Er hat keinen Teppich, auf den er seine erhitzten Füße setzen kann. Der Fußboden ist aus Ziegelstein; aber so abgenutzt und zusammenhanglos, dass man darauf achten muss, nicht zu stolpern.« Papst Leo XIII. schlief in einem winzigen Zimmer vor seiner Privatbibliothek; dort nahm er auch seine Mahlzeiten ein. Da man durch dieses Zimmer musste, um in die Bibliothek des Pontifex zu gelangen, verbarg ein schwerer Vorhang, der eine Art Gang bildete, die Schlafstätte des Papstes. Nicht selten vernahmen Besucher, die sich zu Audienzen eingefunden hatten, die Schritte derer, die sich ein Stockwerk höher über die Holzböden bewegten.

Wer einen Blick in die Möbelmagazine des Vatikans wirft, entdeckt dort viele Kuriositäten. Bei einem Rundgang fallen dem Besucher gewaltige Messingbecken auf. Diese Ungetüme kamen bis in die zweite Hälfte des 20. Jahrhunderts ab dem Katharinentag, dem 25. November, in der Sixtinischen Kapelle, in den großen Sälen des Apostolischen Palastes und in der Wohnung des Papstes zum Einsatz. Dann wurden sie mit Holzkohle befüllt und der Inhalt angezündet, damit der Papst und seine Gäste in der Winterzeit nicht allzu sehr frieren mussten. Luxus kam in den Privatgemächern nicht auf. Als Pius XI. im Februar 1939 verstarb, mussten die Wohnräume im Apostolischen Palast für seinen Nachfolger renoviert werden. Schwester Pascalina Lehnert, die Haushälterin Pius' XII., schrieb in ihren Erinnerungen: »Nachdem man mit den Arbeiten im Privatappartement des Heiligen Vaters begonnen hatte, sah man erst, dass viel mehr auszubessern und zu tun war, als man ursprünglich geglaubt hatte.« Was die Ordensfrau den Aufzeichnungen nicht anvertraute und nur im privaten Gespräch offenbarte, war die Überraschung, die sie und ihre Mitschwestern erlebten, als man eine Wand des päpstlichen Schlafzimmers aufbrechen musste: Ein Heer von Mäusen und Ratten kam ihnen entgegen.

Kein Pontifex der jüngeren Vergangenheit stattete sein persönliches Ambiente mit Prunk aus. Selbst Fotografien der päpstlichen Wohnräume aus jüngster Zeit eignen sich nicht dazu, auf dem Hochglanzpapier von Magazinen, die für gemütliches Wohnen werben, abgedruckt zu werden. Nicht einmal die Dachterrasse, die für Paul VI. auf dem Apostolischen Palast gebaut wurde, war Luxus. Sie diente dem von Arthrose geplagten Papst, dem es von Jahr zu Jahr schwerer fiel, sich in die Gärten der Vatikanstadt zu begeben, zur Erholung und zum Gebet.

Ein Palast zum Repräsentieren

In Zeiten – und sie sind noch gar nicht so lange her –, in denen der Strom der Besucher von Sankt Peter keiner Absperrungen bedurfte, hatte man einen freien Blick auf den Haupteingang des Apostolischen Palastes. Das mächtige, tonnenschwere Bronzetor war ein beliebtes Fotomotiv. Unentwegt wurde der Hellebardier der Schweizergarde, der dort »tapfer und treu« die Schildwache hielt, auf Zelluloid gebannt oder digital auf einen Chip gespeichert. Betrat oder verließ ein Kardinal durch das Tor den Vatikan, nahm der Gardist Haltung an und schulterte die Hellebarde. Der ein oder andere Tourist wartete oft minutenlang, manchmal sogar eine halbe Stunde, um diese Szene als Videoclip mit nach Hause zu nehmen. Vom *Portone di Bronzo* (»Bronzetor«) führt die *Scala Regia* (»königliche Treppe«) in den Palast hinauf. Der Aufstieg über die breiten Treppenstufen wird begleitet von der genialen Illusion Berninis, mit der er der Treppe einen monumentalen Eindruck gab, die sie nicht besitzt. Höhe, Durchmesser und Abstand der Säulen auf beiden Seiten der Anlage verkleinern sich nach oben in Proportion zum Raumganzen. Auf der obersten Stufe angelangt, lädt der Palast zum Betreten seiner Prunksäle ein.

Der Audienzsaal, der durch seine Größe und Ausstattung am meisten beeindruckt, ist die *Sala Regia* (»der Königssaal«). Sein Name verrät, dass hier in vergangenen Zeiten Kaiser und Könige empfangen wurden. An den Wänden der *Sala Regia* blickt der Besucher auf ausdrucksstarke Fresken, symbolträchtige Bilder: das Zusammentreffen Alexanders III. mit Friedrich Barbarossa, die Erneuerung der Pippinischen Schenkung durch Kaiser Karl den Großen und die Seeschlacht von Lepanto. Nur wenige Schritte entfernt erstreckt sich die *Sala Ducale* (»der Herzogssaal«), in dem in früheren Zeiten die Empfänge für die *Ducchi di maggior potenza* (»Herzöge mit größerer Macht«) stattfanden. Wer dann die imposante *Sala Clementina*, die von der Schweizergarde bewacht wird, betritt, steht vor der *Anticamera Pontificia* (»den Vorzimmern der päpstlichen Gemächer«), wobei mit »Gemächern« jedoch nicht die privaten Wohnräume des Pontifex gemeint sind, sondern das Ambiente, das dem Papst heute für die offiziellen Audienzen im Vatikan dient. In der Pracht des Palastes und des in ihm herrschenden Zeremoniells sahen die Päpste keinen Selbstzweck, sondern Repräsentation ihres Amtes, zeitgebunden und doch wiederum zeitlos. Auf den »verschwenderischen Prunk« seines Wohn- und Regierungssitzes angesprochen, pflegte Johannes XXIII. mit einem verschmitzten Lächeln zu sagen: »Warum soll ich dem, der mich besucht, einen Blick auf den Himmel verweigern?«

Selbst die Höfe der Residenz dienen der Repräsentation – in unterschiedlichster Ausprägung. Im zentralen Innenhof des Palastes, im *Cortile di San Damaso*, finden noch heute die großen militärischen Zeremonien des »Päpstlichen Hauses« statt. Staatsoberhäupter werden hier bei einem offiziellen Besuch im Vatikan durch ein Pikett der Schweizergarde willkommen geheißen und verabschiedet, neue Botschafter beim Heiligen Stuhl zur Überbringung ihrer Beglaubigungsschreiben mit militärischen Ehren begrüßt und in den Palast geleitet. An jedem 6. Mai, dem Gedenktag des *Sacco di Roma* (»Plünderung Roms«), zieht die Päpstliche Schweizergarde mit klingendem Spiel im Damasushof auf. In Anwesenheit hoher kirchlicher Würdenträger, Diplomaten, stolzer Eltern, Geschwister und Freunde legen die Rekruten ihren Eid auf den Papst ab.

In den Nachmittagsstunden des 28. Februar 2013 war es kein ausländisches Staatsoberhaupt, das im *Cortile di San Damaso* (»Damasushof«) repräsentativ Abschied nahm. Es war der Papst höchstpersönlich, der den Apostolischen Palast des Vatikans verließ. Im Damasushof hatten sich viele Menschen eingefunden, die im Dienst der Römischen Kurie und des Staates der Vatikanstadt standen. Eine mannschaftsstarke Abteilung der Päpstlichen Schweizergarde war mit der Fahne der Garde angetreten. Sie alle wollten dem Pontifex, der am Abend des Tages vom Papstamt zurücktrat, einen letzten Gruß entbieten. Benedikt stieg in sein Auto und fuhr, eskortiert von Motorrädern und Wagen der vatikanischen Gendarmerie, zum Hubschrauberlandeplatz der Vatikanstadt, von wo aus er mit einem Helikopter der italienischen Luftwaffe den Flug nach Castel Gandolfo antrat.

Staatsbesuche und offizielle Empfänge finden nach wie vor im Apostolischen Palast des Vatikans statt, doch den Papst beherbergt er zurzeit nicht als seinen Bewohner. Viele Menschen in der Ewigen Stadt, Einheimische wie Besucher, hoffen, dass Papst Franziskus letztendlich doch in den Apostolischen Palast übersiedelt. Denn ihnen fehlt der vertraute Anblick des Lichtes, das Abend für Abend aus den Privaträumen des Papstes hinunterleuchtete – und ihnen die Anwesenheit des Bischofs von Rom und Hirten der Universalkirche augenfällig nahebrachte. Denn auch dies ist Repräsentation, eine stille, unaufdringliche – und vielleicht die sinnvollste.

Dem »göttlichen Raffael« begegnen

»Man darf gewiss behaupten, dass diejenigen, die so außergewöhnliche Gaben ihr eigen nennen, wie man sie in Raffael von Urbino sah, nicht einfach nur Menschen sind, sondern – wenn es erlaubt ist, dies zu sagen – sterbliche Götter«, drückte Giorgio Vasari seine überschwängliche Bewunderung für das Künstlergenie aus, dessen irdisches Leben nicht einmal vier Jahrzehnte dauern sollte. Vasari sprach nicht nur für sich, er gab eine Überzeugung wieder, die von dem Gros seiner Zeitgenossen ohne Wenn und Aber geteilt wurde. Raffael Santi, 1483 in Urbino geboren, hatte in Perugia das Malerhandwerk erlernt. Seine Fähigkeiten hatten schon bald einen so hohen Grad an Perfektion erreicht, dass er bereits im Jahre 1500 in einem Vertrag für ein Altarbild »Meister« genannt wurde und seinen Lehrer Perugino übertraf. Acht Jahre später wurde er 1508 von Bramante Papst Julius II. vorgestellt. Der Pontifex begeisterte sich für den jungen Künstler und beauftragte ihn mit der Ausmalung der Räumlichkeiten im Apostolischen Palast des Vatikans, die als die Stanzen Raffaels bekannt wurden.

Die Stanzen Raffaels umschließen eine Welt von Schönheit. Es sind die Gemächer, die der Humanistenpapst Nikolaus V. für wichtige Ämter der Römischen Kurie bestimmt hatte. Im Jahre 1508 wies Julius II. dem erst fünfundzwanzigjährigen Raffael die Räume zur Ausmalung zu. Das Neue an seinem Werk war, dass er das Abstrakte nicht abstrakt und auch nicht allegorisch oder symbolisch wiedergab, sondern als konkrete Wirklichkeit, als Idee, die Fleisch und Blut, Bewegung, Licht und Farbe geworden war. Wenn Raffael sich von anderen berühmten zeitgenössischen Künstlern von Grund auf unterscheidet und wenn sein Name zum Symbol der Schönheit geworden ist, so liegt das in erster Linie an der vollendeten Harmonie seiner Schöpfungen. Seine Gemälde sind ein Zusammenklang von Farbe und Komposition, Linie und Masse, Licht und Schatten, meisterhaft verteilt und ineinandergefügt.

Durch einen Besuch der Vatikanischen Museen ist es möglich, die Stanzen aufzusuchen. Aber ein einmaliger Aufenthalt in den Sälen reicht nicht aus, um den Schöpfungen Raffaels und seiner Schüler gerecht zu werden. Das »Wunder von Bolsena« gilt als ein Meisterwerk des Künstlers. Es erzählt ein Mirakel, das sich 1263 bei einer Messfeier in Bolsena ereignete. Bei der Wandlung waren einem Priester aus Böhmen Zweifel an der realen Präsenz Christi im Allerheiligsten Altarsakrament gekommen. Doch dann sieht er, wie die konsekrierte Hostie zu bluten beginnt. Dieses Wunder war mitentscheidend dafür, dass Urban IV. im August 1264 das Fronleichnamsfest einsetzte. Das Bild zeigt Julius II. auf einer Kniebank, die heilige Hostie verehrend; zu sehen ist auch eine Gruppe von Schweizergardisten in ihrer malerischen Gewandung. Es ist eine der ersten Darstellungen der helvetischen Leibwächter des Papstes.

Die Loggien im zweiten Stock des Damasushofes waren von Bramante im Jahre 1512 auf Geheiß Julius' II. begonnen und dann von dem Künstler aus Urbino im Pontifikat Leos X. übernommen und vollendet worden. Die Fresken wurden von Raffael selbst entworfen, aber von seinen Schülern Giulio Romano, Giovanfrancesco Penni und Perino del Vaga ausgeführt. Das Gewölbe der Loggien setzt sich aus dreizehn Arkaden zusammen, jede von ihnen birgt vier Bilder. Achtundvierzig Szenen sind den Schriften des Alten Bundes, vier dem Neuen Testament entnommen – alle zweiundfünfzig zusammen werden die »Bibel Raffaels« genannt. Die Wände sind mit fantasievollen Stuckdekorationen geschmückt, die sich die Ausstattung des *Domus Aurea* (»Goldenen Hauses«) von Nero zum Vorbild nahmen und genauso wie diese mithilfe einer Mischung aus Kalk und Marmorstaub gefertigt wurden.

Im Entwurf der verspielten Grotesken in den Loggien ließ sich Raffael von der Antike inspirieren und gab einer lange in Vergessenheit geratenen Ornamentsprache ein neues Dasein – der Künstler schuf mit ihnen einen neuzeitlichen Prototyp, der bis nach Sankt Petersburg und in die Gänge des Kapitols in Washington nachgeahmt wurde. Seine »Bilderbibel« ist eine Katechese von ungewöhnlich eindringlicher Erzählkraft. Raffaels großartiges Schaffen im zweiten Stock des vatikanischen Palastes kann nur von wenigen Auserwählten *in situ* (»vor Ort«) bewundert werden. Es ist ein kleiner Kreis von Besuchern, denen diese Möglichkeit erschlossen wird, vor allem Persönlichkeiten, die der Papst in feierlicher Audienz empfängt. Das Protokoll sieht für Botschafter, Ministerpräsidenten, Staatsoberhäupter und Monarchen vor, dass sie durch die Loggien zu den päpstlichen

Appartements geführt werden. Aber auch diesen privilegierten Besuchern ist zumeist nur ein kurzer Blick auf die Fresken und Stuckaturen gegönnt.

In neuem, altem Glanz – die Sixtinische Kapelle

Als die Päpste gegen Ende des 14. Jahrhunderts von Avignon in die Ewige Stadt zurückkehrten, fanden – abgesehen von den hochfeierlichen Handlungen, die in Sankt Peter oder einer der großen Basiliken Roms vollzogen wurden – die feierlichen, öffentlichen Funktionen in den Palastkapellen des Vatikans statt. Die vornehmste Kapelle des Apostolischen Palastes wurde jene, die von Papst Sixtus IV. (1471–1484) ihren Namen erhalten hatte, die »Cappella Sixtina«. – »Ein heiliges Haus, ein Schrein, eine Arche ist sie, zugleich der Vorgriff auf den Schlussakkord der irdischen Welt«, urteilte Reinhard Raffalt mit unverhohlener Bewunderung über sie. Die der Gottesmutter geweihte Kapelle ist, mit nur wenigen Ausnahmen, der Ort, an dem bis zum heutigen Tag das Konklave stattfindet. Den Wählern eines neuen Oberhauptes der Kirche dient sie zur Meditation und Ermahnung. Jeder Kardinal, der vor dem Altar seine Stimme abgibt und Christus zum Zeugen seines Tuns anruft, blickt auf das Bild des Weltenrichters und Jüngsten Gerichts.

Die beiden großen Werke der Palastkapelle, die Ausmalung des Deckengewölbes und der Wand über dem Altar, sind eine Gewalttat. In zweifacher Hinsicht. Sie bezeugen den unglaublichen Kraftakt künstlerischen Schaffens, der nur dem Genie eines Michelangelo Buonarottis entspringen konnte. Und sie sind die Folgen eines Zwangs, der einer brutalen Erpressung gleichkam, die von zwei Päpsten, Julius II. und Paul III., auf den widerstrebenden Künstler ausgeübt wurde. Man muss sich jedoch eingestehen, dass sich dieses »Verbrechen« gelohnt hat. An der Decke der Sixtina hielt Michelangelo mit seinen Fresken die Weltgeschichte von der Schöpfung bis zum Wiederbeginn des Lebens nach der Sintflut fest. Das »Jüngste Gericht« an der Altarwand der Kapelle nennt eine Schrift aus dem Vatikan »das ›Dies Irae‹ der Spätrenaissance und das großartigste Manifest der katholischen Reform, die Paul III. ganz besonders am Herzen lag und die durch das Konzil von Trient, das er 1545 einberufen ließ, durchgeführt wurde«.

Im Laufe der Jahrhunderte verlor die Sixtina ihren alten Glanz. Es war nicht zuletzt der Kerzenruß, der die Pracht der Farben zu verdunkeln begann und sich wie ein immer dichter werdender Schleier über die Fresken legte. Auch der Millionen zählende Strom von Pilgern und Touristen trug sein Scherflein bei. Kaum einer, der das Gotteshaus bestaunte, wusste, dass er mit seinem Atem und seiner Transpiration permanent zur Schädigung dieses einzigartigen Kunstwerkes beitrug; nicht einmal heute vermögen neue, hochmoderne Klimaanlagen mit diesem Problem fertig zu werden. Auch die dilettantischen Rettungsversuche vergangener Zeiten hatten dem Juwel der Renaissance gewaltigen Schaden zugefügt. Sogar die Papstwahlen forderten ihren Tribut: Der Boden der Kapelle musste für die Versammlungen der Kardinäle erhöht werden, an den Seiten wurden die Baldachine für die Purpurträger befestigt – so manche Holzbohle schrammte an der Wand entlang, und Nägel drangen unbarmherzig in die Fresken ein. Andere Schäden entstanden durch Leitern, die vor Papstgottesdiensten an den Wänden angelegt wurden, um die kostbaren

Prunkteppiche Raffaels aufzuhängen. Wenige Jahre vor dem Milleniumswechsel sponserten ein japanischer Fernsehsender und großzügige Mäzene die bitter notwendige Restaurierung des Gotteshauses. Nach ihrer »Aufhellung« erstrahlt die Sixtinische Kapelle nun wieder in neuem, altem Glanz.

Ein Neubau im Wettstreit mit der Vergangenheit

Im Mittelalter hatte es bei der Lateranbasilika eine Aula gegeben, in der man Synoden abhielt, Empfänge stattfanden und Audienzen gewährt wurden. Als die Päpste von Avignon nach Rom zurückgekehrt waren und ihre Residenz in den Vatikan verlegten, nutzten sie die verschiedenen Prunksäle des Apostolischen Palastes für ihre Audienzen. Später wurden dann auch in den übrigen päpstlichen Palästen – Lateran, Quirinal und in Castel Gandolfo – große Empfangssäle geschaffen. Das vergangene Jahrhundert brachte überdies eine neue Entwicklung. Immer mehr Pilger und Touristen strömten in die Ewige Stadt. Die traditionellen Audienzräume konnten die Zahl der Besucher nicht mehr fassen. Es wurde üblich, Begegnungen des Papstes mit größeren Pilgergruppen in die Peterskirche zu verlegen.

Dies konnte aber nur eine Notlösung sein, denn in der Basilika war es nicht allen Gläubigen möglich, den Papst zu sehen und zu hören. Zudem durfte man nicht vergessen, dass Sankt Peter ein Gotteshaus war und so für mehrere Stunden den Zwecken, für das es erbaut und bestimmt worden war, entzogen wurde. Auch konnte ein dem Ort entsprechendes Verhalten bei allem guten Willen der Teilnehmer nicht immer eingehalten werden.

Schon zu Beginn seines Pontifikates entschloss sich Papst Paul VI., dieses Problem anzugehen und eine akzeptable Lösung herbeizuführen. Für die großen Audienzen dachte der Papst an die Errichtung eines eigenen Gebäudes. Planung und Bau einer Audienzhalle legte der Papst in die Hände des italienischen Stararchitekten und Ingenieurs Pier Luigi Nervi. Zu Nervis bekanntesten Werken zählen der Sitz der UNESCO in Paris und die *Stazione Termini* (»Hauptbahnhof«) in Rom. Als der Architekt dem Papst einen ersten Entwurf der Audienzhalle vorlegte, hatte er an Paul VI. die Frage gerichtet, ob er, zwei Schritte von der Kuppel Michelangelos entfernt, einen solchen Bau »wagen« dürfe. »Wagen Sie es!«, war die Antwort des Papstes gewesen.

Als Baufläche hatte man ein Areal an der südöstlichen Grenze des Stadtstaates gewählt. Das Gebäude befindet sich im Westen zu einem Drittel auf dem Territorium des Staates der Vatikanstadt und im Osten zu zwei Dritteln auf exterritorialem Gebiet. Den Bereich des päpstlichen Thrones, der sich im Vatikan selber befindet, beherrscht eine gewaltige moderne Bronzeskulptur: »Der auferstandene Christus« von Pericle Fazzini. Die geschwungene Form des Hallenbogens ermöglicht es allen, den Papst auf dem großen Podium im Hintergrund der Halle zu sehen, und gibt dem Papst einen freien Blick auf alle Teilnehmer an den Audienzen. Dank der wellenartigen Struktur der Decke und einer hochmodernen Lautsprecheranlage wird die Stimme des Pontifex gleichmäßig über den Raum verteilt. In der Aula finden bei aufgestellten Stühlen und angemessenen Durchgängen über siebentausend Besucher Platz; werden die Sitzplätze teilweise verringert und Teile des Atriums mitbenutzt, so kann sich das Fassungsvermögen auf zwölftausend Personen erhöhen. In der Höhe längs der Südseite der Aula stehen den Vertretern der Medien Kabinen mit direkter Sicht auf das Geschehen zur Verfügung. Das Gebäude weist einen separaten Saal für Spezialaudienzen auf. Eine kleinere Aula, die für Bischofssynoden und Kongresse gedacht ist, befindet sich in dem Stockwerk oberhalb des Atriums.

Die neue Audienzhalle wurde von Paul VI. am 30. Juni 1971, dem achten Jahrestag seiner Krönung, eingeweiht. Der Papst merkte in seiner Ansprache an: »Weder Neigung zur Machtentfaltung noch Liebe zum Prunk inspirierten den Entwurf zu diesem Gebäude. Ihr seht selbst, dass hier nichts von monumentalem Hochmut oder ornamentaler Eitelkeit zeugt. Die sachlichen Erfordernisse und noch mehr die geistige Sinnbestimmung, die sich hier verwirklichen, wecken große und erhabene Gedanken im Besucher dieser Stätte, und nicht weniger große und kühne Auffassungen bei dem, der sie in äußerer Gestalt zum Ausdruck bringen musste.« Die Gelder für den Bau der Aula, ungefähr sechs Milliarden Lire, veranlassten den Papst zu einer spektakulären Geste: »Diese Ausgaben, die nicht dem Luxus dienten, aber höher als vorgesehen ausfielen, lassen Unser Herz die Nöte der Menschen, die Unsere Hilfe erbitten – ob nah oder fern – noch stärker fühlen.« Der Papst ordnete an, dass ein Grundstück, das der Heilige Stuhl in der Innenstadt besaß, verkauft wurde und man aus dem Erlös eine Siedlung mit neunundneunzig Sozialwohnungen bauen sollte.

Unter Papst Paul VI. reichte die Audienzhalle für die Teilnehmer an den wöchentlichen Generalaudienzen aus. Aber schon in der kurzen Regierungszeit Johannes Pauls I. im September 1978 wurde die Aula für die nach

Rom gekommenen Besucher zu klein – man musste die Treffen mit dem Papst aufteilen und sie sogar wieder in Sankt Peter stattfinden lassen. Das Pontifikat Johannes Pauls II. und auch die seiner Nachfolger sprengte dann alle Dimensionen. Die einzige Möglichkeit, der Menschenmassen, die um eine Teilnahme an den Generalaudienzen ansuchten, Herr zu werden, war es, den Petersplatz für derartige Gelegenheiten in Beschlag zu nehmen. Bei ungünstiger Witterung, im Winter und in den Monaten, in denen weniger Pilger und Touristen in Rom anzutreffen sind, fand und findet die Audienzhalle jedoch weiterhin Verwendung.

Eine einzigartige Museenlandschaft

Die Buslinie 49 der römischen Verkehrsbetriebe führt an der Viale Vaticano vorbei und gewährt einen Blick auf den Eingangsbereich der Vatikanischen Museen. Die Fahrgäste sind es seit Jahren gewohnt, auf eine scheinbar unendliche Schlange von Touristen aus aller Herren Länder zu schauen, die sich mehr oder weniger gesittet an den hohen Mauern des Kirchenstaates entlang bewegt – Schritt für Schritt, für das Auge der schnell vorbeifahrenden Insassen des Busses kaum wahrnehmbar. Der Besuch der päpstlichen Kunstsammlungen erfordert Durchhaltevermögen, und zwar noch bevor man sie überhaupt betreten hat. Wartezeiten von mehreren Stunden sind keine Seltenheit. Die Straßenkehrer der Ewigen Stadt regen sich daher schon gar nicht mehr über die unzähligen Mineralwasserflaschen, Servietten und Zigarettenstummel am Straßenrand auf.

Der gewaltige Museumskomplex des Vatikans steht heute jedermann offen, vorausgesetzt, er entrichtet den entsprechenden Obolus. Das war nicht immer so. Die Anfänge der päpstlichen Sammlungen reichen bis in die Zeit Julius' II. (1503–1513) zurück. Im heutigen *Cortile Ottagono*, dem damaligen Garten des Belvedere, befahl der Pontifex, antike Marmorstatuen aufzustellen, die vor allem der Boden der Ewigen Stadt freigegeben hatte – die Statue des Apoll, die er noch als Kardinal erworben hatte, die weltberühmte Laokoon-Gruppe, die »Venus Felix« und die »Verlassene Ariadne«, von der man damals annahm, sie stelle Kleopatra dar. Das kleine exquisite Freilichtmuseum war jedoch nicht allgemein zugänglich. Eine Inschrift über dem Eingang mahnte die einfachen Neugierigen, dem Garten des Belvedere fernzubleiben: *Procul este prophani* (»Fern bleibe der Uneingeweihte!«). Nur Gelehrte und Künstler hatten hier freien Zutritt. Die päpstlichen Museen unserer Tage verdanken ihre Entstehung den Päpsten Clemens XIV. (1769–1774) und Pius VI. (1775–1799). In dieser Epoche war das Interesse an zwei neuen Wissenschaften geweckt worden: der Archäologie und der Kunstgeschichte. Der Heilige Stuhl erkannte deren Bedeutung und öffnete seine Sammlungen nicht nur Gelehrten und Künstlern, sondern der Allgemeinheit.

Wer einen Besuch der Vatikanischen Museen erwägt, muss eine Auswahl treffen. Doch selbst dann besteht die Gefahr, dass ihn das, was auf ihn zukommt, zu sehr in Beschlag nimmt, er von ihm »erschlagen« wird. Er kann sich stundenlang mit großer Muße den Exponaten des »Museo Gregoriano Egizio« widmen. Hier wird er mit Schätzen aus dem Land am Nil vertraut gemacht, mit Fundstücken aus dem Alten Reich (2575 bis 2134 vor

Christus), Statuen aus der Zeit Ramses' II., des Pharaos aus den Schriften der Bibel, menschlichen wie tierischen Mumien und kostbaren Papyrusrollen aus unterschiedlichen Jahrhunderten. Im »Museo Pio-Clementino« trifft er auf eine reiche Skulpturensammlung aus der griechisch-römischen Welt: den Sarkophag des Scipio Barbatus, der im Jahr 298 vor Christus Konsul war, den »Torso des Belvedere«, der vermutlich Herkules darstellte, und Büsten Cäsars, des Augustus und Marc Aurels. Die Anzahl der Museen des Vatikans ist Legion. Man kann zu Recht die Behauptung wagen, dass die päpstlichen Sammlungen für jeden Kunstbegeisterten etwas bereithalten. Die Welt uns fremder Kulturen erschließt das »Museo Missionario-Etnologico«, das aus der Missionsausstellung des Heiligen Jahres 1925 entstanden ist. Durch Schenkungen und Erwerbungen ist dessen Bestand auf über achtzigtausend Objekte angewachsen. Gerade einmal acht Prozent der Exponate können bei einem Rundgang bestaunt werden. Papst Paul VI., der sich um einen Dialog mit der Welt bemühte, bereicherte die Vatikanischen Museen um eine »Sammlung moderner religiöser Kunst«. Sie ist, um Neues mit Altem zu verbinden, in den prachtvollen Borgia-Gemächern untergebracht. Neben Werken von Paul Klee, Salvador Dalí, Marc Chagall und Francis Bacon präsentiert sie den Besuchern die von Giacomo Manzù geschaffene *Cappella della Pace* (»Friedenskapelle«).

Ein wenig Ironie blitzt auf, wenn man nach langen Fußmärschen einen Abstecher in den *Padiglione delle Carrozze* (»Kutschenpavillon«) unternimmt. Erschöpft und mit unverhohlenem Neid blickt man auf die Kutschen der Päpste, auf bequeme Landauer und die *Berlina di Gala* (»Festkutsche«) Leos XII. (1823–1829). »Ein

Stallmeister in reicher Uniform sprengte in gestreckter Karriere über den Platz nach dem Vatikane zu, hinter ihm ritten langsamer ein Trupp Karabinieri und die Nobelgarden, welche eine rote, sechsspännige Fensterkutsche umgaben, deren Pferde mit Federbüschen geschmückt waren. Drei Diener standen zwischen dem Kutschbock und der Kutsche, drei andere hinter dem Wagen. Im Fond des Wagens saß ein alter Mann mit großer roter Nase, der sehr gutmütig aussah«, berichtete Fanny Lewald von der beeindruckenden päpstlichen Kutsche in einem ihrer Reiseberichte. Auch das Galagefährt eines Kardinals ist in dem Pavillon der Vatikanischen Museen auszumachen. Als Lucien Bonaparte, der bescheidene und fromme Spross der berühmt-berüchtigten Familie, 1868 mit dem Purpur ausgezeichnet wurde, bestand sein Cousin Napoleon III. darauf, dem Hause Bonaparte »Ehre« zu machen und schenkte Lucien daher eine mit dem napoleonischen Adler geschmückte Karosse. Doch der Kardinal machte von der Galakutsche nur zweimal Gebrauch: als er sich zur Aufsetzung des Roten Hutes in den Vatikan begab und am 20. September 1870, als er zum Apostolischen Palast fuhr, um dem Papst am Tage der Okkupation des Kirchenstaates beizustehen. Nach diesem Tag verließ die Kutsche den Palast des Kardinals nur noch, um zwei Jahrzente später als Geschenk Lucien Bonapartes an Leo XIII. in den Vatikan zu fahren – inkognito, unter einer mächtigen Decke verborgen.

VII. LITURGIEN UND ZEREMONIEN IM VATIKAN

Die Gottesdienste des Oberhauptes der Christenheit prägten schon früh die Liturgien der Ortskirchen, wurden sogar ihr Vorbild. Romreisende nahmen von ihrem Aufenthalt in der Ewigen Stadt Berichte über die gefeierten Gottesdienste und erlebten Zeremonien mit in ihre Heimat. So entstand neben der durch den Glauben bedingten Gemeinschaft mit dem Nachfolger Petri auch eine enge Bindung im Kult.

»Fanfarenklänge schallten durch den Dom«

Die Feiern und Gebräuche des christlichen, päpstlichen Roms zogen viele Besucher in die Stadt, in den Bann ihrer Ausstrahlung. Sogar wer durch Reformation und Aufklärung vom katholischen Glauben getrennt war, verfiel deren »Zauber«. Aufenthalte in der Ewigen Stadt wurden so geplant, dass man an bedeutenden päpstlichen Zeremonien teilnehmen konnte. Zu manchen Zeiten begannen die Fremden, die Bewohner der Stadt am Tiber bei den großen Gottesdiensten zu verdrängen. Von zweihundert Damen auf einer Tribüne in Sankt Peter seien hundertneunzig Engländerinnen gewesen, teilte Marie-Henri Beyle, bekannt unter dem Pseudonym Stendhal, in einem seiner Reiseberichte mit. In die Liste der Bewunderer reihten sich viele Berühmtheiten ein. Goethe schrieb im März 1788 aus Rom: »Sonntags gingen wir in die Sixtinische Kapelle, wo der Papst mit den Kardinälen der Messe beiwohnte. Da die Letzteren wegen der Fastenzeit nicht rot, sondern violett gekleidet waren, gab es ein neues Schauspiel. Einige Tage vorher hatte ich Gemälde von Albrecht Dürer gesehen und freute mich, nun so etwas im Leben anzutreffen. Das Ganze zusammen war einzig groß und doch simpel, und ich wundere mich nicht, wenn Fremde, die eben in der Karwoche, wo alles zusammentrifft, sich kaum fassen können.«

Stendhal bekannte: »Die Zeremonien der Karwoche haben mich überwältigt. Man kann sich nicht erinnern, jemals so viele Fremde in Rom gesehen zu haben. Viele von ihnen waren sogar gezwungen, nach Albano zu fahren, um ein Bett zu finden. In Rom selbst musste man einen Louisdor zahlen, um ein ganz einfaches Zimmer zu bekommen. Mit den Mahlzeiten ist es eine höchst schwierige Sache. Die Gasthäuser sind schon von zehn Uhr morgens an so überfüllt, dass man kaum zur Türe hineinkann. Zur Essenszeit sammelt sich davor eine solche Volksmenge an, wie man es bei uns nur bei ganz großen Theaterabenden gewöhnt ist. Wenn ein Fremder nicht einen guten Freund in Rom hat, der ihn mit dem Nötigsten versorgt, ist er sehr übel dran.« Schon der feierliche Einzug des Papstes in Sankt Peter fand sich in literarischen Werken verewigt. Oscar Wilde begann sein Poem »Easterday« noch ohne Furcht vor Verfechtern einer *liturgical correctness* und »berechtigten theologischen Anfragen« mit den Worten:

The silver trumpets rang across the Dome …

»Fanfarenklänge schallten durch den Dom.
In Ehrfurcht lag die Menge auf den Knien,
und auf den Schultern trugen Männer ihn

wie einen Gott, den heiligen Herrn von Rom.
Sein Priesterkleid schwamm über dem Menschenstrom,
vom königlichen Purpur eingehüllt;
drei gold'ne Kronen krönten dieses Bild.
So zog in Prunk und Glanz der Papst durch Rom.«

Die feierliche Liturgie der Papstmesse fand ihre Gestaltung von dem Gottesdienst her, den der Bischof von Rom mit seinem Klerus und Volk als *Statio* (»Stationsgottesdienst«) beging. Die Hauptquellen für die liturgischen Feiern der Päpste waren neben den Sakramentarien Gelasius' I. (492–495) und Gregors des Großen (590–602) die *Ordines Romani* (»Dokumente, in denen der Verlauf und die Gebete der Gottesdienste verzeichnet waren«). Der älteste *Ordo* stammt in seinem ersten Teil noch aus der Zeit Papst Gregors des Großen, in seinem zweiten Teil aus dem 8. Jahrhundert. Mit dem 15. Jahrhundert stand das Gerüst der feierlichen Papstmesse. In dieser Zeit legte Augustinus Patricius, der erste namentlich nachweisbare päpstliche Zeremonienmeister, sein *Caeremoniale Romanum* (»Römisches Zeremonienbuch«) vor. Es waren dann seine Nachfolger – unter ihnen so bedeutsame Männer wie Johannes Burckard und Paris de Grassis – von denen die Liturgien und Zeremonien am Hof des Papstes weiter ausgebaut wurden, die den Ablauf der Feiern in ihren *Diarii* (»Tagebüchern«) detailliert festhielten und der Nachwelt bis zum heutigen Tag überlieferten.

Die feierliche Messe des Papstes, wie sie vor den Reformen des II. Vatikanischen Konzils (1962–1965) gefeiert wurde, erforderte eine nicht unbeträchtliche Vorbereitung, ein hohes Aufgebot an Mitwirkenden und eine bis ins Detail geplante »Choreografie«. Sie war keine Liturgie, die beliebig oft gefeiert werden konnte. In eigener Person zelebrierte sie der Papst nur wenige Male im Jahr; ansonsten stand er ihr am Thron vor, während sie ein Kardinal oder hoher Würdenträger des »Päpstlichen Hofes« am Altar feierte. Beim Einzug und der Feier der heiligen Messe wurden die Angehörigen des Hofes nicht zu einer farbenprächtigen Staffage degradiert, sie waren keine austauschbaren Komparsen in einem monumentalen Schauspiel. Sie übernahmen wirkliche Dienste. Die Prälaten der »Apostolischen Signatur« sah man in der Rolle von Akolythen; sie schritten dem Papst mit sieben Leuchtern voran, schwangen das Rauchfass und hielten das Weihrauchschiffchen in ihren Händen. Die Prälaten der »Römischen Rota« traten als Subdiakone an; der rangjüngste trug das päpstliche Vortragekreuz, der älteste die Mitra des Papstes; andere dienten dem Pontifex am Thron und beim Altar. Päpstliche Thronassistenten in bischöflichem Rang hielten dem Papst Buch und Kerze hin. Die Aufgaben von Diakon und assistierendem Priester, den unmittelbaren und engsten liturgischen Dienst an der Seite des Papstes, übernahmen Mitglieder des Kardinalskollegiums.

Nicht nur Kleriker, auch Laien wirkten an der Feier mit: Aristokraten, Soldaten und Offiziere der päpstlichen Garden, Herolde, Geheime Kammerherren mit Degen und Mantel und bis zum Jahre 1870 sogar der Magistrat der Stadt Rom. Die ehrenvolle Verpflichtung der ranghöchsten Laienassistenz in der unmittelbaren Nähe des Pontifex versah der fürstliche Thronassistent. Abwechselnd standen Oberhäupter römischer Adelsgeschlechter zur Rechten des Papstes auf der obersten Stufe des Thrones; sie ermöglichten dem Papst das Gehen, indem sie den Saum des *Mantums* (»großer päpstlicher

Mantel«) und der *Falda* (»päpstliches Gewand in Form eines Halbrocks«) emporhielten, und stellten sich ihm beim *Lavabo* (»Händewaschung«) der Messe helfend zur Verfügung. Der aufmerksame Teilnehmer oder Beobachter einer Papstmesse konnte mit Erstaunen feststellen, dass es bei aller Klarheit der hierarchischen Stellung der Handelnden keinen Standesdünkel gab. Die Frage nach der eigenen »Wertigkeit« stellte sich nicht. Weder Klerikalismus noch Minderwertigkeitskomplexe von Laien beherrschten und minderten somit die Liturgie. Dass ein Laie, der fürstliche Thronassistent, vor dem Großteil der hohen Prälaten Inzens und Friedenskuss entgegennahm, bedurfte keiner besonderen Aufmerksamkeit, geschweige denn einer Diskussion. Doch die Zeiten sollten sich ändern.

Die Erneuerungsbestrebungen des II. Vatikanischen Konzils und die Atmosphäre der Sechzigerjahre des vergangenen Jahrhunderts bewirkten eine Veränderung in der Liturgie und bei den Zeremonien der feierlichen Messe des Papstes. Der Architekt der Liturgiereform der katholischen Kirche, Erzbischof Annibale Bugnini, konstatierte damals: »Die Psychologie des modernen Menschen hat kein Verständnis für ein Gemisch aus höfischer Etikette und religiösem Ritus. Die Präsenz des Höfischen ist bei den päpstlichen Zeremonien zu aufdringlich: römische Adelige und Patrizier, Diplomaten, Mitglieder aus alten fürstlichen Familien auf Extraplätzen; bewaffnete Einheiten und andere Würdenträger des Hofes in der Einzugsprozession; das *Lavabo* in der Messe von Würdenträgern und Kammerdienern dargeboten. Die ›Cathedra Petri‹, so sagt man, ist ein ›Thron‹ geworden.« Einen weiteren Grund für eine Erneuerung der Papstmesse sah er in der Bedeutung und Nutzung eines neuen Mediums: »Das Fernsehen überträgt immer häufiger die päpstlichen Zeremonien. Gewisse mittelalterliche Bräuche, aus Rom hinausgetragen zu den Völkern mit anderen Religionen oder ohne Glauben, geben Veranlassung zu allerlei Deutungen, die obendrein oft nicht positiv sind. Der Papst muss allen als der Nachfolger Petri, als Diener der Diener Gottes, erscheinen und nicht als ein mittelalterlicher Fürst.« Jahre später stellte Bugnini resümierend fest: »Es war eine Arbeit des Ausräumens und des Aufbruchs, die päpstlichen Zeremonien auf eine Grundlage zu bringen, auf der sie aufbauen konnten, um wieder zu einer hohen Spiritualität und zu einer lebendigen Anteilnahme und Verbindlichkeit zu gelangen, die allgemein anerkannt wurde. Man konnte feststellen, dass ihre Durchschlagskraft und ihre Einmaligkeit nicht von äußerem Pomp und von komplizierten Riten herrührten, sondern von der Gegenwart des Hohepriesters und höchsten Hirten der Kirche.«

Viele Elemente der gottesdienstlichen Feiern des Papstes, die nicht das Grundsätzliche der Messfeier berührten, bedurften zu Recht einer Hinterfragung und Reform, doch sah man später auch die Gefahren, die mediale, flüchtige »Aktualisierungen« der Zeremonien in sich bargen. Bei seinem Besuch in Österreich im September 2007 gab Papst Benedikt XVI. eine prägnante und richtungsweisende Katechese zum gottesdienstlichen Handeln der Kirche: »Bei allem Bemühen um die Liturgie muss der Blick auf Gott maßgebend sein. Wir stehen vor Gott; er spricht mit uns, wir mit ihm. Entweder ist sie ›opus Dei‹ mit Gott als dem eigentlichen Subjekt oder sie ist nicht … Gestaltet die Liturgie aus dem Hinschauen auf Gott in der Gemeinschaft der Heiligen, der lebendigen Kirche aller Orte und Zeiten so, dass sie zu einem Ausdruck der Schönheit und Erhabenheit des menschenfreundlichen Gottes wird.« Gerade die feierliche Messe des Papstes muss diesen Grundprinzipien folgen. Ausschlaggebend sind letztendlich nicht die Ausprägungen, die jede Zeit von ihr fordert und erhält, sondern ihr Vorbildcharakter für jede Eucharistiefeier auf der ganzen Welt. Bereits Johannes Brinktrine, ein bekannter Liturgiewissenschaftler vergangener Tage, hatte betont: »Es wäre eine verkehrte Auffassung, wollte man etwa die stille Privatmesse des Priesters als das Ursprüngliche und die feierliche Messe des Bischofs als eine Erweiterung und Ausschmückung betrachten. Die Sache verhält sich vielmehr umgekehrt. Das Hochamt des einfachen Priesters und insbesondere die stille Messe ist nichts anderes als eine Verkürzung und Vereinfachung des Pontifikalamtes. Der ursprünglichen Form des Pontifikalamtes kommt aber die heutige feierliche Papstmesse am nächsten.«

Gewänder und Insignien früherer Zeiten

Bei der feierlichen Pontifikalmesse und auf dem Weg zu ihr hin trug der Papst eine beachtliche Anzahl von Gewändern und Insignien: Mantum, Falda, Pontifikalstrümpfe, -schuhe und -handschuhe, Schultertuch, Albe, Zingulum, Subcinctorium, Brustkreuz, Stola, Fanon, Tunizella, Dalmatik, Kasel, Manipel, Pallium, Ring, Mitra und Tiara. Einige dieser Gewandstücke und Insignien waren ausschließlich ihm vorbehalten; dazu gehörten Mantum, Falda, Subcinctorium, Fanon, die Tiara und in einem gewissen Sinne auch das Pallium.

Das *Mantum* (»der weite Papstmantel«) leitete sich von *Chlamys purpurea* (»Purpurgewand des römischen Kaisers«) her. Es scheint schon im 9. Jahrhundert in Gebrauch gewesen zu sein. Die Bekleidung des neu gewählten Papstes mit dem roten Mantel war von großer Bedeutung; sie stand früher für den rechtmäßigen Antritt des päpstlichen Amtes. Der von Heinrich IV. aufgestellte Gegenpapst wurde von Petrus Damiani im Jahre 1062 mit den Worten angefahren: »Bist du denn im Besitz des roten Mantels der Päpste?« Papst Alexander III. beschwerte sich im September 1159, dass ihm der Gegenpapst Oktavian das *Mantum* eigenhändig und gewalttätig vom Leibe gerissen und mit sich genommen habe. Die *Falda* war ein Halbrock aus weißer oder cremefarbener Seide, der von den Hüften bis weit über die Füße hinabreichte, eine lange Schleppe besaß und mit zwei Schnüren am Körper befestigt wurde. Um ein Gehen zu ermöglichen, musste die Falda angehoben werden. Das Gewand wird erstmals in den Aufzeichnungen der Zeremoniare Papst Alexanders VI. (1492–1503) erwähnt und von ihnen als schon vorhanden bezeichnet.

Beim *Subcinctorium* handelte es sich um einen in der Mitte zusammengefalteten fünfzig Zentimeter langen Stoffstreifen, der in der Farbe mit der des Messgewandes übereinstimmte. Zum oberen Ende hin waren die beiden Streifen durch eine Quernaht zusammengenäht. Auf dem unteren Ende des einen Streifens befand sich in Gold ein Lamm, auf dem des anderen, ebenfalls in Gold, ein Kreuz aufgestickt. Das *Subcinctorium* galt als ein Symbol für das *Studium eleemosynae* (»Eifer im Almosengeben«). In ganz frühen Zeiten diente es dazu, den *Saccone* (»Geldbeutel«) des Papstes, zu tragen. Der *Fanon* bestand aus einem doppelten Schulterkragen aus

Seidenstoff. Die beiden Teile des Fanons waren mit weißen und goldenen, rot eingefassten Parallelstreifen versehen. Die zwei Teile des Gewandes lagen übereinander und waren in der Mitte, in der sich die Öffnung für den Kopf befand, aneinandergenäht. Bevor der Papst mit der Stola, Tunizella, Dalmatik und Kasel bekleidet wurde, legte man ihm den Fanon auf und zog den zweiten Kragen des Kleidungsstückes über seinen Kopf. Hatte der Papst die Kasel erhalten, so ließ man den oberen Teil des Fanons wieder herab und ordnete ihn über dem Messgewand. »Der römische Bischof folgt hierbei der Gepflogenheit des alttestamentlichen Hohepriesters, welcher über die Linnentunika und den Gürtel das Ephod anzog«, gab Papst Innozenz III. (1198–1216) als Deutung des *Fanons* an.

Das *Pallium* geht auf das *Lorum*, das Oberteil der *Toga trabea*, zurück – auf ein Gewand, das der römische Kaiser bei Staatsakten und festlichen Angelegenheiten anzuziehen pflegte. Die »Konstantinische Schenkung« berichtet, dass Konstantin der Große es dem Bischof von Rom verliehen habe. In der Ewigen Stadt galt das *Pallium* schon sehr früh als eine päpstliche Insignie, als Zeichen seiner obersten Hirtengewalt. Später ließ der Papst auch den Vorstehern der Kirchenprovinzen dieses Gewand zukommen – als Ausdruck der Einheit mit dem Apostolischen Stuhl und als Sinnbild der Fülle bischöflicher Vollmacht. Das Pallium ist ein weißes, mit schwarzen Kreuzen versehenes, ringförmiges Wollband mit zwei länglichen Streifen, das um die Schultern auf das Messgewand des Papstes und der Erzbischöfe gelegt wird und von dem ein Streifen über die Brust, der andere über den Nacken herabfällt. Die Enden der beiden Streifen sind mit in schwarzer Seide eingenähten Bleiplättchen beschwert. An den Kreuzen befinden sich Schlaufen, durch die breite Ziernadeln gezogen werden können. Für das Pallium des Papstes hat man seit einigen Jahren eine abweichende Form gewählt: Es ist breiter und die aufgestickten Kreuze sind von roter Farbe. Der Bischof von Rom trägt es aufgrund seines obersten Hirtenamtes überall auf der Welt, die Erzbischöfe nur innerhalb ihrer Kirchenprovinzen.

Das päpstliche Zeremoniell kannte auch »zweitrangige« Insignien des Papstes: die *Sedia Gestatoria*, den Tragbaldachin und die *Flabelli*. Schon früh waren im antiken Rom *Lecticae* (»Tragbetten«) in Gebrauch. Von den führenden Männern des Römischen Imperiums wurden sie in Nachahmung der Fortbewegung orientalischer Herrscher benutzt. Cäsar bediente sich oft einer *Lectica*. Historisch belegt ist die Verwendung eines Tragsessels durch Augustus und Tiberius; Cassius Dio schreibt dessen offzielle Einführung in das höfische Zeremoniell Kaiser Claudius zu. Der Ursprung eines päpstlichen Tragsessels lässt sich bis ins fünfte Jahrhundert zurückverfolgen; Ennodio von Padua spricht in seinen Schriften von einer *Gestatoria sella apostolica*, der sich der Bischof von Rom bediente. Die *Sedia Gestatoria*, die auf den Schultern von zwölf Männern, den *Sediari*, ruhte, gehörte zum festgeschriebenen Zeremoniell am »Päpstlichen Hof«. Zu hochfeierlichen Papstliturgien wurde die *Sedia Gestatoria* des Papstes von einem Baldachin überdacht. Das Wort »Baldachin« kommt von dem Stoffnamen *Baldachinus*, das ursprünglich ein aus »Baldac«, dem heutigen Bagdad, stammendes, mit Gold durchwirktes Seidentuch bezeichnete. Im Herrscherzeremoniell der Antike stand der Baldachin dafür, dass er über dem Thronenden als dem Weltherrscher das Himmelreich abbildete. Im christlichen Kulturkreis betonte er die Heiligkeit und Weihe der unter ihm sitzenden Person.

Einen unauslöschlichen Eindruck hinterließ bei den Teilnehmern päpstlicher Gottesdienste der Anblick der *Flabelli* (»großen Federfächer«), die die *Sedia Gestatoria* des Papstes begleiteten. Die Flabelli waren auf ungefähr zwei Meter langen Stangen angebracht, die mit karmesinrotem Stoff umwickelt waren, geschmückt mit einem spiralförmig gewickelten goldenen Band; sie bestanden aus großen Straußen- und Pfauenfedern. Die *Flabelli* fanden aus dem Orient ihren Weg nach Rom. Im assyrisch-babylonischen und ägyptischen Kulturkreis dienten sie ursprünglich nur zur Abwehr von Mücken und anderer Insekten, bis sie dann jedoch zu Symbolen der Autorität und Macht wurden. Auch im Christentum, vor allem bei der Feier der Eucharistie, dienten sie in verkleinerter Form rein praktischen Zwecken. Eine Quelle aus dem 13. Jahrhundert teilt mit, dass bei Pontifikalämtern im Sommer die Anordnung bestand, Flabelli *ad abigendum muscas* (»zur Mückenabwehr«) zu verwenden. In einem römischen Lexikon von 1735 findet sich eine allegorische Deutung der Fächer aus Pfauenfedern, die nunmehr zu einer bloßen Insignie geworden waren: »Die ›Augen der Federn‹ versinnbildlichen die Augen des Volkes, die sich auf ihren obersten Hirten richten, der dadurch ermahnt werde, bei all seinem Tun mit äußerster Umsicht vorzugehen.«

Während und nach dem II. Vatikanischen Konzil nahm man von vielen der Gewänder und Insignien Abschied. Noch während der weltweiten Kirchenversammlung verschwanden die *Flabelli* und der Tragbaldachin. Auch die *Falda*, das *Subcinctorium* und der *Fanon* verschwanden in den Schränken der päpstlichen Sakristei. Die Liturgiereform gegen Ende der Sechzigerjahre ließ den Verzicht auf Pontifikalstrümpfe, -schuhe und -handschuhe, *Tunizella* und *Dalmatik* zu. Die *Sedia Gestatoria* war bis zum Pontifikat Johannes Pauls I. in Verwendung. Der *Fanon* erlebte eine zweimalige Wiederkehr, einmal unter Johannes Paul II. bei einer Messe in der römischen Basilika »Santa Cecilia« und ein weiteres Mal durch Benedikt XVI. anlässlich einer Heiligsprechung. Der deutsche Papst nahm auch den Brauch wieder auf, unter dem Messgewand die Dalmatik zu tragen. Papst Franziskus bevorzugt die liturgischen Gewänder, wie sie jeder katholische Bischof trägt, mit Ausnahme des *Palliums* – und einer Insignie, die erst 1963 geschaffen wurde: des päpstlichen Kreuzstabes.

Ein Hirtenstab für den Papst

Der Stab der Bischöfe und Äbte – erste Spuren von ihm finden sich schon im 7. Jahrhundert – war ein Macht- und Befehls-, ein Gerichts- und Züchtigungszeichen. Mit ihm wurde der Bischof oder Abt in sein Amt eingesetzt. Seit dem Ende des 8. Jahrhunderts geschah dies sehr oft durch den König, später auch durch andere Fürsten. Vor allem die Merowinger und Karolinger legten Wert darauf, die Bischöfe und Äbte für ihr Reich selber zu bestimmen. So wurde die »Laieninvestitur« begründet. Bis zum Ende des 13. Jahrhunderts blieb der Stab eine außerliturgische Insignie. Nur vereinzelt wurde er zu Prozessionen benutzt; der Bischof trug ihn dabei nicht selbst, sondern er wurde ihm vorangetragen. Nur bei der Kirchweihe fand er eine liturgieähnliche Verwendung:

Der Bischof klopfte mit ihm dreimal an die Pforte des neuen Gotteshauses und schrieb mit ihm das doppelte Alphabet auf den Fußboden. Aber dann deutete ein Zeremonienbuch eine neue Entwicklung an – vor der Übergabe des Stabes an einen neuen Bischof wurde die Insignie gesegnet. Der Stab trat nun in die Liturgie ein; er wurde immer häufiger von den Bischöfen bei Gottesdiensten benutzt.

Im Mittelalter kam die Frage auf, warum der Papst den Stab der Bischöfe nicht benutze. Sieht man von der Begründung ab, die der Legende folgt, dass der heilige Petrus seinen Stab Eucharius, dem ersten Bischof von Trier, übergeben haben soll, so fällt die Antwort eigentlich nicht schwer. In der Ewigen Stadt bekam man zu hören: »Der Römische Pontifex besitzt keinen Stab, weil er seine Gewalt allein von Gott empfängt.« Der Papst hätte sich zwar den Stab als liturgische Insignie aneignen können, ohne ihn von jemandem entgegenzunehmen, aber er war so sehr zum Symbol der Laieninvestitur geworden, dass man – um jede Missdeutung auszuschließen – davon absah. Bei den feierlichen Liturgien des Papstes behalf man sich, wenn die Rubriken unbedingt einen Stab verlangten, mit dem päpstlichen Vortragekreuz oder dem mit drei Balken verzierten sogenannten Patriarchalkreuz. Für Pius IX. (1846–1878) und Leo XIII. (1878–1903) waren zwar Stäbe geschaffen worden; sie kamen aber fast nie zum Einsatz.

Die liturgischen Verlegenheiten fanden 1963 ein Ende. Schon kurz nach der Wahl Papst Pauls VI. erreichte den italienischen Bildhauer Lello Scorzelli ein Anruf aus dem Vatikan. Der Privatsekretär des Papstes wurde bei ihm vorstellig. »Don Pasquale Macchi erbat von mir einen Pastoralstab für Seine Heiligkeit. Kein Papst vor ihm hatte einen benutzt, und als Bischof von Rom wünschte Paul VI. einen zu besitzen.« Scorzelli merkte an, dass die Päpste in ihren Händen bisher noch kein eigenes *Simbolo cristiano* (»christliches Symbol«) getragen hätten. Der Künstler stand vor der Aufgabe, einen Stab zu schaffen, der sich an dem der Bischöfe zu orientieren hatte, aber auch von der einzigartigen Stellung des Stellvertreters Christi Zeugnis geben sollte. Als er im September 1963 das fertige Werk Paul VI. vorstellte, zeigte sich dieser begeistert. Der Papst nannte den Stab kraftvoll und ausdrucksstark. Als *Pedum rectum*, aufrecht, ohne Krümmung, mit einer Christusdarstellung, ist er das Pendant zum Stab der Bischöfe und Äbte, ein Zeichen für die universelle Hirtengewalt, die durch keine andere Gewalt auf Erden begrenzt ist.

Als Paul VI. im August 1978 verstarb, übernahmen seine Nachfolger wie selbstverständlich dessen Kreuzstab. Bei den Gottesdiensten zum Pontifikatsbeginn trugen sie ihn, ohne dass er ihnen eigens überreicht worden wäre. Ein Bild ist vielen Menschen noch im Gedächtnis: Bei der Messe zu seiner Amtseinführung im Jahre 1978 hielt Johannes Paul II. den Kreuzstab wie ein Siegeszeichen empor – als Botschaft für die Gläubigen und die Welt. Benedikt XVI. setzte die Tradition fort; er benutzte ihn erstmals bei der Messe, die er am Tag nach seiner Wahl mit den Kardinälen feierte. Später griff er dann auf ein Pius IX. dediziertes Kreuz zurück; mit dem ersten Advent 2009 trug der Papst einen eigens für ihn angefertigten Stab, der ihm zum Geschenk gemacht worden war. Papst Franziskus greift nun wieder öfter auf den Kreuzstab Pauls VI. zurück. 1993 hatte Lello Scorzelli geschrieben: »Dreißig Jahre ist mein Werk um den ganzen Erdkreis gereist; Menschen aller Völker haben es gesehen und verehrt; es ist zum Zeichen der universellen Kirche Christi geworden.« Für den Dom von Brescia, der Heimat des Montini-Papstes, schuf der Künstler ein eindrucksvolles Bronzemonument. Es zeigt Paul VI. kniend, niedergedrückt von der Last der Verantwortung. In der linken Hand hält er den von Scorzelli geschaffenen Stab. Der am Kreuz hängende Christus verbindet sich mit dem Papst. Der Kreuzstab ist dem Papst Stütze, aber nicht nur ihm, sondern dem ganzem Volk, das dem Nachfolger des heiligen Petrus anvertraut ist.

Der Amtsantritt des »Summus Pontifex«

Knapp und präzise, ohne jeden Schnörkel, merkt das katholische Kirchenrecht an: »Volle und höchste Gewalt in der Kirche erhält der Papst durch die Annahme der rechtmäßig erfolgten Wahl zusammen mit der Bischofsweihe. Deshalb besitzt ein zum Papst Gewählter, der schon die Bischofsweihe empfangen hat, diese Gewalt vom Augenblick der Wahlannahme an. Wenn der Gewählte noch nicht Bischof ist, ist er sofort zum Bischof zu weihen.«

Bis 1963 war der augenfälligste Moment des Amtsantritts die Krönungsmesse des Papstes. Wenn sich bei dieser Feier die festliche Prozession in die Basilika des Apostelfürsten oder auf den Vorplatz von Sankt Peter begab, trat ein Zeremoniar dreimal vor dem Papst hin, kniete jeweils nieder, hob einen langen silbernen Stab empor, auf dem eine Handvoll Werg verbrannte, und rief mit lauter, immer höher werdender Stimme: *Pater Sancte, sic transit gloria mundi* (»Heiliger Vater, so vergeht die Herrlichkeit der Welt«). Zu Beginn der Messe traten die

Kardinalbischöfe vor und sangen die *Orationes super Pontificem* (»Gebete über den Papst«). Dann erhielt das Oberhaupt der Kirche vom Kardinalprotodiakon das Pallium um die Schultern gelegt: *Accipe Pallium sanctum, plenitudinem Pontificalis officii* … (»Empfange das heilige Pallium, und mit ihm die Fülle des päpstlichen Amtes, zur Ehre des Allmächtigen Gottes, und der allerglorreichsten Jungfrau Maria, seiner Mutter, der heiligen Apostel Petrus und Paulus, und der Heiligen Römischen Kirche«). Es folgte der feierliche Ritus der Huldigung und des Gehorsamsversprechens. Nach den Kardinälen leisteten die Patriarchen, die Erzbischöfe und Bischöfe, die Äbte, die Beichtväter von Sankt Peter und Vertreter des vatikanischen Domkapitels die Obödienz. Nach dem Tagesgebet der Messe verließ der Kardinalprotodiakon seinen Platz an der Seite des Papstes und begab sich, einen Stab in der Hand, zum Altar. Dort kniete er nieder, hob den Stab in die Höhe und intonierte die Krönungslitanei, indem er dreimal mit lauter Stimme sang: *Exaudi Christus* (»Erhöre, Christus!«), worauf der Ruf erklang: »Unserem Herrn … dem von Gott eingesetzten Hohepriester und allgemeinen Papst, Leben!« Nach den *Laudes regiae* wurde die Krönungsmesse fortgesetzt. Zum Abschluss des Gottesdienstes begab sich der Papst auf die Loggia der Petersbasilika, während der Chor der Sixtinischen Kapelle die Antiphon anstimmte: *Corona aurea* … (»Eine goldene Krone ruht auf seinem Haupte, ein Zeichen der Heiligkeit, der Herrlichkeit und Ehre.«) Es folgte eine feierliche Oration für den Papst, die vom Dekan des Kardinalskollegiums gesungen wurde. Dann nahm der Kardinalprotodiakon die Tiara und setzte sie dem Pontifex mit den Worten auf: *Accipe Tiaram tribus coronis ornatam* … (»Empfange die mit drei Kronen geschmückte Tiara und wisse, dass Du bist der Vater der Fürsten und Könige, der Lenker der Welt, der Statthalter unseres Heilands Jesu Christi auf Erden, dem Ruhm und Ehre sei in Ewigkeit. Amen.«) Mit der Erteilung des feierlichen Segens und der Gewährung eines Ablasses endete die Messe zur Krönung des Papstes. In den Tagen danach schloss sich die »Besitzergreifung« der Bischofskirche des Papstes, der Lateranbasilika, an.

»Mit großer Freude und frohem Herzen brachten sie ihn zum Lateran«, hieß es im Jahre 795, als Leo III. von seiner Bischofskirche feierlich Besitz ergriff. Die Kavalkade, die Reiterprozession, die den Papst nach seiner Krönung von Sankt Peter zum Lateran führte, war ein Geschehen, das eine reiche Symbolik in sich trug. Der Papst ritt bei dieser Kavalkade auf einem weißen Pferd. Die Päpste dürften diesen Brauch aus dem Zeremoniell des kaiserlichen Hofes übernommen haben. In der vorchristlichen Antike wie auch im Alten Testament bedienten sich die Herrscher für ihr öffentliches Auftreten eines Maulesels oder Pferdes. Von Salomon heißt es: »Der Priester Zadok, der Prophet Nathan und Benaja, der Sohn Jojadas, zogen mit den Keretern und Peletern hinab. Sie setzten Salomo auf das Maultier des König David und führten ihn zum Gihon« (1 Könige 1,38). Das päpstliche Pferd sollte möglichst *candissimus* (ein »weißgeborenes«), ein Albino sein. Das Sonnenross des Helios und das Staatspferd des römischen Kaisers waren von weißer Farbe. Für die Begründung der Farbe »Weiß« wurden auch biblische Stellen herangezogen. »Dann sah ich den Himmel offen, und siehe, da war ein weißes Pferd, und der, der auf ihm saß, heißt ›Der Treue und Wahrhaftige‹«, berichtet die Geheime Offenbarung des Johannes. »Die Heere des Himmels folgten ihm auf weißen Pferden, sie waren in reines, weißes Leinen gekleidet« (Offenbarung 19,11–14). Der Kirchenvater Clemens von Alexandria unterstreicht in einer seiner Schriften: »Für Menschen, die den Frieden und das Licht lieben, ist Weiß die passende Farbe.«

Goldene Glöckchen und Schellen, die das Papstpferd schmückten, waren im byzantinischen Hofzeremoniell auszumachen, wurden jedoch auch mit dem Festornat des alttestamentarischen Hohepriesters in Verbindung gebracht: »Sie machten Glöckchen aus reinem Gold und befestigten die Glöckchen zwischen den Granatäpfeln am Saum des Mantels, ringsum zwischen den Granatäpfeln: ein Glöckchen und ein Granatapfel abwechselnd ringsum am Saum des Mantels für den Dienst, wie es der Herr dem Mose befohlen hatte« (Exodus 39,25–26). Der Ritt des Papstes zum Lateran barg aber auch Gefahren in sich. Von der Reiterprozession Clemens' XI. (1700–1721) wird berichtet: »Das an eine langsame Gangart gewöhnte Pferd wurde durch den Lärm nervös und brachte durch ein leichtes Aufbäumen den Heiligen Vater in die gefährliche Nähe der Hellebarde eines Schweizers, der die Menschenmenge zurückhielt.« Berühmt geworden ist der Sturz Clemens' XIV. (1769–1774). Auf der Höhe des Mamertinischen Kerkers beim Forum Romanum begann der Schimmel des Papstes durch die Jubelrufe und das Händeklatschen der am Wege Stehenden zu scheuen. Das Pferd bäumte sich so hoch auf, dass der Pontifex zu Boden stürzte. Der Papst stand aber ohne Hilfe auf. Seine ersten Worte sollen gewesen sein: »Das heißt, als Paulus und nicht als Petrus vom Lateran Besitz zu nehmen.«

Mit Beginn des 19. Jahrhunderts verzichteten die Päpste darauf, sich auf dem Rücken eines Pferdes zur

Besitzergreifung des Laterans zu begeben; sie benutzten nun eine *Carrozza di gala* (»Galakutsche«) – »gezogen von drei oder sechs Paar Füchsen, jedes Paar mit einem Bereiter in Zopf und Dreispitz«, wie ein Chronist vermerkte. Im 20. Jahrhundert wechselten die Päpste von der Kutsche zum Auto. Aber noch 1963 versuchte man, auch in diesem modernen Verkehrsmittel ein wenig die Traditionen früherer Zeiten hinüberzuretten. Dem Wagen Pauls VI., der in seinem Mercedes von zwei Kardinälen begleitet wurde, fuhr ein Auto voran, in dem ein Monsignore saß, der das päpstliche Vortragekreuz bei offenem Verdeck mit sich führte. Dem Fahrzeug des Papstes folgte eine lange Autokolonne mit den zahlreichen geistlichen und weltlichen Würdenträgern des Hofstaates. Seit 1978, dem Pontifikat Johannes Pauls I., hat die Fahrt des Bischofs von Rom zu seiner Kathedrale an Nüchternheit gewonnen. Doch auch noch heute – wenn der Papst im offenen Wagen dorthin chauffiert wird – gelten die Worte aus dem Jahre 795: »Mit großer Freude und frohem Herzen brachten sie ihn zum Lateran.«

Am 13. November 1964 legte Papst Paul VI. seine persönliche Tiara auf den Confessio-Altar der Petersbasilika nieder – als Geschenk an die Armen. Für Wilm Sanders »verfügte der Papst bei diesem Gottesdienst über das imperiale Symbol eine diakonische Verwendung«. Eine generelle Abschaffung der Tiara hatte der Papst damit nicht ausgesprochen, denn noch in der Papstwahlordnung des Jahres 1975 heißt es: »Der Papst wird durch den Kardinalprotodiakon gekrönt.« Aber es lässt sich nicht leugnen, dass dieser demonstrative Schritt Pauls VI. seine Nachfolger veranlasste, auf den althergebrachten Ritus der Krönung mit der Tiara zu verzichten. Mit dem Verzicht auf die Krönung wurde im religiösen Verständnis vom Papstamt nichts Unveräußerliches preisgegeben, denn die Tiara war eine Kopftracht, die ihrem Träger nichts hinzufügte, was er nicht schon kraft seines Amtes besaß. Die Päpste wählten nun Eucharistiefeiern in Sankt Peter und im Lateran, um den öffentlichen Antritt ihres Dienstes als Bischof von Rom und Hirte der Universalkirche zu dokumentieren. Bei einem festlichen Gottesdienst auf dem Petersplatz erhalten sie heute das Pallium und den Fischerring überreicht; in der Lateranbasilika nehmen sie von der Kathedra des Bischofs von Rom feierlich Besitz. Der Gesang der *Laudes Regiae* und die Gehorsamsversprechen wurden leicht verändert in die jetzigen Zeremonien übernommen.

Bei der Feier zu seinem Amtsantritt machte Papst Franziskus deutlich, was ihm wichtig ist: »Heute feiern wir zusammen mit dem Fest des heiligen Josef die Amtseinführung des neuen Bischofs von Rom, des Nachfolgers Petri – ein Amt, das auch Macht beinhaltet. Gewiss, Jesus Christus hat Petrus Macht verliehen, aber um was für eine Macht handelt es sich? Auf die dreifache Frage Jesu an Petrus über die Liebe folgt die dreifache Aufforderung: ›Weide meine Lämmer, weide meine Schafe!‹ Vergessen wir nie, dass die wahre Macht der Dienst ist und dass auch der Papst, um seine Macht auszuüben, immer mehr in jenen Dienst eintreten muss, der seinen leuchtenden Höhepunkt am Kreuz hat; dass er auf den demütigen, konkreten, vom Glauben erfüllten Dienst des heiligen Josef schauen und wie er die Arme ausbreiten muss, um das ganze Volk Gottes zu hüten und mit Liebe und Zärtlichkeit die gesamte Menschheit anzunehmen, besonders die Ärmsten, die Schwächsten, die Geringsten, diejenigen, die Matthäus im Letzten Gericht über die Liebe beschreibt: die Hungernden, die Durstigen, die Fremden, die Nackten, die Kranken, die Gefangenen. Nur wer mit Liebe dient, weiß zu behüten!«

»Urbi et Orbi« – der Stadt und dem Erdkreis

Versammlungsort für die Gläubigen, die zu Weihnachten, am Ostertag oder nach dem glücklichen Ausgang eines Konklaves den Segen des Papstes empfangen wollen, ist der Petersplatz. Von hier aus blickt man auf die Basilika des Apostelfürsten, auf ihre imposante, von Carlo Maderno geschaffene Fassade. In ihrer Mitte unter dem Giebel öffnet sich zum Platz hin die *Loggia delle Benedizioni*. Von diesem Balkon aus erteilt der Papst *Urbi et Orbi* (»der Stadt und dem Erdkreis«) den Apostolischen Segen. Die Segensformel geht auf die Worte zurück, mit denen der Papst im Mittelalter nach seiner Wahl die Insignien seiner Macht erhielt … *ut praesis urbi et orbi* (»auf dass Du vorstehst der Stadt und dem Erdkreis«). Bereits in der vorchristlichen Antike hatte der Dichter Ovid ausgerufen: »Andere Völker haben ein Gebiet mit festen Grenzen; nur bei dem römischen deckt sich die Stadt mit dem Erdkreis.«

Mit dem Segen ist eine besondere Gunst verbunden, ein vollkommener Ablass, der die Tilgung zeitlicher Sündenstrafen in sich birgt. Den Gläubigen erläutert ein Kardinaldiakon, der zur Rechten des Papstes steht, die Bedingungen für die Erlangung des Ablasses und die Vergünstigungen, die sich aus dessen Erteilung ergeben. In der heutigen Zeit kann sich der Kardinal über ein Mikrofon den Gläubigen verständlich machen. In vergangenen Tagen aber reichte auch eine kraftvolle Stimme kaum aus, um sich bei der Menge auf dem Petersplatz über einen längeren Zeitraum Gehör zu verschaffen. Darum trat der Purpurträger nach seiner Rede einen Schritt an die Brüstung der Loggia heran und ließ das Ablassdekret samt einer Hand voll Kopien vom Balkon herabfallen. Abschriften des Dekretes waren aber auch an den Pforten der Basilika und den Säulen des Kolonnadenumgangs angeschlagen. Wer zu Weihnachten oder Ostern in Rom ist, egal ob Pilger oder Tourist, wird es nicht versäumen, sich zum Segen *Urbi et Orbi* auf den Petersplatz zu begeben. Die Zeremonie ist ein einzigartiges Erlebnis, das Radio- und Fernsehübertragungen nur ansatzweise übermitteln können.

In der Mitte des 19. Jahrhunderts schrieb Kardinal Patrick Stephen Wiseman, der Erzbischof von Westminster, nach einem Rombesuch: »Eine Zeit lang sind die Schaubegierigsten bald hierhin, bald dorthin gelaufen, um endlich den Platz einzunehmen, den sie sich ausgesucht hatten. Die Glocke hat ihr schweres, eintöniges Geläute erdröhnen lassen; ihr plötzliches Stillschweigen ist gleichsam ein Zeichen für jenes unbeschreibliche Rauschen wie von Ebbe und Flut, für jene unzusammenhängende Bewegung, die in einer Menschenmenge dem Stillschweigen vorausgeht. Aller Blicke sind nun auf einen Punkt gerichtet; in diesem Augenblick steht jeder Mann und jedes Ding unbeweglich auf dem Platze, wo es stehen soll. Von welchem Gefühl auch immer das Auge bewegt sein mag, ob vom kindlichen Glauben des Italieners, vom Hang des Deutschen zum Romantischen, von der Neugier des Ungläubigen oder der Spottsucht des Redners von *Exeter Hall;* es richtet sich jetzt unentwegt auf jenen Punkt. Schier mehr als fünfzigtausend Lebewesen starren wie gebannt in das Antlitz eines einzigen alten Mannes.«

»Annus iubilaeus« – die Feier des Heiligen Jahres

Seit dem Jahre 1300 kennt die katholische Kirche die Tradition der »Heiligen Jahre«. Die Feier dieses Glaubensfestes hat ihre Wurzeln im Alten Testament, in den Weisungen der Thora. Das Gesetz des Alten Bundes schrieb den Israeliten vor, nach siebenmal sieben Jahren ein besonderes Festjahr zu begehen: »Erklärt dieses fünfzigste Jahr für heilig, und ruft Freiheit für alle Bewohner des Landes aus!« (Levitikus 25,10). Jeder Grundbesitz sollte wieder in die Hände seines ursprünglichen Besitzers fallen, Schulden ermäßigt oder ganz erlassen werden, die Sklaven ihre Freiheit zurückerhalten. Das jüdische Festjahr wurde durch das *Jobel* (»Widderhorn«) verkündet: »Am Versöhnungstag sollt ihr das Horn im ganzen Land ertönen lassen« (Levitikus 25,9b). Vom hebräischen Wort *Jobel* leitet sich ab, was wir heute »Jubiläum« nennen.

Die Menschen des Mittelalters hatten ein starkes Sünden- und Schuldbewusstsein und sehnten sich nach der Aussöhnung mit Gott. Sie wussten, dass mit Reue und Beichte zwar die Sündenschuld getilgt wurde, aber die Sündenstrafen noch abzubüßen waren, wenn nicht auf Erden, dann im Fegefeuer. Rom wurde zu »dem« Ziel der Pilger. Als sich das Jahr 1300 ankündigte, tauchte in der christlichen Welt das Gerücht auf, dass allen Rompilgern ein vollkommener Ablass gewährt würde. Ein gewaltiger Pilgerstrom bewegte sich auf die Ewige Stadt zu. Der Papst jener Zeit, Bonifaz VIII., war überrascht, als er die ungeheuren Menschenmassen nach Sankt Peter ziehen sah. Er fragte seine Umgebung um Rat, ließ in den Archiven der Kirche nachforschen und rief schließlich sogar ein Konsistorium der Kardinäle ein.

Der Papst kam zu einer für die Kirche bedeutsamen Entscheidung: zur Ausrufung des ersten christlichen Jubiläumsjahres. Die Nachricht hierüber verbreitete sich – so Kardinal Jacopo Stefaneschi – »blitzartig«; die Pilger »erschienen in so großen Haufen, dass sie, wo immer sie vorbeikamen, den Eindruck von einem Heer oder einem Bienenschwarm erweckten«.

Die Feier der Heiligen Jahre ist untrennbar mit dem eindrucksvollen Ritual der Öffnung und Schließung der Heiligen Pforte verbunden. Diese Zeremonien, berichtet ein Chronist, bewegten »viel Volk, das sonst nicht gegen Rom gekommen wäre, dahin zu gehen«. In den »Reliquiae Rhomanae Urbis atque Indulgentiae« von 1483 findet sich bei der Schilderung des Laterans der Passus: »Es gibt dort eine gewisse Tür, welche die goldene Tür genannt wird und dort nur im Jubeljahr geöffnet wird, durch die dem Büßer alle Sünden verziehen werden, jede Strafe und Schuld.« Es war dann der viel geschmähte Alexander VI., der im Jahre 1500 diesen Brauch für Sankt Peter aufgriff. Der Borgia-Papst ordnete an, dass die Heilige Pforte Tag und Nacht für die Pilger offen zu stehen habe und von Ordensleuten ständig bewacht werden solle; bei der Pforte ließ er zur Unterstützung der Armen eine große Truhe zur Aufnahme von Almosen und Sühnegaben aufstellen. In der Geschichte der Heiligen Jahre steht die *Porta Sancta* für die Barmherzigkeit Gottes, die weit geöffnet ist für alle. – »Bis zu einer goldenen Pforte du gelangst, da gehst du ein. Denn das Irdische wird dorten, himmlisch unvergänglich sein«, dichtete Friedrich Schiller in »Der Pilgrim«. Sie ist »Einladung in den Schafstall, in die Herde Christi, einzutreten, dessen erster Wächter und Hirte Wir sind«, ließ Alexander VI. verlauten. Öffnung und Schließung der Heiligen Pforte durch den Papst oder seine Legaten wurden zeichenhaft für die einzigartige Stellung des Bischofs von Rom, für den Primat des Petrusamtes, gesehen, denn »wenn er öffnet, kann niemand schließen, und wenn er schließt, kann niemand öffnen« (Jesaja 22,22).

Bereits 1350 hatte man die Wartezeit auf ein Jubeljahr auf fünfzig Jahre verkürzt; Papst Paul II. (1464–1471) schließlich legte fest, dass die Feier eines Heiligen Jahres alle fünfundzwanzig Jahre stattzufinden habe. Die Geschichte der Jubelfeste ist auch eine Chronik besonderer Pilger und Ereignisse: 1525 kam Niccolò Macchiavelli, der Verfasser der Schrift *Il Principe* (»Der Fürst«), als frommer Büßer nach Rom; fünfzig Jahre später traf der Dichter Torquato Tasso in der Ewigen Stadt ein, in dem Jahr, in dem er sein »La Gerusalemme liberata« vollendet hatte. Im Heiligen Jahr 1600 fand eine Reihe von Protestanten in Rom zum katholischen Glauben zurück, unter ihnen Stephane Calvin, ein Verwandter des berühmten Genfer Reformators. 1675 ging Königin Christina von Schweden in die römischen Armenhäuser und Pilgerhospize, bediente dort die Bedürftigen bei Tisch und wusch Pilgerinnen die Füße. Das Jubeljahr 1725 sah unter den Pilgern dreihundertsiebzig ehemalige Sklaven, die von den Patres des Redemptoristenordens in Tunis aus moslemischer Gefangenschaft freigekauft worden waren. 1875, fünf Jahre nach dem Ende des Kirchenstaates, konnte kein »normales« Heiliges Jahr gefeiert werden. Pius XI. erteilte den Bischöfen in aller Welt die Vollmacht, in ihren Diözesen Gotteshäuser zu benennen, in denen die Gläubigen den Jubiläumsablass erlangen konnten. Als Paul VI. für 1975 ein Heiliges Jahr ausrufen lassen wollte, rieten ihm viele Stimmen davon ab – mit der Begründung, es sei nicht mehr zeitgemäß und würde kaum zu einem Erfolg werden. Die stolze Zahl von fast zehn Millionen Pilgern verwies die Kritiker eindrucksvoll in die Schranken.

»Augenblick des Schreckens« und Feier des Glaubens

Die Riten und Zeremonien nach dem Tod des Oberhauptes der katholischen Kirche folgten über Jahrhunderte fast immer dem gleichen Verlauf. Nach seinem Ableben wurde der Papst mit einem *Rochett* (»Chorrock mit engen Ärmeln«), der *Mozzetta* (»Schulterkragen«) und dem *Camauro* (»einer roten Pelzmütze«) bekleidet. Das Gesicht des Heiligen Vaters bedeckte man mit einem weißen Seidentuch. Zwei Nobelgardisten traten heran und übernahmen die Ehrenwache, die Beichtväter von Sankt Peter erschienen und begannen mit ihren Gebeten für das Seelenheil des dahingeschiedenen Papstes. Dann betraten der Kardinalkämmerer und die Prälaten der Apostolischen Kammer das Zimmer. Der Kämmerer stimmte das *De profundis* (»den Totenpsalm«) an und näherte sich dann dem Leichnam. Man hob das Seidentuch an, sodass man das Gesicht des Verstorbenen sehen konnte. Der Kardinalkämmerer ließ sich vom päpstlichen Leibarzt das Ableben bestätigen und stellte dann seinerseits *ex officio* (»von Amts wegen«) den Tod fest. Bis zum Pontifikat Leos XIII. wurde zur Feststellung des Todes dem Kämmerer ein silberner Hammer gereicht. Mit ihm berührte er dreimal die Stirn des Papstes und rief ihn dabei jedes Mal mit seinem Taufnamen. Dann wandte er sich an die Umstehenden mit den Worten: *Papa vere mortuus est* (»Der Papst ist wirklich tot«). Aus seinem Sterbezimmer wurde der Pontifex von Offizieren der Nobelgarde in einen Saal des Apostolischen Palastes oder direkt in die Sixtinische Kapelle überführt, um dort einbalsamiert zu werden. Zwei Tage lang hielten auch hier die Nobelgardisten und die Beichtväter von Sankt Peter die Totenwache. Am Abend des dritten Tages kam den Beichtvätern die Aufgabe zu, dem toten Papst die roten Pontifikalgewänder, den Fanon, das Pallium und die goldene Mitra anzulegen.

Am folgenden Tag geschah die Überführung nach Sankt Peter. Aus dem Bronzetor heraus betrat der Trauerzug durch das Atrium der Basilika das Gotteshaus. – »Es ist das erste Mal, dass der Papst Einzug hält, ohne von dem Schmettern der silbernern Trompeten und den Ovationen der Menge begrüßt zu werden. Die riesige Kirche ist leer, Trauer durchzieht den weiten Raum«, beschrieb Jean Neuvecelle diesen Augenblick. Nach dem Tode Johannes' XXIII. hatte man entschieden, den Leichnam des Pontifex durch das Bronzetor über den Petersplatz in die Basilika zu tragen. In der Vorhalle hielt der Leichenzug kurz inne, dort kam dem Dekan des Domkapitels die Aufgabe zu, die erste Absolution zu erteilen. Eine zweite Absolution wurde vor dem Altar der *Confessio* (»Stätte vor dem Grab des Apostelfürsten«) erteilt, die dritte in der Sakramentskapelle. In der Kapelle des Allerheiligsten Sakramentes fand die letzte Aufbahrung statt. Der Kopf des Papstes war dem hohen Gitter zugewandt, das den Zugang zur Kapelle versperrte. Die Bahre, auf der der Leichnam des Papstes ruhte, hatte man so aufgestellt, dass er von Weitem sichtbar war. Die Füße reichten durch das Gitter hindurch, damit sie von den Gläubigen geküsst werden konnten. Seit dem Tode Pius' XII. im Jahre 1958 wurden die Päpste wegen der größer werdenden Menschenmenge, die ihnen die letzte Ehre erweisen wollte, auf einem Katafalk bei der *Confessio* aufgebahrt. Auch hier hielten Angehörige der Päpstlichen Nobelgarde die Wache, unterstützt von Hellebardieren der Schweizergarde.

Drei Tage lang konnten die Gläubigen an der Bahre des Papstes vorbeiziehen. Am Abend des dritten Tages wurden die Türen der Basilika geschlossen. Man trug den Leichnam in eine andere Kapelle, wo er in Gegenwart des diplomatischen Korps, des römischen Adels, hoher kirchlicher Würdenträger, der Familie und der engsten Vertrauten des Papstes in das große rote Seidentuch gehüllt wurde, das bisher die Tragbahre bedeckt hatte und jetzt als Leichentuch diente. Zu Füßen des verstorbenen Pontifex wurde ein Beutel mit sämtlichen unter seinem Pontifikat geschlagenen Medaillen und Münzen niedergelegt. Eine von einer Metallkapsel umschlossene Pergamentrolle mit den Aufzeichnungen der wichtigsten Daten seines Lebens und des vergangenen Pontifikates wurde dazugelegt und ins Grab mitgegeben. Drei verschiedene, ineinandergeschachtelte Särge nahmen den Leichnam des Papstes auf. Der erste war aus Zypressenholz und mit roter Seide ausgeschlagen, der zweite mit Blei überzogen und der dritte aus Eichenholz gearbeitet. Nach der Beisetzung des Leichnams wurde über dem dreifachen Sarg ein letzter Segen gesprochen, bevor der Papst in der Krypta der Basilika seine letzte irdische Ruhestätte fand. In den *Novendiales* (»neuntägigen Trauerfeierlichkeiten«) wurde des verstorbenen Pontifex gedacht. Bis in die jüngste Vergangenheit wurden an den Zeremonien, die den Tod und die Beisetzung begleiteten, nur wenige Veränderungen, die zeitbedingt waren, vorgenommen. So wählte man als Ort für die Messfeier der Exequien den Petersplatz, um möglichst vielen Gläubigen eine Teilnahme zu ermöglichen. Welche Dimensionen das Ableben eines Papstes anzunehmen vermochte, sollte sich in den Monaten März und April des Jahres 2005 eindrucksvoll erweisen.

In den Tagen, als das Pontifikat Johannes Pauls II. zu Ende ging, schrieb Eckhard Fuhr in der »Welt«, der Papst sei nicht gewillt, »dem Publikum der säkularisierten Moderne das altertümliche Drama um seinen Körper ersparen zu wollen«. In einem Interview mit Radio Vatikan merkte Kardinal Joseph Ratzinger an: »Wir haben gerade in diesen letzten Jahren gelernt, dass das Zeugnis eines leidenden Papstes eine große Bedeutung hat, dass Leiden eine eigene Art der Verkündigung ist. Ich habe durch viele Briefe und persönliche Zeugnisse gesehen, wie leidende Menschen sich dadurch neu angenommen fühlen. Mir hat die Vereinigung der Parkinson-Kranken geschrieben, dass sie dem Papst so danken, dass er gleichsam ihr Bild rehabilitiert, indem er öffentlich den Mut hat, als ein solch Leidender aufzutreten und dennoch mit ganzem Einsatz zu wirken. Und er hat uns gerade auch in der Zeit seines Leidensweges vieles geschenkt und Neues gesagt. Kurzum: Es ist ja ein Stück eines ganzen Weges. Wir haben vom Papst sehr viele Worte geschenkt bekommen, eine große Botschaft. Eine andere Botschaft ist, dass er nun in die Passion Jesu Christi miteintritt; und das zeigt, wie Leiden fruchtbar ist als Mittragen mit dem Herrn, als Mittragen mit den vielen Leidenden dieser Welt.«

Ende März 2005 hatten sich die Anzeichen verdichtet, dass Papst Johannes Paul II. im Sterben lag. In aller Welt wurden Gebete für den Papst verrichtet; Tausende von Menschen strömten auf den Petersplatz. Bei einem Bittgottesdienst in der römischen Lateranbasilika, an dem auch der italienische Staatspräsident teilnahm, sagte der Kardinalvikar des Papstes für die Diözese Rom: »Der Heilige Vater sieht und berührt schon den Herrn.« Am Abend des Sterbetages beteten die Gläubigen auf dem Platz vor der Petersbasilika den Freudenreichen Rosenkranz. Als von ihnen nach dem Gebet im Anklang an das Lourdes-Lied das »Ave Maria« gesungen wurde, verschied der Papst. Die große Glocke von Sankt Peter setzte zum Trauergeläut an, in das dann die übrigen Glocken der Ewigen Stadt einfielen. Am folgenden Morgen fand in den päpstlichen Gemächern die offizielle Feststellung des Todes statt. Um Vertretern der Republik Italien, dem diplomatischen Korps, den Mitarbeitern der Römischen Kurie und des Vatikanstaates die Möglichkeit zu geben, von Johannes Paul II. Abschied zu nehmen, wurde der Papst in die *Sala Clementina* des Apostolischen Palastes überführt. Dort wurde er mit einem roten Messgewand, dem Pallium, einer weißen Mitra und dem Kreuzstab aufgebahrt. Zwei Hellebardenträger der Päpstlichen Schweizergarde stellten die Ehrenwache. Die Totenbahre war von einer hellgrauen Samtdecke überzogen; der Kopf des Papstes ruhte auf drei Kissen. Rechts stand ein Kreuz aus Alabaster, links die brennende Osterkerze; zwei Palmen waren der einzige Schmuck des Saales.

Stephan von Kempis, ein Mitarbeiter der deutschsprachigen Abteilung von Radio Vatikan, schilderte seine Eindrücke: »Es ist schwülwarm. Überall Schweizergardisten, aber ernst, nicht ganz so wachsam wie sonst, die Pike aufgepflanzt. Am Ende des Ganges sehe ich viele Italiener in Schwarz, einige Kardinäle und Bischöfe – und, durch zwei weit offen stehende Türen, den Papst, den verstorbenen Papst. Ehrlich gesagt: Es ist ein schockierendes Bild. Es sieht ›in echt‹ viel schlimmer aus als im Fernsehen, das ihn gnädigerweise immer nur aus zwei Perspektiven zeigt. Von der Seite springt sein Kinn stark hervor; das Gesicht ist blass, abgekämpft, der Mund wie schmerzverzerrt; der Kopf wirkt fast eingeschrumpft unter der großen Mitra. Die Starre dieses Menschen, den wir alle immer, auch noch vor ein paar Tagen, so aktiv und rege gesehen haben, ist erschreckend. Früher zitterte alles an ihm, wegen Parkinson. Wo das Zittern war, ist jetzt nur noch Starre … Der Moment, in dem man dann vor dem toten Johannes Paul steht – er ist bewegend, aufwühlend. Mir will das Gesicht nicht aus dem Kopf. Ich schäme mich etwas, dass ich da wie ein Paparazzo reingegangen bin. Aber hat dieser Papst uns Medienleute nicht bis zuletzt ertragen und sogar gelobt und ermutigt? Was für ein großmütiger Mensch! Das ist eigentlich gar kein richtiges Gesicht mehr. Stattdessen – fast schon so etwas wie eine Ikone.«

Am folgenden Tag wurde der Leichnam Papst Johannes Pauls II. aus der *Sala Clementina* in die vatikanische Basilika überführt. Durch das Bronzetor des Apostolischen Palastes wurde der Leichnam auf den Schultern von zwölf *Sediari* über den Petersplatz zum Hauptportal des Petersdoms getragen. Zur Rechten und Linken des verstorbenen Pontifex schritten mit brennenden Kerzen in der Hand die Franziskanerkonventualen, die in Sankt Peter das Amt der Beichtväter ausüben. Acht Hellebardiere der Päpstlichen Schweizergarde gaben dem Papst das Geleit. Hinter der Bahre sah man die engsten Mitarbeiter und Familiaren Johannes Pauls II. Am Haupteingang der Basilika angelangt, drehten die *Sediari* die Bahre unter Beifallsbekundungen zu den hunderttausend Gläubigen um, die sich auf dem Petersplatz versammelt hatten; erst dann zogen sie mit dem verstorbenen Pontifex zur *Confessio* von Sankt Peter, wo er aufgebahrt wurde. Vier Schweizergardisten übernahmen die Ehrenwache. Bis zum Abend vor den feierlichen Exequien hielt der Strom der Gläubigen an, die dem Papst die letzte Ehre erweisen wollten. Der italienische Zivilschutz gab bekannt, dass stündlich einundzwanzigtausend Besucher, dreihundertfünfzig in der Minute, die Basilika betreten hätten; manche Gläubige seien vierundzwanzig Stunden angestanden, die längste Menschenschlange hätte die Länge von fünf Kilometern gehabt. »Der Tod des katholischen Kirchenführers hat eine im säkularen Europa ungeahnte Massenbewegung ausgelöst, die Rom, das antike Caput Mundi, zum Herzen der Welt werden ließ«, stellte der »Focus« fest, »die friedliche Vereinigung der einfachen Völker, in den Straßen Roms wurde sie tags und nächtens Realität. Durch die Straßen strömten Filipinos, Oberschwaben, Belgier, Australier, Nigerianer, Brasilianer.« Das Cover der »Spiegel«-Ausgabe vom 11. April trug den Titel: »Das Gefühl des Glaubens. Globale Wallfahrt nach Rom.« – »Es war ein metaphysisches Woodstock«, lautete die Einschätzung des Hamburger Nachrichtenmagazins.

Die Beisetzungsfeierlichkeiten waren für den 8. April angesetzt worden. Auf dem Petersplatz und in der Via della Conciliazione hatten sich an die fünfhunderttausend Gläubige versammelt, vierhundert behinderte Menschen waren auf dem *Sagrato* (»Platz, unmittelbar vor der Basilika«) versammelt. An den in der Ewigen Stadt an verschiedenen Orten aufgestellten Orten verfolgten sechshunderttausend Menschen das Geschehen mit. Laut vatikanischem Pressesaal waren einhundertneunundsechzig weltliche Delegationen zu den Beisetzungsfeierlichkeiten angereist: Zehn Souveräne, neunundfünfzig Staatsoberhäupter, drei Thronfolger, siebzehn Regierungschefs, drei Ehepartner von Staatsoberhäuptern, drei Vize-Staatsoberhäupter, sechs Vize-Premierminister, vier Parlamentspräsidenten, zwölf Außenminister, dreizehn Minister, vierundzwanzig Botschafter, zehn Präsidenten, Generaldirektoren und Generalsekretäre internationaler Organisationen. Vertreten waren durch Delegationen dreiundzwanzig orthodoxe und orientalisch-orthodoxe Kirchen, acht Kirchen und kirchliche Gemeinschaften des Westens sowie drei internationale kirchliche Organisationen. Anwesend waren ferner Delegationen und Vertreter des Judentums und siebzehn Delegationen nichtchristlicher Religionen und Organisationen für den Interreligiösen Dialog. »Noch nie hat sich ein US-Präsident vor einem toten Papst verneigt. Jetzt kamen gleich drei. Gefolgt von Kanzlern und Monarchen, Staats- und Kirchenoberhäuptern, Kriegsherren und alt gewordenen Revolutionären, Global Players, mehreren Ajatollahs, Kofi Annan, Generalsekretär der Vereinten Nationen, und Mohammed Chatami – die Mächtigen erschienen in Rom und verneigten sich vor dem Sarg mit dem eingefallenen Körper des Menschen Karol Wojtyla aus Wadowice«, stellte der »Spiegel« mit Erstaunen fest. Bei der Feier wurden immer wieder Sprechchöre laut und skandierten: *Santo subito* (»Sofort heilig!«).

Zu den Exequien des Papstes verzeichnete der Pressesaal des Heiligen Stuhles sechstausend Akkreditierungen. Achtzig Fernsehstationen waren an die Übertragungen des vatikanischen Fernsehzentrums angeschlossen; einhundertsiebenunddreißig Fernsehsender aus einundachtzig Ländern hatten um Übertragungsrechte angesucht. Radio Vatikan sendete live in sieben Sprachen; Hunderte ausländische Sender übernahmen die Ausstrahlung der vatikanischen Rundfunkanstalt. Das »Live-Streaming« auf der Internetseite des Heiligen Stuhles wurde von einer Million dreihunderttausend Personen genutzt. Vom 2. bis zum 8. April waren über drei Millionen Pilger nach Rom gekommen. Der italienische Zivilschutz hatte achttausend Freiwillige aufgeboten, die von zweitausend Pfadfindern unterstützt wurden, die Stadt Rom zwanzigtausend Mitarbeiter. Zum Schutz der Besucher standen elftausendneunhundert Sicherheitskräfte, eintausend Feuerwehrmänner, vierhundert Soldaten und zweitausendsiebenhundert römische Stadtpolizisten sowie sechs Helikopter bereit. Bei Tor Vergata waren eintausendeinhundertfünfzig Zelte für insgesamt achttausend Personen aufgeschlagen worden; bei der Fiera di Roma standen fünftausend Schlafplätze zur Verfügung, bei den Ferrovie Ippolito Nievo weitere tausend. Drei Millionen Wasserflaschen waren gratis verteilt worden.

Im 11. Jahrhundert hatte der Kirchenlehrer Petrus Damiani den Tod des Papstes einen »Augenblick des Schreckens« genannt, im Jahre 2005 wurde er zu einem Bekenntnis, einem grandiosen Fest des Glaubens.

VIII. AUDIENZEN – ZU BESUCH BEIM PAPST

»Zeit bedeutet hier nichts. Die Jahrhunderte kommen und gehen. Es ist, als ob man eine vierte Dimension betritt. Und inmitten all dessen, umgeben von der päpstlichen Garde und der Ehrenwache, umgeben von den Monsignori, den Bischöfen, umgeben von den Kardinälen und all den Zeugen der Vergangenheit, sitzt der kleine, heilige Mann« (Harold Mcmillan).

Staatsbesuche im Vatikan

Ein Staatsbesuch beim Oberhaupt der katholischen Kirche ist, um ein Modewort zu gebrauchen, ein ganz besonderes Event. Kaum einer der Gäste im Vatikan kann sich der Faszination dieses farbenprächtigen Zeremoniells entziehen. Auf den Schreibtischen vieler Souveräne, Staatsoberhäupter und Regierungschefs fanden die fotografischen Erinnerungen an den meist nur zwei bis drei Stunden dauernden Aufenthalt im kleinsten Staat der Welt einen ganz besonders herausragenden Platz. Der ehemalige österreichische Botschafter beim Heiligen Stuhl, Dr. Hans Pasch, ein Kritiker der Gebräuche »bei Hofe«, bemerkte in seinen Memoiren: »Es ist schwierig, sich diesen Eindrücken zu entziehen, selbst wenn man dem altertümelnden Prunk der Zeremonien skeptisch gegenübersteht.« Der Diplomat gestand ein, »dass nicht alles, was glänzt, deswegen auch schon überflüssig ist«.

Der Staatsgast und sein Gefolge werden in ihrer Residenz von einem Mitglied des Vatikanischen Staatsrates,

»Edelleuten Seiner Heiligkeit« und Bediensteten der päpstlichen Vorzimmer abgeholt und mit offiziellen Fahrzeugen des Vatikanstaates zum Apostolischen Palast geleitet. Die Ankunft der Gäste im Damasushof des Vatikans wird durch Fanfarenstöße angekündigt, eine Abteilung der Schweizergarde erweist die militärischen Ehrenbezeugungen. Der Präfekt des »Päpstlichen Hauses«, der Generalrat des Staates der Vatikanstadt, der Kommandant der Päpstlichen Schweizergarde und »Edelleute Seiner Heiligkeit« heißen die Besucher willkommen. Die Päpstliche Musikkapelle intoniert dann die Nationalhymne der Gäste. Der Staatsgast wird mit dem Fahrstuhl zum zweiten Stock des Palastes gebracht, das Gefolge führt man über Treppen hinauf. Nun formiert sich ein Ehrenzug, an dessen Spitze sich ein Wachtmeister der Schweizergarde setzt, gefolgt von den Saaldienern der päpstlichen Vorzimmer, den *Sediari* und den Edelleuten, während Hellebardiere der Schweizergarde dem Staatsbesuch zur Rechten und Linken das Geleit geben. In der *Sala Clementina* des Apostolischen Palastes angekommen, stellt der Präfekt des »Päpstlichen Hauses« den Gästen den Almosengeber des Papstes und den weltlichen päpstlichen Thronassistenten vor. Beide Würdenträger schließen sich dem Ehrenzug an, der sich nun zur Privatbibliothek des Papstes hinbewegt.

Nach einer privaten Unterredung zwischen dem Papst und seinem Besucher werden das Gefolge und die Würdenträger des »Päpstlichen Hauses« in die Bibliothek gebeten. Der Staatsgast wird eine kurze Ansprache halten, auf die der Papst antworten wird. Es folgen der obligatorische Fototermin und der Austausch der offiziellen Geschenke. Der Papst begleitet dann seine Gäste bis zum Eingang der Privatbibliothek und verabschiedet sich von ihnen. Aber der Staatsbesuch endet damit noch nicht. Der Ehrenzug wird die Besucher des Weiteren zum Kardinalstaatssekretär geleiten und, wenn sie katholisch sind, in die Basilika des Apostelfürsten. Die *Visita ufficiale* findet ihren Abschluss mit einer weiteren Ehrenbezeugung einer Abteilung der Schweizergarde und dem *Inno Pontificio* (»Hymne des Papstes«). Wenn die Staatsgäste in ihre Residenz zurückgekehrt sind, wird ihnen der Kardinalsstaatssekretär den protokollarischen Gegenbesuch abstatten. Alle geistlichen und weltlichen Würdenträger des Vatikans, die den Besuchern vorgestellt wurden, begeben sich im Laufe des Tages in die Residenz des ausländischen Gastes, um sich mit Angabe von Titel und Rang in das dortige Besuchsregister einzutragen – und nicht selten einen funkelnden und schmückenden Orden zu erhalten. Offizielle Besuche im Vatikan nehmen den Papst nicht unerheblich in Beschlag. Zum Tode Johannes Pauls II. wurde eine Statistik veröffentlicht: Der Pontifex hatte 426 Monarchen und Staatsoberhäupter in Audienz empfangen und war mit 187 Regierungschefs, 190 Außenministern und 642 Botschaftern zusammengetroffen.

Audienzen jenseits ideologischer Grenzen

Seit Mitte der Sechzigerjahre des vergangenen Jahrhunderts zeigten kommunistische Spitzenfunktionäre bei ihren Italienbesuchen ein kaum zu übersehendes Interesse an einem Abstecher in das Herrschaftsgebiet des ideologischen Hauptgegners. 1966 wurde der sowjetische Außenminister Andrej Gromyko im Vatikan vorstellig, drei Jahre später Nikolai Podgorny, im Mai 1973

Nicolae Ceauşescu von Rumänien, im Juni 1975 der bulgarische Staatspräsident Todor Schwikow. Da keiner dieser Staaten offizielle Beziehungen zum Heiligen Stuhl unterhielt, war das vatikanische Protokoll zu Improvisationen im Zeremoniell gezwungen. Mit dem Besuch Marschall Titos im März 1971 wurde jedoch ein neues Kapitel aufgeschlagen. Zum ersten Mal fand im Vatikan die offizielle Visite eines kommunistischen Staatspräsidenten statt. Josip Broz Tito erschien zur Verblüffung vieler Beobachter sogar in Frack und Zylinder.

Nach dem Zusammenbruch der marxistisch-leninistischen Ideologie im Osten Europas und dem Fall der Berliner Mauer wurde dem Erscheinen Michail Gorbatschows im Vatikan große Aufmerksamkeit geschenkt. Bei seinem Eintreffen im Damasushof des Apostolischen Palastes ereignete sich eine kleine, aber erwähnenswerte Episode. Nachdem ein Pikett der Schweizergarde dem sowjetischen Staatspräsidenten die militärischen Ehren erwiesen hatte, wurden Gorbatschow die »Edelleute Seiner Heiligkeit« vorgestellt. Als der Blick des ZK-Vorsitzenden auf die mit Orden übersäten, stolzgeschwellten Brüste der Laiendignitäre des »Päpstlichen Hauses« fiel, bemerkte er lächelnd zu seinem Dolmetscher: »Wie bei uns zu Hause!« Auch der Besuch Fidel Castros im Kirchenstaat stieß weltweit auf großes Interesse; besonders die USA verfolgten mit Argusaugen das Zusammentreffen ihres Erzfeindes mit dem Oberhaupt der katholischen Kirche und dem Souverän des Vatikanstaates. Das *State Department* in Washington bat die amerikanische Botschaft beim Heiligen Stuhl, im vatikanischen Fernsehzentrum eine Videokassette vom Empfang des kubanischen Revolutionsführers und Staatsoberhauptes zu besorgen.

Diskretion gilt im Apostolischen Palast – zumindest offiziell – als oberstes Gebot. Und so zeigte sich mancher Vatikankenner über eine Publikation verblüfft, die vor einigen Jahren bei der vatikanischen Verlagsanstalt *Libreria Editrice Vaticana* erschien. Massimo Sansolini, ein Angestellter des »Päpstlichen Hauses«, veröffentlichte mit Genehmigung seiner Vorgesetzten ein Buch über seinen Dienst in den Vorzimmern der päpstlichen Gemächer. Der Autor fand ungewöhnlich offene Worte über das Auftreten und die Kleidung der Staatsgäste; besonders eingehend widmete sich Sansolini den Kopfbedeckungen der Damen. Während die Hüte der Königinnen Elisabeth II. von Großbritannien und Fabiola von Belgien lobend erwähnt wurden, konnte der Hut der Gattin des ehemaligen polnischen Staatspräsidenten Lech Walesa vor den gestrengen Augen Sansolinis keinerlei Gnade finden, er wurde als eine *Bustina tipo militare* (»Marine-Schiffchen«) eingestuft. Niederschmetternd war auch das Urteil über Rosalynn Carter. Die Gattin des amerikanischen Präsidenten trug über dem Nacken die zwei Spitzen eines dreieckigen Tuches: »Es erinnerte mich an jenes unserer Bäuerinnen, mit dem sie ihr Haar bedeckten, wenn sie das Getreide mähten«, schrieb Massimo Sansolini nieder.

Echte und vermeintliche Fauxpas lassen sich auch im Vatikan nicht verhindern. Beim Besuch von Präsident Václav Havel konnten die sonst so beherrschten und keine Miene verziehenden Protokollbeamten des Vatikans ein Lächeln nicht unterdrücken: Die Dolmetscherin Havels trug ein Kleid, das farblich genau mit den Paspelierungen, Knöpfen und Schärpen der römischen Prälatentalare übereinstimmte. Als Präsident Bill Clinton bei seinem Staatsbesuch den Fahrstuhl im Apostolischen Palast betrat, salutierte er vor einem Uniformträger, der ihn in seiner Erscheinung sehr beeindruckte. Der Gegrüßte trug ein dunkelgraues Gewand militärischen Zuschnitts, verziert mit zwei Reihen von auf Hochglanz polierten Silberknöpfen und einer Ordenschnalle, an der eine Unzahl von prächtig anzuschauenden Auszeichnungen hing. Als der vermeintliche Würdenträger mit in den Lift einstieg und den Knopf, der den Aufzug in den zweiten Stock der päpstlichen Residenz hinaufbeförderte, betätigte, muss Clinton wohl geahnt haben, vor wem er salutiert hatte – dem Aufzugführer des Fahrstuhls im Apostolischen Palast.

Wie einfallsreich man im Vatikan sein kann, um eine Verletzung des Protokolls elegant zu umgehen, verriet einmal der Präfekt des »Päpstlichen Hauses«. Während der Heilige Vater in seiner Privatbibliothek mit einem asiatischen Monarchen das übliche Vieraugengespräch führte, wartete in den Vorzimmern das Gefolge. Ein hochrangiger Verwandter des Staatsgastes zückte aus seinem Gewand eine Kamera hervor, um sich die Zeit mit einigen Aufnahmen zu verkürzen. Während die Protokollbeamten noch mit sich rangen, wie nun vorzugehen sei, griff der ebenfalls im Saal anwesende Fotograf des »L'Osservatore Romano« ein. Er bot dem Hobbyfotografen königlichen Geblütes beflissen seine Hilfe an. Er schlug eine Blende vor, die unmöglich zu einem gelungenen Bild führen konnte!

Privataudienzen waren und sind einem bestimmten Protokoll unterworfen, jedoch erhalten sie eine eigene Prägung durch den jeweiligen Pontifex, und damit häufig auch eine Auflockerung. Die Berichte über sie entsprechen einem bunten Kaleidoskop. Der französische Journalist und Schriftsteller Louis Veuillot erzählt in einem seiner Briefe, wie er Pater Carrière, den Generaloberen der Sulpizianer, bei Pius IX. einzuführen hatte. Nachdem der Papst den Ordensmann begrüßt hatte, bat er ihn, Platz zu nehmen. Der bezeichnete Stuhl war jedoch mit Zeitungen bedeckt. Der Gast, etwas verwirrt, machte Anstalten, sie zu entfernen. »Ach«, sagte der Papst, »das sind revolutionäre Zeitungen, auf diese können Sie sich ohne Weiteres setzen.« Klemens August Eickholt, ein aus dem Westfälischen stammender Student der Jurisprudenz, der als Artillerieoffizier in der päpstlichen Armee diente, berichtete über eine Audienz bei Pius IX.: »Ich begann mit den vorgeschriebenen Kniebeugen, und als ich bei der dritten Kniebeugung dem Heiligen Vater nahe gekommen, der immer noch mit Schreiben beschäftigt war, dachte ich: ›Wie kommst du nun dazu, den Fuß zu küssen?‹ – Die beiden Flügel des Schreibtisches waren dabei recht hinderlich. Ich machte einen schüchternen Versuch, mit meinem Kopf an den Fuß des Papstes zu gelangen. Dies mag einer gewissen Komik nicht entbehrt haben. Mit freundlichem Lächeln wandte Pius sich mir zu und sagte: ›Steh auf, meinen Soldaten erlasse ich gerne das Zeremoniell.‹«

Die »Handkussaudienzen«, eine Art *Light*-Version der Privataudienzen, sollen laut vatikanischer Gepflogenheiten »mit einer gewissen Zügigkeit« ablaufen. Verletzungen des Protokolls bei den *Bacciamano*-Audienzen ließen sich nicht immer verhindern. Manchmal wurden sie sogar durch große Persönlichkeiten der Kirchengeschichte provoziert. Berühmt ist der Zwischenfall, den die heilige Therese vom Kinde Jesu »verschuldete«. Sie wollte bei Leo XIII. in der Absicht vorstellig werden, als erst Fünfzehnjährige einen Eintritt in den Karmel zu erwirken. Ihre Begleitung verbot ihr jedoch, den Papst während der Audienz darauf anzusprechen. Aber sie redete nicht nur, sondern sie begann, den Papst regelrecht zu bedrängen. In ihren Erinnerungen berichtet sie: »Ich wollte noch reden, da gaben mir die beiden Nobelgardisten das Zeichen, mich zu erheben. Als sie sahen, dies genüge nicht, fassten sie mich an den Armen und der hochwürdige Herr Renverony half ihnen, mich aufzurichten, denn ich verharrte noch vor dem Papste, meine gefalteten Hände auf dessen Knie gestützt. Als ich so mit Gewalt fortgeführt wurde, legte der gute Heilige Vater seine Hand leicht auf meinen Mund, erhob sie dann, segnete mich und folgte mir noch lange mit seinen Blicken.«

Wie man in den päpstlichen Vorzimmern Vorfälle zu meistern wusste, die dem strengen vatikanischen Protokoll widersprachen, zeigt eine Episode, die sich nach dem Ersten Weltkrieg ereignete, als der amerikanische Präsident Wilson, aus Versailles kommend, vom Papst in Privataudienz empfangen wurde: »An der Schwelle der Ehrenräume angekommen, übergab er seinen Zylinder unwillkürlich dem Türhüter, der sich vor ihm verbeugt hatte, und schritt durch die Türe, ohne den Mantel abzulegen. Es erbleichten die Würdenträger des Gefolges. Auch der derzeitige Saalälteste, der im päpstlichen Vorzimmer seit mehr als vierzig Jahren Dienst tat und sich die reichste Sammlung von Herrschern und Staatsoberhäuptern zugelegt hatte, die einen leidenschaftlichen Liebhaber des ›Gothaer‹ hätte interessieren können, er verlor keineswegs das liebenswürdige Lächeln, mit dem er die Gäste zu empfangen pflegte. Er ging rasch ein paar Schritte neben dem Präsidenten her, wie um ihm den Weg zu zeigen, lehnte sich an seine Schulter, wie um zu vermeiden, dass er an einen Torpfosten stoße. Und ehe der Präsident noch begriff, was mit ihm vorging, nahm er ihm den Mantel ab. So wurde den Fanatikern der Etikette ein Trauerspiel erspart« (Silvio Negro).

Der argentinische Autor Gabriel García Márquez amüsierte sich darüber, wie er zu einem Treffen mit dem Papst gekommen war: »Mein Freund Fulvio Zanetti, damals Chefredakteur der römischen Wochenzeitung ›L'Espresso‹, sagte mir auf sehr römische Art, dass ein Freund von ihm einen Freund habe, dessen Schwager einen Professor der Philosophie kenne, der einen Kollegen kenne, der die Möglichkeit habe, eine Audienz zu erwirken.« Zur Audienz selber berichtete er: »Ich befand mich im Vorraum der päpstlichen Arbeitszimmer. Es herrschte absolute Stille, obwohl die Tiberkais mit ihrem infernalischen Verkehr nur wenige Häuserblocks entfernt waren. Fünf endlose Minuten war ich mutterseelenallein. Plötzlich ertönte ein unsichtbares Glockenspiel, und die Tür im Hintergrund wurde eigenhändig von einem Mann geöffnet, der in das schräg einfallende Sonnenlicht der nahen Weihnacht getaucht war und ein strahlend weißes Gewand und ein strahlend weißes *Soli Deo* (»Pileolus«) trug. Ich stand auf, rührte mich aber nicht von der Stelle. Daraufhin bedeutete er mir amüsiert lächelnd mit einer sehr beiläufigen Handbewegung, wie man Fliegen verscheucht, ich solle näher treten, und erwartete mich am Ende der Galerie, ohne die Türklinke loszulassen. Es war Johannes Paul II.«

In der jüngsten Zeit zeigte man sich im Vatikan entschlossen, Änderungen in der Praxis der Privataudienzen, die keinen offiziellen Charakter haben, durchzusetzen. »Benedikt hat einen großen Teil der zeitraubenden Privataudienzen demokratisiert, indem er sie auf den Petersplatz verlegte: Wer bevorzugt wird, soll es vor aller Augen sein, wer nicht bevorzugt ist, soll sich in der Gemeinschaft aller aufgehoben fühlen«, stellte Georg Paul Hefty in der »Frankfurter Allgemeinen Zeitung« fest. Papst Franziskus zelebriert seit seinem Amtsantritt täglich die heilige Messe im vatikanischen Gästehospiz, bei der auch immer verschiedene Gruppen zugelassen sind. Der Gottesdienst wird dann von so manchem zum Erhaschen einer kleinen »Privataudienz« genutzt. Gegen Ende seines ersten Pontifikatsjahres sah sich der Papst zu einem Kommentar veranlasst: »Liturgie ist das Eintreten in das Geheimnis Gottes, und dass man sich hintragen lässt zum Geheimnis. Ich bin mir zum Beispiel sicher, dass ihr alle hierher kommt, um in das Geheimnis einzutreten, aber vielleicht sagt der ein oder andere auch: ›Also, ich muss unbedingt zur Messe nach Santa Marta, denn das gehört zur Sehenswürdigkeiten-Tour von Rom, dass man den Papst morgens in Santa Marta besucht.‹ Das ist ein bisschen touristisch, oder?«

Die Generalaudienzen

Sie gehört zum »Muss« einer Romfahrt – die Generalaudienz des Papstes. Kaum ein Pilger oder Tourist versäumt es, bei einem Aufenthalt in der Ewigen Stadt, an der allwöchentlichen Veranstaltung auf dem Petersplatz oder in der großen Audienzhalle des Vatikans teilzunehmen. Fast jeden Mittwoch um 10.30 Uhr hält der Papst nicht, wie vermutet, »Hof«, sondern begegnet in einer fast religiös zu nennenden Zeremonie den Menschen, die zu ihm nach Rom gekommen sind. Die Audienzen, die in ihrer jetzigen Ausprägung auf das Pontifikat Pius' XI. zurückgehen, nutzen die Päpste heute zu einer kleinen, aber eindringlichen Katechese. Gruppen, die sich zuvor bei der Präfektur des »Päpstlichen Hauses« angemeldet haben, werden dem Papst von den Monsignori des Staatssekretariates namentlich vorgestellt; mit lautem Händeklatschen versuchen dann die Pfarrgemeinden, Schulklassen und Vereine, den Blick des Pontifex auf sich zu lenken. Oft folgt ein kurzes Grußwort des Papstes in der jeweiligen Landessprache der Besucher. Gebete und der päpstliche Segen beschließen die Generalaudienz. Die Einlasskarten für die Audienzhalle oder den Zugang zum Petersplatz sind kostenlos. Die Präfektur wird nicht müde, dies immer wieder zu betonen, denn clevere, mit krimineller Energie ausgestattete Vermittler der *Biglietti* haben mit deren verbotenem Verkauf ein lukratives Geschäft entdeckt.

Die noch relativ jungen Generalaudienzen halten auch eine alte Tradition am Leben. Seit gut zwei Jahrhunderten pflegen die Päpste von den Gläubigen bei Audienzen ein neues Scheitelkäppchen, den weißen Pileolus, entgegenzunehmen und ihnen im Austausch dafür das alte zu überlassen. Im 19. Jahrhundert war vor allem Pius IX. dafür bekannt, dass er diesem Wunsch der Gläubigen nach einer päpstlichen »Reliquie« gern und oft entsprach. Der protestantische Geschichtsschreiber Ferdinand Gregorovius amüsierte sich darüber, wie sehr die Leute darum wetteiferten, »ein Stück Papst« mit nach Hause zu nehmen. Im 20. Jahrhundert nahm der Brauch vor allem während der Pontifikate von Pius XII. und Johannes XXIII. überhand. Dann kam er ein wenig zum Erliegen, bis er unter Johannes Paul II. und Benedikt XVI. erneut, aber verhalten aufkam. Seit Papst Franziskus zu den Generalaudienzen lange Fahrten durch die Reihen der Gäubigen unternimmt und das Papamobil oft anhalten lässt, ist der Tausch des päpstlichen Pileolus wieder öfter zu beobachten. Die Schneider und liturgischen Bekleidungsgeschäfte im Borgo und rund um das Pantheon freuen sich über diese besondere Kommunikation zwischen den Gläubigen und dem Papst, die ihnen zusätzliche Einnahmen verschafft.

Die wöchentlichen Generalaudienzen können für den Pontifex aber auch zur »Bedrohung« werden. Der Vatikankorrespondent des italienischen Nachrichtenmagazins »Panorama« berichtete über die Generalaudienz vom 10. November 1978: »Zwölftausend in der Audienzhalle versammelte Nonnen sind buchstäblich in Raserei verfallen. Trotz der Absperrungen haben Hunderte von Händen nach seinem Rock gegriffen. Während Johannes Paul II. sich niederbeugte, um eine alte Nonne in einem Rollstuhl auf den Kopf zu küssen, wurde er gleichzeitig von sechs, sieben Nonnen umarmt, die wie von Sinnen schrien: ›Heiligkeit, Heiligkeit!‹ Es klang genau so, als wenn sie geschrien hätten: ›Amore mio!‹ Das Ergebnis war, dass die alte Klosterschwester fast erstickt wäre. Eine Nonne aus Kalabrien hatte mehr Glück als ihre Mitschwestern. Der Vorwitzigen gelang es tatsächlich, ihr Gesicht dem des Papstes zu nähern und ihn leicht hinter das Ohr zu beißen; danach fiel sie sofort in Ohnmacht.« Acht Monate später kam es durch eine Ordensschwester zu einem weitaus gefährlicheren Zwischenfall. Durch das Verschulden einer Nonne war der

Papst in Gefahr geraten, von dem weißen Jeep zu fallen, mit dem er um den Petersplatz fuhr, um die Gläubigen zu begrüßen. Die Ordensfrau hatte die Hand des Papstes ergriffen, obschon das Auto langsam weiterfuhr, und sie erst losgelassen, als sie merkte, dass der Papst nahe daran war, das Gleichgewicht zu verlieren. Nachdem die Gefahr überstanden war, gab der Papst der Nonne durch eine Geste seinen Tadel zu verstehen.

Tragisch verlief die Generalaudienz vom 13. Mai 1981. Als Papst Johannes Paul II. mit seinem Campagnola-Jeep, einem offenen Geländewagen, durch die Reihen der Gläubigen fuhr, eröffnte der türkische Staatsbürger Mehmet Ali Acga mit einer Pistole das Feuer auf ihn und verletzte ihn lebensgefährlich. Die Teilnehmer an der Audienz gerieten in Panik. In der Chronik der Päpstlichen Schweizergarde heißt es zu dem dramatischen Ereignis: »Der Gardekommandant befand sich mit Hauptmann Estermann zum Zeitpunkt des Attentates hinter der Campagnola. Voraus ging Feldwebel Prinz. Als die Schüsse fielen, drang Hauptmann Estermann zusammen mit Wachtmeister Hasler auf den Wagen. Beide kümmerten sich vorbildlich um den Heiligen Vater. Der sich in der Nähe befindliche Wachtmeister Roggen machte sich an die Verfolgung des Täters.«

Wachtmeister Roggen fügte in einer Notiz an: »Zu diesem Zeitpunkt war ich mit Wachtmeister Peter Hasler unter dem Zugang der Kolonnaden beim *Portone di Bronzo* (»Bronzetor«) auf dem Petersplatz … Als Johannes Paul II. noch etwa zwanzig Meter von uns entfernt war, zerrissen zwei Pistolenschüsse die Luft. Ich dachte sofort an einen Anschlag. Wachtmeister Hasler und ich rannten instinktiv gegen den Jeep, wo der Heilige Vater bereits vornüber einsackte. Peter sprang auf die Schranke und von dort direkt auf das Fahrzeug. Ich selber konzentrierte mich auf den Attentäter, der aus kurzer Entfernung aus der Menschenmenge heraus geschossen hatte. In Uniform und Schwert hatte ich einige Mühe, über die Abschrankung zu kommen. Aufgeregte Leute halfen mir dabei. Ich sah den Attentäter flüchten, rannte ihm mit einigen anderen nach. Auf der Höhe des Postwagens wurde der junge Mann von Zivilisten gestellt …« Der Papst überlebte das Attentat. Knapp fünf Monate später kehrte er auf den Petersplatz zurück, demonstrativ den weißen Campagnola benutzend.

»Es ist angebracht, größte Sorgfalt walten zu lassen, alle Anstrengungen der Wachen auf ein Höchstmaß zu bringen, da Seine Heiligkeit auf die Menschen zugeht.« Die Anweisungen lesen sich, als seien sie aktuell geschrieben worden. Doch sie stehen auf leicht vergilbten Blättern und stammen vom Juli 1857. Es ist ein *Ordine del Giorno* (»Tagesbefehl«) des Kommandanten der Päpstlichen Nobelgarde an die damaligen Leibwächter des Heiligen Vaters. Papst Franziskus nutzt die Fahrt zu und von der Generalaudienz häufig zur persönlichen Begegnung mit den Gläubigen. Er lässt den Wagen anhalten, um Kranken und Behinderten Trost zu spenden oder um Babys und Kleinkinder zu segnen. Man könnte meinen, die unprotokollarische Spontaneität des Papstes würde den Gardisten und Gendarmen, die das Papamobil begleiten, die Schweißperlen auf die Stirn treiben. Doch sie verlieren bei ihrer Arbeit weder die notwendige Gelassenheit noch ihren Humor. »Manchmal schließen wir eine kleine Wette darüber ab, ob wir oder die Schweizergarde dem Heiligen Vater die meisten Kinder reichen werden«, verrät lächelnd einer der Gendarmen.

IX. DIE MEDIEN DES VATIKANS

In den großen Lexika und den Enzyklopädien von Internetdiensten findet sich unter dem Begriff »Post« oft der Hinweis, dass sich dieses Wort vom mittellateinischen *posita* ableite. Gemeint sei damit ein »festgelegter Standort«, an dem Pferde oder Boten eines Kurierdienstes gewechselt wurden. Der Rechtsgelehrte Jacques de Cujas (1522–1590) oder Cujacius, wie er sich selbst nannte, ein wichtiger Vertreter der Schule, die sich der humanistisch-philologischen Auslegung der Quellen verpflichtet fühlte, gab eine andere Deutung. Er leitete das Wort *Posta* von den *Litterae* beziehungsweise *Epistolae apostolicae* (»apostolischen Briefen«) des Papstes ab. Eine solche Interpretation ist zwar nicht zwingend gegeben und mag zu einem Schmunzeln verführen, aber sie spricht einen interessanten Aspekt an.

Kuriere und ihre »postalischen« Dienste

Die Päpste bedienten sich verschiedener Möglichkeiten für die Übermittlung ihrer vielfältigen Korrespondenz. Je nach Bedeutung wurde sie durch Boten, Sonderkuriere oder Gesandtschaften übermittelt. Um die Jahrtausendwende taucht dann das Amt des *Cursor Apostolicus* (»apostolischen Boten«) als ständige Einrichtung am »Päpstlichen Hof« auf. Den apostolischen Boten war die Überbringung der Bullen und Schreiben des Pontifex Maximus anvertraut. Sie hatten sogar Bescheinigungen über die richtige Ablieferung der Schriftstücke an ihren Auftraggeber zurückzubringen. Von diesen »Quittungen« befinden sich noch heute sehr viele im Bestand des Vatikanischen Geheimarchivs. Bei der Überbringung von Exkommunikationsbullen liefen sie nicht selten Gefahr für ihr eigenes Leben. Und manch einer von ihnen fiel den übrigen Beschwernissen, die sich einst bei Reisen in entlegene oder unsichere Gegenden ergaben, zum Opfer.

Die apostolischen Boten versahen ihre Dienste unter der Leitung des *Praefectus cursus publici*. Seit dem 16. Jahrhundert bürgerte sich für den Vorsteher des päpstlichen Kurierwesens die Bezeichnung »Generalpostmeister Seiner Heiligkeit, des Papstes« ein. Diese Verpflichtung befand sich über einen langen Zeitraum hinweg in den Händen der römischen Fürstenfamilie Massimo und war dem Adelsgeschlecht als erblich anvertraut worden. Als Papst Paul VI. im Jahre 1968 den »Päpstlichen Hof« einer Reform unterwarf, wurde auch das Amt des Generalpostmeisters aufgehoben. Der letzte Träger dieser Würde merkte damals – wohl in Anspielung auf Cujacius – an, nun werde seine Familie eines »apostolischen Dienstes« verlustig.

Ein Amtsblatt und das »Who is Who« der katholischen Kirche

In den ersten Jahrhunderten der Kirchengeschichte gab es keine Vorschriften über die Promulgation päpstlicher Gesetze und Anordnungen. Seit dem 4. Jahrhundert wurde es Brauch, die entsprechenden Texte an die Bischöfe und Metropoliten zu senden. Später begann man, in Klöstern und an Universitäten Dekrete des Apostolischen Stuhles in Sammlungen aufzubewahren. Ende des dreizehnten Jahrhunderts wurden Verfügungen des

Papstes in Rom oder an dem jeweiligen Residenzort des Pontifex angeschlagen. Diese Form der Veröffentlichung wurde später für alle päpstlichen Verlautbarungen üblich – sie geschah an den Eingängen von Sankt Peter und der Lateranbasilika, am Palast der Apostolischen Kanzlei und auf dem *Campo di Fiori* im Herzen der Ewigen Stadt.

Papst Pius X. bestimmte im Jahre 1908, dass die Promulgation päpstlicher Verlautbarungen durch die Veröffentlichung der Texte in einer amtlichen Zeitung zu erfolgen habe, der *Acta Apostolicae Sedis*. Von 1865 bis 1908 hatte es in Rom bereits eine Zeitschrift mit ähnlich klingendem Namen gegeben, die *Acta Sanctae Sedis*, die den Wortlaut päpstlicher Dokumente wiedergab – sie war mit einer Verordnung vom 23. Mai 1904 als amtlich bezeichnet worden. Heute sind sämtliche Bände der *Acta Sanctae Sedis* und der *Acta Apostolicae Sedis* auf der offiziellen Internetseite des Vatikans als PDF-Dateien online abrufbar.

Ja, es könne durchaus sein, dass dieses Nachschlagewerk in den Büros der Römischen Kurie öfter vorhanden sei und mehr konsultiert werde als die Heilige Schrift, gesteht ein hoher Vatikanbeamter. Die Rede ist vom *Annuario Pontificio* (»Päpstlichen Jahrbuch«). Das in rotes Leinen gebundene Opus – nur der Heilige Vater besitzt ein weißes Exemplar – weist gut zweieinhalbtausend Seiten auf und wiegt mehr als ein Kilogramm. Für seine Herausgabe und Redaktion zeichnet das Päpstliche Staatssekretariat verantwortlich. Das für den Dienst an der Weltkirche unverzichtbare Nachschlagewerk ist auf fast jedem Schreibtisch im Vatikan zu finden. Der *Annuario Pontificio* findet aber nicht nur in den Behörden des Vatikans Verwendung; er wird auch von und in den Ortskirchen genutzt. Er erschien erstmals 1716 und enthält genaue Angaben über die kirchliche Hierarchie (Papst, Kardinäle und alle kirchlichen Verwaltungsbezirke samt deren oberhirtlichen Leitern), die Römische Kurie, die Verwaltung des Vatikanstaates, die Einrichtungen, die dem Heiligen Stuhl unterstehen oder mit ihm verbunden sind. Ebenso werden in ihm alle religiösen Gemeinschaften päpstlichen Rechts aufgeführt. Zudem benennt das »Päpstliche Jahrbuch« die diplomatischen Vertretungen und Vertreter des Heiligen Vaters in aller Welt und legt ein Verzeichnis der beim Heiligen Stuhl akkreditierten Botschafter auswärtiger Mächte vor. Darüber hinaus scheinen in ihm alle Personen – Laien wie Kleriker – auf, die einen päpstlichen Ehrentitel erhalten haben.

Das Jahrbuch des Papstes ist kein Geheimdokument. Es ist frei verkäuflich und steht jedem, der sich über die katholische Kirche informieren möchte, zur Verfügung. Wer es zu nutzen weiß, erhält eine Fülle von Informationen, die, richtig zusammengestellt und interpretiert, einen Einblick in das Innere des Vatikans gewähren, um den einen jeder professionelle Nachrichtendienst der Welt beneiden würde.

Die »Sala Stampa« – der Pressesaal des Heiligen Stuhles

Am 20. Februar 1939 wurde das »Informationsbüro« des »L'Osservatore Romano« geschaffen mit der Aufgabe, den beim Heiligen Stuhl akkreditierten Journalisten Nachrichten zukommen zu lassen. An seine Stelle trat im Jahre 1966 der »Pressesaal des Heiligen Stuhles«, der ursprünglich als Informationsorgan des II. Vatikanischen Konzils gegründet worden war. 1986 wurden neue Richtlinien erlassen. In dem von Papst Johannes Paul II. approbierten Dokument wird der Pressesaal als eine Einrichtung des Heiligen Stuhles bezeichnet, mit der Verpflichtung, Nachrichten über die Tätigkeiten des Papstes und die Aktivitäten des Apostolischen Stuhles zu verbreiten.

Die Räumlichkeiten dieses vatikanischen Informationsbüros befinden sich im »Palast der Kongregationen« in der Via della Conciliazione, 54. Zugang haben hier alle akkreditierten Journalisten. Der für die Pressekonferenzen vorhandene Saal verfügt über die modernsten technischen Einrichtungen (Anlage für Simultanübersetzungen, Möglichkeiten von Filmvorführungen und Ähnlichem). Für ihre Arbeit stehen den Journalisten Telefon- und Internetanschlüsse zur Verfügung; Bibliothek und Archiv des Pressesaals dürfen sie ohne Einschränkungen nutzen. Interessierte in aller Welt, die über einen Internetanschluss verfügen, erhalten von der Homepage des Vatikans aus Zugriff auf den Pressedienst und können die dort täglich in italienischer Sprache erscheinenden Bulletins nachlesen.

Nach dem Rücktritt Papst Benedikts XVI. im Februar 2013 hatte der Pressesaal des Heiligen Stuhles das mediale Großereignis einer Papstwahl zu meistern. Während der Sedisvakanz trafen sich die Kardinäle täglich zu den sogenannten *Congregationes generales* in einem Sitzungssaal der päpstlichen Audienzhalle. Nur wenige Schritte entfernt, im weiten Atrium der Aula, wurde, streng abgeschirmt von den Generalversammlungen der Purpurträger, ein »Media Center« eingerichtet. Da sich für die Berichterstattung zur Papstwahl über fünftausend Journalisten beim Heiligen Stuhl akkreditiert hatten, sollte es den Pressesaal in der Via della Conciliazione entlasten. Den Reportern standen Kabinen für Fernsehübertragungen und Arbeitsplätze für Audio-, Video-, Telefon- und Internetverbindungen zur Verfügung. Ihre Arbeit im Atrium der Audienzhalle verrichteten sie unter den wachsamen Augen der vatikanischen Gendarmen, die jedes »Ausscheren« der Jornalisten in verbotene Bereiche kategorisch unterbanden.

Der Vatikan »schwarz auf weiß«

Die großen Zeitungen der Welt zeigen ihre Bedeutung auch in der Größe ihrer Verlagshäuser, in imposanten Bauten mit weit sichtbarer Reklame. Wer jedoch den Sitz der Zeitung des Papstes aufsucht, wird enttäuscht. Die Verlags- und Redaktionsräume des »L'Osservatore Romano« liegen in einer kleinen, verwinkelten Straße der Vatikanstadt, der Via del Pellegrino, in einem bescheidenen Backsteinbau, den nur ein päpstliches Wappen und ein Marmorschild schmücken.

»Sie ist eine ernsthafte, gewichtige Zeitung, die man nie in der Straßenbahn oder im Café lesen würde«, charakterisierte Kardinal Giovanni Battista Montini den »L'Osservatore Romano« aus Anlass seines hundertjährigen Bestehens im Jahre 1961. Der damalige Erzbischof von Mailand und spätere Papst Paul VI. wusste, dass die Zeitung des Vatikans einen ganz besonderen Leserkreis ansprach – und dies nicht nur innerhalb der katholischen Kirche. Der »L'Osservatore Romano« war und ist eine Lektüre, die überall auf der Welt in den Schaltzentralen der Macht aufmerksam studiert wird. Denn er vermittelt schwarz auf weiß die Sicht und Haltung des Heiligen Stuhles zu aktuellen Ereignissen. Jede Stellungnahme, jeden Kommentar, der in ihm abgedruckt wird, unterziehen die Analytiker im Washingtoner *State Department*, im Élysée-Palast an der Seine und in den Büros des Kremls einer peniblen Durchsicht. Aber auch die gesamte Medienlandschaft verfolgt mit Argusaugen die Beiträge des Vatikanblattes, und zwar quer durch alle Sparten. Nimmt der »L'Osservatore Romano« zur Premiere des neuesten Blockbusters aus Hollywood Stellung, finden sich zumeist noch am gleichen Tag Hinweise darauf in den Meldungen der internationalen Presseagenturen.

1861, nur wenige Monate nach der Ausrufung des Königreiches Italien, hatten engagierte Bürger des Kirchenstaates den »Römischen Beobachter« gegründet, um dem Papst eine Stimme in den Bedrängnissen der Zeit zu geben und die Anliegen des Glaubens der Welt zu vermitteln. Aus der privaten Initiative wurde schon bald eine Publikation, die in den Besitz des Heiligen Stuhles überging. Wie jede Zeitung, die sich ihrem Herausgeber zur Loyalität verpflichtet fühlt, neigte auch der »L'Osservatore Romano« manchmal zu Anflügen einer Hofberichterstattung, so beim Tode des heiligen Pius X. im Jahre 1914. Als der Pontifex bereits im Sterben lag, vermeldete die Zeitung ihren Lesern »eine leichte Erkältung Seiner Heiligkeit«. Die Druckerschwärze war noch nicht trocken, da verkündeten die Glocken der Ewigen Stadt den Heimgang des Papstes. Der Schreibstil zeichnete sich für lange Zeit, bis in die zweite Hälfte des vergangenen Jahrhunderts hinein, durch eine blumige Ausdrucksweise aus. Schon Pius XII. (1939–1958) hatte sich bei bestimmten Formulierungen – »Heute durften wir von den Lippen Seiner Heiligkeit diese Worte pflücken« – sichtlich unwohl gefühlt, aber erst seinen Nachfolgern gelang es, solche Passagen streichen zu lassen.

Eines jedoch bewies der »L'Osservatore Romano« immer: Mut. Sowohl in den Zeiten eines aggressiven Antiklerikalismus nach dem Untergang des alten Kirchenstaates im Jahre 1870 als auch unter der Herrschaft der Faschisten über die apenninische Halbinsel wurde er in Italien wiederholt beschlagnahmt. Auf originelle, aber auch unmissverständliche Weise äußerte er sich zum Besuch Adolf Hitlers in Rom. Als der »Führer« in der Stadt am Tiber eintraf, hatte sich Pius XI. zu seiner Sommerresidenz in die Albaner Berge begeben. Die Zeitung des Papstes brachte die kurze Meldung, der Heilige Vater sei in Castel Gandolfo eingetroffen, »da ihm die dortige Luft besser bekäme als in der Ewigen Stadt«. In den Dreißiger- und Vierzigerjahren des vergangenen Jahrhunderts blieb das Blatt seinen großen Idealen treu. Zur Rolle des »L'Osservatore Romano« im Zweiten Weltkrieg hob Kardinal Montini 1961 hervor: »Es war gleichsam so, als würden in einem Saal alle Lichter erlöschen und ein einziges bleibt erleuchtet: Alle Blicke richten sich auf das noch brennende Licht; und zum Glück war es das vatikanische Licht, die ruhige Flamme, die vom apostolischen Licht Petri genährt wird. Der ›L'Osservatore‹ erschien damals als das, was er im Wesentlichen seit jeher gewesen ist: ein Orientierungslicht.« Für Johannes XXIII. (1958–1963) war seine Zeitung nicht nur »ein Zeuge, sondern auch ein Baumeister der Geschichte«.

Heute hat das Blatt ein frisches Gesicht bekommen und auch den Weg in die neuen Medien, das Internet, gefunden. Auf besonderen Wunsch von Benedikt XVI. und des jetzigen Papstes widmet sich der »L'Osservatore Romano« verstärkt der Rolle der Frauen in und für die Kirche. In der Zeitung selber ist das weibliche Geschlecht schon länger präsent, sogar in Führungspositionen. Der deutschsprachigen Wochenausgabe steht seit 2008 die Tirolerin Astrid Haas als Chefredakteurin vor. Für Astrid Haas hat der »L'Osservatore Romano« aber vor allem »eine Brücke zwischen den Ortskirchen und dem Vatikan zu bauen« – mit seiner italienischen Tagesausgabe und den Wochen- und Monatsausgaben auf Französisch, Englisch, Spanisch, Portugiesisch, Deutsch, Polnisch und Malayam (einer Sprache, die von dreiunddreißig Millionen Menschen in Indien gesprochen wird).

»Attendite, Beatissimus Pater statim loquetur vobis«

Der 12. Februar 1931 war ein kalter, aber klarer Wintertag in der Ewigen Stadt. In den Vatikanischen Gärten, vor dem ehemaligen Landhäuschen Leos XIII., wehten gelbweiße Fahnen; Hellebardenträger der Schweizergarde hatten am Eingang des Gebäudes Aufstellung genommen. Auf dem Vorplatz war eine beachtliche Reporterschar auszumachen; man sah Vertreter der katholischen Presse und Korrespondenten ausländischer Nachrichtenagenturen. Aus den Vereinigten Staaten von Amerika war sogar ein Filmteam der *Paramount News* angereist. Das Warten der Medienleute hatte ein Ende, als um 16.20 Uhr Fanfarenstöße die Ankunft eines schwarzen Automobils ankündigten. Dem Wagen entstieg Pius XI. Der Pontifex beabsichtigte, seine eigene Rundfunkstation einzuweihen: Radio Vatikan.

Das erste Signal, das über den Sender ging, war ein Morsecode. Ein Techniker gab in die Apparatur die lateinischen Worte ein: *In nomine Domini. Amen.* Guglielmo Marconi, Nobelpreisträger, Rundfunkpionier und Erbauer des Vatikansenders, trat an das Mikrofon und kündigte eine Ansprache des Papstes an. Wenig später hörte man in aller Welt die Stimme Pius' XI. Die erste Radiobotschaft eines Nachfolgers Petri war überall gut zu vernehmen. In vielen katholischen Universitäten, Ordenshäusern und Pfarrsälen standen zu diesem Zweck eigens angeschaffte Radios, sogar in Gotteshäusern hatte man provisorisch Empfangsgeräte aufgestellt – in der Kathedrale von Westminster (London) lauschten mehr als dreitausend Gläubige den Worten des Heiligen Vaters.

Der Papst war nach der 1929 erfolgten Gründung des Vatikanstaates von der Unabdingbarkeit eines eigenen Rundfunksenders überzeugt. Pius XI. gelang es, Guglielmo Marconi für den Bau einer päpstlichen Radiostation zu gewinnen. Er ließ es nicht bei einem rein theoretischen Interesse an seinem Sender bewenden. Oft begab sich der Papst, nur von seinen engsten Vertrauten begleitet, in die Vatikanischen Gärten, um die Fortschritte in der Entwicklung und dem Bau der Sendeanlagen zu verfolgen. Eine Zeitschrift berichtete von einer dieser spontanen »Visiten« des Papstes: »Bei den Besuchen folgte der Heilige Vater mit wachsendem Interesse und lebhafter Bewunderung den Ausführungen Marconis und seines Assistenten über die Eigenschaften der neuen Wellen, die sie mithilfe parabolischer Reflektoren vorführten. Der Heilige Vater überprüfte selbst die Kraftverteilung im Emissionsfeld, indem er mit dem Kopfhörer die Modulation des Tons der Wellen abhörte und die Bildung der Wellenknoten vor einem Empfangsspiegel sowie die Funktion eines Metallfadens als Resonator und seinen Absorptionseffekt verfolgte.«

Der Papst hatte von Anfang an erkannt, dass ihm Radio Vatikan die Möglichkeit erschloss, sich mit eigener

Stimme an mehr katholische Gläubige als je zuvor zu wenden. Die Ansprachen des Heiligen Vaters wurden den Hörern in der damaligen Zeit noch lateinisch angekündigt: *Attendite, Beatissimus Pater statim loquetur vobis* (»Achtung! Der Heilige Vater wird sogleich zu euch sprechen«). Der Einsatz von Radio Vatikan eröffnete vielen Menschen einen neuen Zugang zum Herzen der katholischen Kirche. Erstmals konnten die Gläubigen überall auf der Erde herausragenden päpstlichen Feiern beiwohnen. Öffnung und Schließung der Heiligen Pforte im Außerordentlichen Heiligen Jahr 1933/34 wurden über den vatikanischen Sender weltweit ausgestrahlt. Sogar der Apostolische Segen *Urbi et Orbi*, den der Papst Weihnachten und Ostern zu erteilen pflegt, war nun im Äther zu vernehmen. Aber auch Kultur und Forschung widmete sich Radio Vatikan. Schon wenige Wochen nach der Einweihung des Senders strahlte der vatikanische Rundfunk mit seinem *Scientiarum nuntius radiophonicus* (»Wissenschaftlichem Rundfunkboten«) die erste gesprochene, der Wissenschaft gewidmete Sendung aus, deren Mitteilungen lateinisch abgefasst waren.

Doch der praktisch denkende Papst nutzte den neuen Sender auch für andere Zwecke. So diente er der Kommunikation zwischen der Vatikanstadt und den exterritorialen Besitzungen in Castel Gandolfo und als Verbindungsdienst mit den diplomatischen Vertretern des Papstes in aller Welt. Alle Apostolischen Nuntiaturen und Delegationen wurden mit einem leicht zu handhabenden Empfangsapparat ausgestattet. Gleichzeitig wurde für jede dieser kleinen Empfangsstationen ein bestimmtes Hörschema festgesetzt; das heißt, jede päpstliche Vertretung im Ausland erhielt eine festgesetzte Zeit zugeteilt, in der man ihr für sie bestimmte verschlüsselte und unverschlüsselte Nachrichten mitteilte. Dass die Codes des Päpstlichen Staatssekretariates dann doch »geknackt« wurden, lag nicht an möglichen Mängeln in der damals modernsten Technik, sondern am Faktor »Mensch«. Italien war es gelungen, Agenten der OVRA, der politischen Polizei Mussolinis, bei Radio Vatikan einzuschleusen.

Schon acht Jahre nach der Gründung von Radio Vatikan musste sich Papst Pius XII. über das Mikrofon an die Mächtigen der Welt wenden, um sie zur Bewahrung des Friedens aufzurufen. Am 24. August 1939 waren deutliche Worte zu hören: »Nichts ist mit dem Frieden verloren. Alles kann verloren sein mit dem Krieg … Mögen uns die Starken hören, damit sie nicht schwach werden in der Gerechtigkeit. Mögen uns die Mächtigen hören, wenn sie wollen, dass ihre Macht nicht Zerstörung sei, sondern Stütze für die Völker und Schutz in der Ordnung und in der Arbeit.« Eine besondere Rolle kam der päpstlichen Rundfunkstation während des Zweiten Weltkrieges zu. Reichspropagandaminister Josef Goebbels hatte schon früh die Gefahr geahnt, die von dem unabhängigen Sender ausging; er hielt ihn wegen seiner seriösen Berichterstattung für weitaus bedrohlicher als die Londoner BBC. Das Auswärtige Amt, Reichspropagandaministerium und die Gestapo verfolgten aufmerksam die Sendungen von Radio Vatikan; penibel notierten sie jedes Wort, das über den Sender ging. Im Januar 1940 wurde auf Anordnung des Papstes das *Ufficio Informazioni* (»Nachrichtenbüro«) geschaffen, einer der effektivsten Hilfs- und Suchdienste für Kriegsgefangene, Internierte, Flüchtlinge, Heimatlose und Ausgebombte. In den Jahren von 1940 bis 1946 wurden 1 240 728 Suchaufrufe in 12 105 Übertragungsstunden ausgestrahlt.

Nach dem Ende des Krieges informierte Radio Vatikan die Menschen in den kommunistischen Staaten Osteuropas und Asiens über die Kirche und die freie Welt. Im Oktober des Jahres 1962 stand dann die Welt am Rande eines neuen Weltkrieges. Der Bau sowjetischer Raketenbasen auf Kuba hatte einen Konflikt zwischen der Sowjetunion und den USA heraufbeschworen, eine Situation, die auf eine Eskalation hinsteuerte. Am 25. Oktober 1962 wandte sich Johannes XXIII. über Radio Vatikan mit bewegter Stimme an die Streitparteien. In französischer Sprache bat der Papst: »Es ziehen drohende Wolken auf, die den internationalen Horizont verdunkeln und in Millionen und Abermillionen Familien Angst säen ... Wir flehen die Staatsoberhäupter an, nicht unempfindlich zu bleiben gegenüber diesem Aufschrei der Menschheit. Sie sollen alles in ihrer Macht Stehende tun, um den Frieden zu retten. Sie sollen weiter verhandeln. Darauf nämlich ruht der Segen des Himmels und der Erde.« Zur allgemeinen Verblüffung veröffentlichte die »Prawda« am 26. Oktober den Friedensaufruf des Papstes; Nikita Chruschtschow erklärte später, die Worte Johannes' XXIII. hätten ihn und viele Russen beeindruckt.

Um den immer größer werdenden Bedürfnissen und den technischen Anforderungen der Zeit zu entsprechen, hatte Pius XII. 1957 eine neue Sendezentrale in Santa Maria di Galeria bauen lassen. Sie liegt vor den Toren Roms und befindet sich auf exterritorialem Gebiet des Heiligen Stuhles. Seit Jahren gibt es einen Konflikt um die Anlage. Italienische »Umweltaktivisten« erwirkten bei Gericht Prozesse zu angeblich gesundheitsbelastenden Strahlungen. Die Direktion von Radio Vatikan hat ihren Sitz in der Vatikanstadt. Die Redaktionen und

Aufnahmestudios befinden sich im »Palazzo Pio« an der Via della Conciliazione gegenüber der Engelsburg. Seine Programme bietet der päpstliche Rundfunksender in über vierzig Sprachen weltweit an. Die deutschsprachige Abteilung von Radio Vatikan sendet jeden Abend ein Magazin, das am folgenden Tag mehrmals wiederholt wird. Außerdem wird am Nachmittag eine Nachrichtensendung ausgestrahlt. Im Juni 2012 gab der Vatikan bekannt, dass die Sendungen auf Mittel- und Kurzwelle für Europa und Amerika eingestellt werden – vermutlich hauptsächlich bedingt durch den Streit um Santa Maria di Galeria. Diese Regionen werden seitdem über das Internet, Satellit und eine Reihe von Partnerstationen versorgt, die die Sendungen von Radio Vatikan übernehmen. Der Dienst auf Kurzwelle für die ärmeren Teile der Welt, die nur auf diesem Wege erreicht werden können, blieb weiterhin bestehen.

Der Fernsehsender des Papstes

Im Oktober 1983 wurde der »Centro Televisivo Vaticano« (CTV) aus der Taufe gehoben. Es war der ausdrückliche Wunsch Johannes Pauls II. gewesen, dass auch der Papst über eine eigene Fernsehanstalt verfügen sollte. Der Einstieg in das Abenteuer »Fernsehen« war für alle Beteiligten nicht einfach. Ein Blick in das Archiv des CTV zeigt, mit welch bescheidenem Equipment man sich in den Anfangszeiten begnügen musste. »Die ersten Aufnahmen von Feiern und Zeremonien im Vatikan reichten nicht an den üblichen Standard heran«, gesteht ein ehemaliger Mitarbeiter heute freimütig ein, »damals betraten wir mit der neu gegründeten Fernsehanstalt absolutes Neuland«.

Heute präsentiert sich der CTV als hochmodernes vatikanisches Dienstleistungszentrum, das Direktübertragungen, tägliche Berichterstattung aus dem Kirchenstaat, Produktionen und die Nutzung eines Archivs anbietet. Er zeichnet alle öffentlichen Auftritte des Papstes im Vatikan (Gottesdienste, die Angelus-Gebete, Generalaudienzen, andere Veranstaltungen oder Feiern) vollständig auf. Dazu kommen Übertragungen bei den Reisen des Heiligen Vaters innerhalb Italiens und in alle Welt. Die Direktübertragungen werden von anderen katholischen Fernsehsendern ausgestrahlt. Auf Anfrage der verschiedenen Fernsehstationen in der Welt kann der CTV via Satellit das Signal in alle Kontinente weitergeben. Er bietet auswärtigen Medien Unterstützung und Hilfe für ihre Arbeit im Vatikan an, er stellt Aufnahmecrews, Video- und Audiounterstützung zur Verfügung und hilft bei der Satellitenausstrahlung. Seit Ostern 1998 gibt das päpstliche Fernsehen das Wochenmagazin »Octava Dies« (Dauer: 25 Minuten) heraus, das von den italienischen katholischen Sendern und in die ganze Welt übertragen wird; auf Italienisch und Englisch ist es auch auf der Homepage des Vatikans zu finden. In den letzten zehn Jahren produzierte der CTV in Eigenverantwortung mehrsprachige Dokumentationen über die Pontifikate Johannes Pauls II. und Benedikts XVI., den Vatikan und die päpstlichen Basiliken in Rom. Einzelpersonen und Pilgergruppen können schon kurz nach den wöchentlichen Generalaudienzen DVDs der Begegnung mit dem Papst erwerben.

Monsignore Dario Edoardo Viganò, der Direktor des »Centro Televisivo Vaticano«, hat für die Zukunft eine Reihe von Neuerungen angekündigt, so den Einstieg in diverse neuere Technologien (Ultra HD – 3D – 4K –

IPT), die vollständige Digitalisierung des Archivs und eine modernisierte und erweiterte Internetpräsenz. »Das Pontifikat von Papst Franziskus hat weltweit ein großes Interesse der Medien geweckt, dem müssen wir gerecht werden«, so Monsignore Viganò.

Offen für neue Medien

»Das Internet kann allen größere Möglichkeiten der Begegnung und der Solidarität untereinander bieten«, bekräftigte Papst Franziskus im Januar 2014 in seiner Botschaft zum »Welttag der sozialen Kommunikationsmittel«. Für ihn ist dieses Medium unserer Zeit »ein Geschenk Gottes«, das es zu nutzen gilt. Doch der Papst weist auch die Grenzen auf: »Es genügt nicht, auf ›digitalen‹ Wegen zu gehen, einfach vernetzt zu sein. Die Verbindung durch das Netz muss begleitet sein von einer wirklichen Begegnung ... Kommunikation ist letztlich mehr eine menschliche als eine technologische Errungenschaft.«

Den neuen Technologien der Kommunikation hat sich der Heilige Stuhl nicht verschlossen. Er ist mit einer eigenen, sehr umfangreichen Homepage – *www.vatican.va* – präsent und hält für die Nutzer von Mobilfunkgeräten *Apps* (»kleine Computerprogramme«) bereit, die über Institutionen und Aktivitäten des Vatikans informieren. Während des letzten Konklaves bot man eine *App* an, die in Echtzeit den Schornstein der Sixtinischen Kapelle zeigte. Auch ein anderes Medium hat im Vatikan Förderer gefunden: Twitter. *Twitter* (engl. »Gezwitscher«) dient der Verbreitung von telegrammartigen Kurznachrichten. Wer sich für diese notizartigen Mitteilungen interessiert, kann sie auf seinem Handy, iPod oder Tablet verfolgen und wird damit zum *Follower*. Bereits für Benedikt XVI. hatte der Vatikan einen *Twitter-Account* (»Benutzerkonto zum IT-System«) angelegt; Papst Franziskus erhielt seinen *Account* unmittelbar nach der Wahl. Beide Päpste konnten schon bald auf Millionen *Followers* verweisen.

Viele Institutionen des Heiligen Stuhles und des Vatikanstaates verfügen über eigene Internetseiten und sind in den großen sozialen Netzwerken anzutreffen. So auch die Päpstliche Schweizergarde. Besonderes Interesse findet ihr Auftritt auf *Facebook*. Seit 2012 ist die Schutztruppe des Heiligen Vaters dort online. Wöchentlich wird sie von bis zu 78 000 Nutzern angeklickt – zwar sind diese überwiegend männlich, dennoch überrascht das weibliche Geschlecht mit einem hohen Anteil von fast dreißig Prozent. Die Auswertung der Besucherzahlen hat gezeigt, dass die Nutzer zumeist im Alter zwischen achtzehn und vierunddreißig Jahren sind und größtenteils aus Italien, den USA, Südamerika und der Schweiz stammen. Aktuell ist *www.facebook.com/gsp1506* bei weit über zwanzigtausend *Likes* (»Gefällt mir«) angelangt. Da die Schweizergarde als Institution auf Facebook präsent ist, kann man mit ihr jedoch nicht »befreundet« sein. Die Besucherzahlen der Seite steigen stetig an, vor allem die Fotos und Videos erwecken Neugier. Der Kaplan der Garde hatte bei einer Reise mit Gardisten vor dem Matterhorn eine heilige Messe gefeiert. Das Foto des Gottesdienstes war dann von über fünfzigtausend Nutzern angeklickt worden.

X. DER WISSENSCHAFT VERPFLICHTET

Einer der bedeutendsten Päpste der Neuzeit, Leo XIII. (1878–1903), hatte sich auch als Verfasser von Gedichten einen Namen gemacht. In lateinischen Versen lobte er eine Errungenschaft seiner Tage: die »Ars photographica«. In deutscher Sprache lauten die Zeilen über die Kunst des Fotografierens:

»Vom Sonnenspiegel hingehaucht
erscheint ein glänzend' Bild.
Wie schön strahlt es die Stirn, das Augenlicht,
des Mundes Anmut hold zurück.
O wunderbare Geistesmacht!
Ein neu' Gebilde der Natur,
wie selbst Apollos Meisterhand
es schöner nicht hervorgebracht!«

Man mag über das Gedicht urteilen, wie man will, aber es verdeutlicht, dass die Päpste, der Vatikan, sich der Wissenschaft in all ihren verschiedenenen Ausprägungen nicht verschlossen, ja sogar Neues mit Altem zu schätzen und zu fördern wussten.

Archiv und Bibliothek der Päpste

Seit dem 4. Jahrhundert ist das »Scrinium Sanctae Romanae Ecclesiae« bezeugt, das dem Papst als Bibliothek und Archiv diente. Zwei Jahrhunderte später wird es dem *Primicerius notariorum* (»Vorsteher der Notare«), einem der höchsten Würdenträger des »Päpstlichen Hofes«, unterstellt. Seit Ende des 8. Jahrhunderts taucht dann schon das Amt eines »Bibliothekars der Heiligen Römischen Kirche« auf. Die geringe Haltbarkeit des Papyrus, des in der päpstlichen Kanzlei genutzten Schreibmaterials, die häufige Verlegung der Residenz des Papstes und die vielen politischen Wirren ließen fast alle Archivalien aus der Zeit vor Innozenz III. (1198–1216) verloren gehen. Neue Sammlungen der Päpste, von denen noch ein unter Bonifaz VIII. (1295–1303) erstelltes Inventar vorhanden ist, wanderten nach dem Tod des Caetani-Papstes an andere Orte: nach Perugia, Assisi und Avignon. In der stürmischen Zeit, die der Verlegung des Papstsitzes nach Frankreich voranging, waren Dokumente und Bücher in der *Camera Apostolica* (»Apostolischen Kammer«) im Lateran aufbewahrt worden. In Avignon begann Johannes XII. (1315–1334) mit dem Aufbau eines neuen Archivs und einer neuen Bibliothek, die aber nach der Rückkehr der Päpste in die Ewige Stadt in ihrer ehemaligen Residenz an der Rhône verblieb. Ein beträchtlicher Teil des Bestandes wurde dann während des Abendländischen Schismas verschleppt.

Die Kanzleien des Papstes und die Ämter der Kurie führen zunächst eigene Archive. Die wertvollsten Urkunden wurden seit dem 15. Jahrhundert zu ihrem Schutz in der Engelsburg aufbewahrt. Die Idee eines zentralen Archivs begann erst Papst Paul V. zu entwickeln. In den Jahren 1611 bis 1614 vereinigte er Bestände, die aus der Privatkanzlei des Pontifex, aus der Apostolischen Kammer und der Engelsburg stammten, zu einem neuen Archiv, dem späteren Vatikanischen Geheimarchiv. Urban VIII. ließ Register der Apostolischen Bullen und die bis dahin in Avignon verbliebenen Rechnungsbücher der Apostolischen Kammer in dieses Archiv bringen. Alexander VII. wies ihm die Korrespondenz des Päpstlichen Staatssekretariates zu. 1783 wurden alle Archivalien, die sich noch in Avignon befanden, in den Vatikan überführt. 1810 erlitt das Vatikanische Geheimarchiv die schwersten Verluste seiner Geschichte. Napoleon ließ das Archiv der Päpste nach Paris bringen, wo viele Urkunden für immer verschwanden. Nach 1815 kehrten die verbliebenen Bestände nach Rom zurück. Anfang September 1870, am Vorabend des Untergangs des alten Kirchenstaates, wurden in aller Eile Dokumente, Briefe und Register aus dem Palast des Quirinals in die Residenz des Papstes bei Sankt Peter gebracht. 1892 wurde das im Lateran untergebrachte Archiv der »Apostolischen Datarie« dem des Vatikans einverleibt.

Zum großen Erneuerer des Vatikanischen Archivs wurde Leo XIII. Zwar hob er hervor, »dass es vor allem und hauptsächlich dem Papst und seiner Kurie, dem Heiligen Stuhl, dient«. Er betonte aber auch mit Nachdruck: »Wir haben keine Angst vor einer Veröffentlichung der Dokumente.« 1881 öffnete er das Archiv in großzügiger Weise den Gelehrten aller Nationen und machte es zu einem der wichtigsten Zentren geschichtlichen Forschens. Drei Jahre später begründete der Papst eine eigene Schule für Paläografie und Urkundenlehre. Wenn auch das Archiv des Vatikans einer beschaulichen Gelehrtenstube gleicht und sich bedeutende Erkenntnisse unspektakulär aus dem akademischen Studium an schlichten Schreibtischen ergeben, manchmal erlebt es auch Szenen, die einem *Indiana Jones*-Film entstammen könnten: Eines der bekanntesten Dokumente des Archivs, das 1530 verfasste Ansuchen der Mitglieder des

Englischen Parlaments an Papst Clemens VII. um die Annullierung der Ehe zwischen König Heinrich VIII. und Katharina von Aragón, galt lange Zeit als verschollen. 1926 war der damalige Präfekt des Archivs, Monsignore Angelo Mercati, mit dem Stuhl, den er bei seiner Arbeit in den ehemaligen Archivräumen Pius' IX. benutzte, unzufrieden. Der massiv gebaute Stuhl knarrte unentwegt und gab, wenn man ihn bewegte, weitere sonderbare Geräusche von sich. Der Prälat machte sich auf die Suche nach den Ursachen Als er schon aufgeben wollte, entdeckte er unter dem Sitz ein Geheimfach, er öffnete es – und erblickte die verloren geglaubte Urkunde.

Die Liebe zum Buch wurde in der Mitte des 15. Jahrhunderts durch Nikolaus V., den gelehrten Humanisten auf dem Stuhl des heiligen Petrus, wiederbelebt, der nicht nur lateinische, sondern auch griechische Manuskripte sammelte, sie von Schreibern kopieren oder im nahen hellenistischen Orient, vor allem in Konstantinopel, kaufen ließ. Er gab damit dem Wiedererwachen der klassischen Studien einen kräftigen Impuls. Durch den Zusammenbruch des byzantinischen Kaiserreiches, der viele Werke des griechischen Altertums und griechische Gelehrte über ganz Westeuropa und besonders Italien verstreute, erhielt diese Sammeltätigkeit neue Nahrung. Zwei Jahrzehnte später berief Sixtus IV. Bartolomeo Platina zum Vorstand – *Gubernator et custos* – der Bibliothek. Mit der Bulle *Ad decorem militantis Ecclesiae* vom 15. Juni 1475 wird das Datum der Gründung der heutigen »Biblioteca Apostolica Vaticana« angesetzt. Leo X. (1513–1531) bereicherte die Sammlungen der Bibliothek um die wertvollen griechischen Codices der Medici. In seinem Auftrag bereisten gelehrte Agenten den

Norden Europas und drangen bis nach Skandinavien vor, um dort wichtige Werke zu suchen und zu kaufen. Bei seinem Tod war die Sammlung der vatikanischen Codices sowohl der Zahl als auch der Bedeutung nach die reichste der Welt (die Anzahl der Buchtitel – Manuskripte und Druckwerke – hatte er auf 4 070 gebracht). Das blieb sie auch nach dem *Sacco di Roma* (»Plünderung Roms«) im Jahr 1527, bei dem über vierhundert Manuskripte der Zerstörung zum Opfer fielen.

Mancher Erwerb der Apostolischen Bibliothek fand unter abenteuerlichen Umständen statt. Herzog Maximilian aus Bayern hatte Gregor XV. (1621–1623) aus Dank für die ihm vom Heiligen Stuhl bei seinem Kampf gegen die deutschen protestantischen Fürsten geleisteten Dienste die »Biblioteca Palatina« aus Heidelberg zum Geschenk gemacht, die er durch das Kriegsrecht von dem lutherischen Pfalzgrafen erworben hatte. Der Auftrag, die wertvolle Sammlung zu überführen, wurde dem römischen Bibliothekar Leone Allacci erteilt. Der Dreißigjährige Krieg war in vollem Gange; Räuber und lutherische Soldaten machten die Straßen unsicher. Es galt, schnell zu handeln, denn der Pfalzgraf hätte Heidelberg jeden Augenblick wieder erobern können. Kaum hatte Allacci die Bibliothek betreten, da sah er mit einem Blick, dass zu ihrem Transport »fünfzig Wagen nicht genügten«. Dank seiner großen Erfahrung stellte er fest, dass die Duplikate ungeheuer zahlreich waren und es nicht der Mühe lohnte, alles zu transportieren. Mit dem Spürsinn des Bibliografen fand Allacci in den entlegensten Winkeln und auf abseits stehenden Gestellen Originalschriften Luthers und Melanchthons, die er eiligst zu den anderen packte. Nach harten Verhandlungen bekam er endlich genügend Wagen und Wachmannschaften, sodass er im Februar des Jahres 1623 Heidelberg verlassen konnte und sich – wie er selbst sagte – »zu einer Höllenfahrt« aufmachte. Er gelangte nach neun gefahrvollen Monaten mit 196 Kisten nach Rom.

Unter Alexander VII. (1655–1667) wurde eine andere hervorragende Sammlung von bibliografischen Schätzen für die Bibliothek der Päpste erworben – die der Herzöge von Urbino (1 767 lateinische und italienische Codices, 167 griechische sowie 128 weitere). Alexander VIII. (1689–1691) kaufte die berühmte Sammlung griechischer und lateinischer Manuskripte aus dem Besitz der zum Katholizismus konvertierten Königin Christine von Schweden. Der Papst, dem die »Biblioteca Apostolica Vaticana« die größte Anzahl von orientalischen Werken verdankt, war Clemens XI. (1700–1721), der im ganzen Orient mehrere hundert bedeutende Codices auftreiben ließ. Napoleon Bonapartes Feldzüge in Italien wurden für die Bibliothek der Päpste zu brutalen Raubzügen. Dem Korsen musste der Heilige Stuhl eine Unzahl von Codices, Handschriften und Büchern abtreten. Nach dem Sturz Napoleons wurden die meisten aus der »Biblioteca Apostolica Vaticana« geraubten Werke zurückgegeben. Als die Stürme der Revolution vorüber waren, nahmen die Päpste die Entwicklung und Verbesserung ihrer Bibliothek wieder auf. Den kraftvollsten Anstoß aber erhielt die Neubelebung der Bibliothek durch Pius XI. (1922–1939), einem Papst, der besser als jeder andere den Wert und die wissenschaftliche wie geistliche Mission der Bibliothek in der modernen Welt verstehen konnte. Achille Ratti war selbst erst Bibliothekar der »Ambrosiana« in Mailand und dann der »Vaticana« gewesen. Wenn der Papst gefragt wurde, was ihm Regierungen, Institutionen oder Privatpersonen zu besonderen Anlässen schenken sollten, antwortete er: »Bücher!« 1934 begründete Pius XI. eine Bibliothekarsschule, die er für Laien und Geistliche jeglicher Nation öffnete.

In der 1988 erlassenen Apostolischen Konstitution *Pastor Bonus* über die Römische Kurie heißt es zur Vatikanischen Bibliothek: »Als hervorragendes Instrument der Kirche für die Entwicklung, Bewahrung und Verbreitung der Kultur ist von den Päpsten die ›Vatikanische Apostolische Bibliothek‹ gegründet worden, die in ihren verschiedenen Abteilungen den Wissenschaftlern, die auf der Suche nach der Wahrheit sind, Reichtümer jeder Art von Wissenschaft und Kunst darbietet.« Wie sehr Forscher und Studenten von ihr abhängig sind, zeigte sich im April 2007. Eine Mitteilung auf der Homepage des Vatikans versetzte die Benutzer der Bibliothek in Aufruhr: Wegen Renovierungsarbeiten schließe sie im Juli für drei Jahre. Dass diese Mitteilung hohe Brisanz besaß, gestand sogar Radio Vatikan in einem Bericht vom 16. Mai ein. »Arrivierte Forscher müssen sich neu zu beackernde Themenfelder suchen, junge Forscher mitunter sogar ihre Karriereplanung ändern, dann nämlich, wenn sie ihre Projekte auf die Bestände der ›Vaticana‹ ausgerichtet haben«, kommentierte Gudrun Sailer. Und Stefan Heid, bis 2012 Vizerektor des Studienkollegs »Campo Santo Teutonico« und Professor am »Päpstlichen Institut für Christliche Archäologie« in Rom, klagte gegenüber dem päpstlichen Rundfunksender: »Eine Totalschließung einer weltberühmten Bibliothek ist ein dramatisches Ereignis. Stellen Sie sich vor, ich komme aus dem Rheinland, der Bürgermeister von Köln sagt, wir schließen jetzt den Kölner Hauptbahnhof komplett für drei Jahre, Reisen ist jetzt nicht möglich, da wäre natürlich eine Weltöffentlichkeit alarmiert. Ich kann aus meiner Erfahrung sagen, zu mir kommen verzweifelte und aufgelöste Studenten, die sagen, ja – es ist alles vorbei.«

Die Augen des Papstes im Weltall

Über eine Reportage, die ein deutsches Boulevardblatt vor einigen Jahren der Vatikanischen Sternwarte widmete, können die päpstlichen Astronomen noch heute laut lachen. Mit dem reißerischen Titel »Der Vatikan lässt nach Aliens suchen« hatte die »Bild«-Zeitung bei ihren Lesern versucht aufzutrumpfen. Die Suche nach außerirdischem Leben wolle er nicht unbedingt kommentieren, so der renommierte vatikanische Astronom Sabino Maffeo SJ, aber eines sei man schon, und dies mit großem Stolz: die Augen des Papstes im Weltall.

Für den Himmel und seine Gestirne interessierten sich die Stellvertreter Christi auf Erden schon immer – seit wann genau, lässt sich nicht mehr feststellen. Eine der großen »Sternstunden« der päpstlichen Astronomie fand im Pontifikat Gregors XIII. (1572–1585) im *Torre dei Venti* des Apostolischen Palastes statt. Der »Turm der Winde« sollte der Beobachtung der Gestirne und den Studien zur Reform des Kalenders dienen. Dem päpstlichen Astronomen Ignazio Danti gelang es, in diesem Gebäudetrakt der vatikanischen Residenz den Beweis dafür anzutreten, dass die astronomische Tag- und Nachtgleiche des Frühjahrs nicht, wie seit dem Konzil von Nicäa angenommen, auf den 21. März, sondern bereits auf den 11. des Monats fällt – und so konnte er Papst Gregor XIII. von der Notwendigkeit einer Kalenderkorrektur überzeugen.

Im 18. und 19. Jahrhundert fanden die von den Päpsten gewünschten astronomischen Beobachtungen und Forschungen im »Collegio Romano« der Jesuiten ihre Fortsetzung. Von 1774 an durfte es sich »Päpstliches Observatorium« nennen. Am »Römischen Kolleg« wirkte seit dem Jahre 1850 Pater Angelo Secchi SJ, einer der bedeutendsten Astronomen der Neuzeit und Begründer der Astrophysik. Er war der Erste, der die Spektralanalyse in die astronomische Forschung einführte und die Sterne nach ihrem eigentümlichen Farbspektrum klassifizierte. Pater Secchi befasste sich zudem mit dem Einfluss der Sonne auf die Erdatmosphäre. Unbeabsichtigt war durch den Jesuitenpater eine neue Literatursparte, der Zukunftsroman, beflügelt worden. Bei der Erstellung von Marskarten hatte er die Linien, die dunkle Punkte des Planeten miteinander verbinden, als *Canali* (»Kanäle«) bezeichnet. Secchi spekulierte darauf, dass diese möglicherweise natürliche Wasserwege gewesen seien – heute geben die neuesten NASA-Forschungen dem Jesuiten recht.

1891 errichtete Leo XIII. inmitten der Vatikanischen Gärten ein neues päpstliches Observatorium: »Unsere Absicht durch die Erneuerung der Vatikanischen Sternwarte ist es, die edelste Wissenschaft zu fördern, denn gerade die Astronomie hilft am besten, die Seele der Menschen zur Betrachtung der himmlischen Dinge zu erheben. Von Anfang an haben Wir versucht, dies durch Wort und Schrift zu zeigen, damit die Wahrheit für alle klar sei: Die Kirche und ihre Priester sind nicht gegen die wahre und gründliche Wissenschaft, sondern sie wollen sie mit allen Mitteln pflegend fördern, die Naturwissenschaft genauso wie die Theologie.« Die Päpstliche Sternwarte erwarb sich einen so ausgezeichneten Ruf, dass dem Vatikan ein Sektor am Himmel vom »Ständigen Komitee für die Bildung der Himmelskarte« zugewiesen wurde. Das Werk, das die Vatikanische Sternwarte dann weltberühmt machen sollte, war der »Atlas Stellarum Varabilium«, ein Verzeichnis der veränderlichen Sterne in neun Bänden; dreißig Jahre brauchten die Astronomen, um es fertigzustellen.

1931 verfügte Pius XI. die Verlegung der Sternwarte in die päpstlichen Besitzungen bei Castel Gandolfo, denn die Großstadt Rom mit ihrer Straßenbeleuchtung und den zahlreichen nächtlichen Lichtern erschwerte immer mehr eine sinnvolle Beobachtung des Himmels. Pius XII. förderte mit großem Engagement die Arbeit der Sternwarte. Er ließ neue Kuppeln bauen und schaffte die damals modernsten Teleskope an. 1948 übertrug die »Internationale Astrographische Union« der Päpstlichen Sternwarte die Erstellung eines Atlanten für molekulare Spektren. Als sich im Juli 1969 der erste Mensch aufmachte, seinen Fuß auf den Mond zu setzen, schaute der Papst zunächst durch eines der Teleskope und verfolgte dann die Landung am Fernsehbildschirm. Unmittelbar nach dem Aufsetzen der Mondfähre richtete er über Radio Vatikan eine Botschaft an die Welt und die Astronauten. 1972 erhielt Paul VI. eine kleine Vatikanflagge überreicht, die bei einer der letzten Apollo-Missionen mit auf den Erdtrabanten genommen worden war.

Die Himmelsforscher des Vatikans schlugen Johannes Paul II. zu Beginn seines Pontifikates vor, auf den zwei- bis dreitausend Meter hohen Bergen Arizonas eine neue Sternwarte des Vatikans zu begründen. Der Papst stimmte zu, da nun auch der Himmel über Castel Gandolfo keine sinnvollen Beobachtungen mehr erlaubte. Seit 1981 arbeiten päpstliche Astronomen in Tucson/

Arizona. Die Sternwarte des Papstes verfügt daher heute über zwei Standorte: Die Beobachtungen und Forschungen finden in den USA statt, die Leitungs- und Verwaltungsaufgaben werden in Castel Gandolfo wahrgenommen. In jedem zweiten Jahr gibt es in der päpstlichen Sommerresidenz für Universitätsstudenten aus aller Welt die »Summer School in Astronomy and Astrophysics«. Die Sternwarte in Castel Gandolfo befindet sich im Besitz einer der größten Meteoritensammlungen der Welt (1020 Meteoriten von 448 verschiedenen Fundorten). Einer der Steine, der vom Mars stammt, diente aufgrund seiner besonderen Struktur dazu, die Kamera für die *Pathfinder-Mission* der NASA auf dem roten Planeten zu kalibrieren. »Die Kirche hat in der Geschichte der astronomischen Forschung eine Spur hinterlassen«, ist sich Pater José Gabriel Funes SJ, der Direktor der Vatikanischen Sternwarte, sicher. Dies belegten nicht nur die vielen wissenschaftlichen Arbeiten und die Beteiligung an der Marsmission, sondern auch die etwa dreißig Mondkrater und eine große Zahl von Asteroiden, die nach päpstlichen Astronomen benannt worden seien.

Päpstliche Luchse in den Gärten des Vatikans

Jeder, der die Vatikanischen Gärten besucht, wird bestätigen können, dass es sich lohnt, bei der »Casina di Pio IV« etwas länger zu verweilen. Das ehemalige Landhaus Pius' IV. (1559–1565) gilt als einer der schönsten und malerischsten Orte im Kirchenstaat. Die Anlage, ein Meisterwerk von Pirro Ligorio, ist ausgestattet mit einer Fülle architektonischer Preziosen: Nymphäen, Arkadengängen und kostbaren Mosaikböden. Für die Säle und Räume des zweigeschossigen Hauptgebäudes wurden so herausragende Künstler wie Federico Barocci, Lorenzo Costa, Santi di Tito und Durante del Nero herangezogen. Zugang zu der »Casina« hat nur ein ganz besonderer, erlesener und vor allem belesener Personenkreis. In der Villa des Medici-Papstes treffen sich alljährlich dezent gekleidete Damen und Herren, die lederne Dokumentenmappen mit sich tragen. Die vatikanischen Gendarmen, die den Zugang bewachen, legen ihre Hand forsch an die Schirmmütze und grüßen die Eintretenden mit einem respektvollen *Eccellenza.*

Es sind exzellente Gelehrte aus aller Welt, die zur »Päpstlichen Akademie der Wissenschaften« gehören, einer Institution des Heiligen Stuhles, die ihre Ursprünge bis in das Jahr 1603 zurückführen kann. Damals war die »Accademia dei Lincei«, zu deren Mitgliedern auch Galileo Galilei gehörte, entstanden. Federico Cesi hatte in diesem Jahr begonnen, aus seinem Freundeskreis alle zu sammeln, denen – wie es in der Gründungsurkunde hieß – »die Natur- und Geisteswissenschaften am Herzen lagen«. Den Namen der Akademie, *dei Lincei* (»der Luchse«), wollte man als Programm verstanden wissen: sich einem Luchs gleich mit scharfem Blick wissenschaftlichen Forschungen zu widmen. Bis in die Mitte des 19. Jahrhunderts war das Wirken der Akademie von einem stetigen Auf und Ab begleitet. Pius IX. wollte dem abhelfen, indem er ihr 1847 den Status einer offiziellen Akademie des Kirchenstaates gab und den Titel »Päpstliche« verlieh. 1922 bestimmte Papst Pius XI. die »Casina di Pio IV« zum Sitz der Akademie. Dem Papst, selbst ein Gelehrter, lag diese wissenschaftliche Einrichtung des Heiligen Stuhles besonders am Herzen. 1936 gab er ihr eine neue Ordnung und benannte sie ein Jahr später in »Päpstliche Akademie der Wissenschaften« um.

Nach dem Wunsch des Papstes sollten in ihr Katholiken wie Nichtkatholiken Aufnahme finden, Geschlecht und ethnische Zugehörigkeit keine Rolle spielen. Als Zeichen gegen die Rassengesetze der Nationalsozialisten und Faschisten berief der Papst demonstrativ zwei jüdische Mathematiker, Tullio Levi-Civita und Vito Volterra, in die Akademie. Schon in den ersten Jahren gehörten Wissenschaftler von weltweitem Ruf dem päpstlichen Institut an – so der Radiopionier Guglielmo Marconi, der Entdecker des Penicillins, Sir Alexander Fleming, der dänische Physiker Niels Bohr sowie aus Deutschland der Chemiker Otto Hahn und der Physiker Werner Karl Heisenberg. Heute sind in der Akademie viele bekannte und verdienstvolle Wissenschaftler anzutreffen, unter ihnen der englische Physiker Stephen W. Hawking. Als Pius XI. von der Akademie als seinem »wissenschaftlichen Senat« sprach, war dies keine leere Worthülse. Der Papst erbat sich von den Wissenschaftlern ein engagiertes Forschen in allen Bereichen der Naturwissenschaften, verbunden mit dem Ansuchen, dass ihm die Gelehrten bei wissenschaftlichen Themen, die für den Glauben eine Relevanz besaßen, mit ihrem Rat zur Seite stehen sollten. »Die Kirche gewährt ihnen hierfür vollständige Freiheit in der Art und Weise des Forschens«, unterstrich Pius XII. 1940 in seiner Ansprache an die Vollversammlung der »Päpstlichen Akademie der Wissenschaften«.

In wissenschaftlichen Belangen lässt sich der Heilige Stuhl daher oft durch Mitglieder der Akademie vertreten; auf internationalen Fachkongressen sind die »Accademici Pontifici« ebenso anzutreffen wie bei Konferenzen, die vom Europarat, dem Zusammenschluss der Amerikanischen Staaten oder den Vereinten Nationen ausgerichtet werden. Und manchmal sind Mitglieder der »Päpstlichen Akademie der Wissenschaften« an abenteuerlichen Unternehmungen beteiligt. So begleitete Pater Giuseppe Gianfranceschi (1875–1934), Jesuit, Rektor der »Päpstlichen Universität Gregoriana« und erster Direktor von Radio Vatikan, 1928 den italienischen General und Forscher Umberto Nobile in die Arktis. Die Expedition führte ein vom Papst geweihtes Kreuz mit, das am Nordpol aufgerichtet werden sollte. Am 24. Mai des Jahres, exakt um 1.30 Uhr in der Nacht, wurde das Siegeszeichen Christi vom Luftschiff »Italia« bei stürmischem Wetter auf den Pol herabgelassen.

Forscher und Entdecker

Auf dem Wiener Kongress unterhielten sich die Gesandten über die Möglichkeiten, mit ihren Herrschern zu korrespondieren, ohne dass die Kurierpost jedermann zugänglich war. Kardinalstaatssekretär Ercole Consalvi wies Fürst Metternich lächelnd darauf hin, dass sich schon die ersten Christen einer Geheimschrift bedient hätten. Der Kardinal spielte auf das Zeichen des Fisches an, mit dem sich die Anhänger Jesu Christi in den Zeiten der Verfolgung untereinander kenntlich machten. Die Buchstaben des Wortes »ICHTHYS« standen für *Iesous Christos, Theou Yios, Soter* (»Jesus Christus, Gottes Sohn, Erlöser«).

Die Päpste benutzten für ihre Korrespondenz schon sehr früh Geheimschriften. Sie griffen auf solche zurück, die aus der Antike überliefert waren. Der römische

Historiker Sueton berichtete über Cäsar: »Es existieren Briefe, in denen er, wenn etwas vertraulich übermittelt werden musste, in Geheimschrift schrieb. Er veränderte die Ordnung der Buchstaben, sodass kein einziges Wort mehr ausgemacht werden konnte. Um diese zu lesen, tauscht man den vierten Buchstaben, also D für A aus und verfährt ebenso mit den restlichen.« Cäsars Verschiebeschrift wurde aber von der päpstlichen Kanzlei nicht einfach übernommen, sondern variiert, »verfeinert«. Als »Vater der Kryptografie«, der Lehre der Verschlüsselung von Nachrichten, gilt Leon Battista Alberti, der im 15. Jahrhundert als päpstlicher Schreiber in Rom wirkte. Mit der nach ihm benannten »Alberti-Scheibe« schuf er einen einfachen, aber effektiven Chiffrierapparat. Zwei gegeneinander drehbare Scheiben mit Alphabeten ermöglichten Verschlüsselungen, die auf den Cäsar-Code zurückgingen. Absender und Adressat mussten sich nur auf einen Zeigebuchstaben geeinigt haben. Die »Alberti-Scheibe« fand bis in die Neuzeit hinein Verwendung; die Nationale Sicherheitsbehörde der USA, die »NSA«, führte die päpstliche Chiffrierscheibe jahrzehntelang in ihrem Siegel und Emblem.

Ein Blick auf die Männer, die sich um die Gesundheit des Oberhauptes der Kirche zu kümmern hatten, bringt Interessantes zutage. Viele der päpstlichen Ärzte erlangten wissenschaftlichen Ruhm, der über die Grenzen des Kirchenstaates hinausreichte. Von Andrés de Laguna (1499–1560), dem Leibarzt Papst Julius' II., stammen Abhandlungen über die Anatomie und über die Behandlung der Pest. Einer der herausragendsten Seuchenforscher der Medizingeschichte war Girolamo Fracastoro; der Gelehrte, der auch als Astronom und Dichter hervortrat, diente Papst Paul III. als Leibarzt. Marcello Malphigi, der im 17. Jahrhundert im Vatikan wirkte, zählte zu den Mitbegründern der mikroskopischen Anatomie; ihm ist die Entdeckung der Kapillaren, der Verbindungen zwischen Arterien und Venen, zu verdanken. Bemerkenswert ist, dass sich die Päpste auch immer wieder gegenüber alternativen Heilbehandlungen aufgeschlossen zeigten – und sie förderten. Belegt ist die Konsultation des deutschen »Volksarztes« Sebastian Kneipp durch Leo XIII. Während einer Privataudienz bat der Heilige Vater, der an chronischer Schlaflosigkeit litt, Pfarrer Kneipp um seinen fachlichen Rat. Der 1958 gedrehte Spielfilm »Sebastian Kneipp – Ein großes Leben« gibt diese Episode in einer Szene wieder. Leo XIII. nahm den Pfarrer und Naturheilkundler vor ungerechtfertigten Angriffen der Schulmediziner in Schutz und ernannte ihn demonstrativ zum päpstlichen Geheimkämmerer.

Auch bei der Entdeckung eines Genussmittels, das zunächst als Medizin Verwendung fand, standen Männer des Papstes in der ersten Reihe. Bartolomeo de Las Casas, der Bischof von San Cristobal, beschreibt in seiner berühmten Geschichte der Indianer, was zwei Kundschafter des Christoph Columbus, die zugleich auch in den Diensten des Papstes standen, auf Ferdinandia, dem heutigen Kuba, erlebten: »Die Indianer haben eine Pflanze, deren Rauch sie mit Entzücken und Wonne einatmen. Dieses Kraut wickeln sie in ein trockenes Blatt, zünden es an einem Ende an und saugen am anderen, um den Rauch mit ihrem Atem einzuziehen, wodurch eine Beruhigung im ganzen Körper entsteht.« Das trockene Blatt, das als Rauchrohr diente, nannten die Indianer *Tobaco*. Eine frühe Nachricht über den medizinischen Gebrauch des Tabaks findet sich in dem Bericht eines Eremitenmönches, Fra Romano Pane, an Papst Alexander VI. Der Ordensmann war Christoph Columbus auf seiner zweiten Reise von dem Borgia-Papst mitgegeben worden, und zwar nicht im Geheimen, sondern in offizieller Mission. Auf der Insel Hispaniola, dem heutigen Haiti, hatte Pane beobachtet, wie die indianischen Priester und Medizinmänner den Tabak als Wundkraut benutzten.

Was Erfindungen angeht, konnte das Arbeiten in der Umgebung des Papstes eine besondere Anregung sein, was einer der bedeutendsten Männer der Renaissance unter Beweis stellte. Zur Krönung Papst Leos X. im Jahre 1513 bot Leonardo da Vinci den Römern ein außergewöhnliches Schauspiel. Da Vinci schaffte aus Leinwand und Papier übergroße Heiligenfiguren und prachtvolle Papstwappen. Er füllte die Kunstwerke mit heißer Luft und ließ sie zum Staunen der Zuschauer in den Himmel über der Ewigen Stadt aufsteigen. Das Universalgenie der Renaissance war schon einem Vorgänger des Medici-Papstes zu Diensten gewesen – jedoch nicht in so heiterer und friedvoller Weise. Unter Alexander VI. war er von dessen Sohn Cesare als Baumeister von Festungen und Konstrukteur von Waffen verpflichtet worden. Doch Leonardo da Vinci fürchtete den aufbrausenden Papstsohn und ging auf die Suche nach einem neuen Arbeitgeber. In einer Art Werbeschrift, die er italienischen Fürsten zuschickte, versprach er: »Ich werde gepanzerte, sichere und nicht einzunehmende Wagen herstellen, die mitten unter den Feind mit seiner Artillerie einbrechen, und keine noch so große Zahl von Soldaten kann ihnen etwas anhaben.« Leonardo da Vinci präsentiert ein Gefährt in Schildkrötenform, an allen Seiten mit Kanonen ausgestattet und von nur schwer durchdringbaren Metallpanzerplatten geschützt. Die Fortbewegung sollte durch ein Zahnräderwerk im Innern ermöglicht werden, das Ungetüm dann durch die Kraft von Männern oder Pferden in Gang gesetzt und in Fahrt gehalten werden. Diesen frühen Entwurf eines Panzers hatte Leonardo geschaffen, als er noch auf der Lohnliste der Borgia stand.

Im 16. Jahrhundert, genauer gesagt 1571, hatte die Flotte des Papstes gemeinsam mit den Schiffsverbänden der »Heiligen Liga« ihren größten Sieg errungen. Bei Lepanto konnte sie über die Hohe Pforte, das Osmanische Reich, triumphieren. Noch zwei Jahrhunderte lang kämpfte sie auf hoher See gegen die Türken und die Piraten der nordafrikanischen Barbareskenstaaten, bis ihr Napoleon Bonaparte 1798 ein Ende setzte. Nach dem Abgang des Korsen entstand eine neue »Marina Pontificia«, aber eine militärische Bedeutung blieb ihr verwehrt. Doch ausgerechnet in einem moslemischen Land sollte sie wieder zu Ruhm und Glanz kommen. 1840/41 segelte Alessandro Cialdi, der Kommandant der kleinen päpstlichen Marine, nach Ägypten. Vizekönig Mehmet Ali hatte dem Papst Alabastersäulen zum Geschenk gemacht. Sie waren für den Wiederaufbau der Basilika »Sankt Paul vor den Mauern« gedacht, die 1832 durch ein Feuer fast völlig zerstört worden war. Im Hafen von Kairo eingelaufen, erfuhr Cialdi, dass der für Rom bestimmte Alabaster noch nicht aus den Steinbrüchen von Wadi Sannur eingetroffen war. Er entschloss sich daher, die Wartezeit zu nutzen und fuhr mit dem Flaggschiff der Expedition, der »Fedeltà«, als erster Europäer 1164 Kilometer den Nil hinauf.

Am 21. Januar 1841 warf das Schiff seinen Anker vor Assuan, dem antiken Syene. Am höchsten Mast der »Fedeltà« wehte stolz die päpstliche Fahne, die Geschütze schossen Salut, und Offiziere und Mannschaft ließen den regierenden Pontifex Maximus hochleben. Alessandro Cialdi befahl, den Namen Gregors XVI. in die gewaltigen Steine des Isis-Tempels unter einer Hieroglypheninschrift einzumeißeln. Als Cialdi diese Tat in späteren Jahren gegenüber Pius IX. erwähnte, bemerkte der Papst schmunzelnd: »Ich hoffe, Sie wissen, was Sie da im Namen meines Vorgängers unterschrieben haben.« Die Rückreise nach Kairo wurde zu ausgiebigen wissenschaftlichen Erkundigungen genutzt, Flussverlauf und Wassertiefe des Nils beobachtet, Fauna und Flora ebenso wie die historischen Bauten und Ruinen in Aufzeichnungen festgehalten, Mineralien gesammelt und katalogisiert. Im August des Jahres traf die kleine päpstliche Expeditionsflotte wohlbehalten in Civitavecchia ein, an Bord die Alabastersäulen des Vizekönigs von Ägypten mit dem beträchtlichen Gewicht von 225 Tonnen. Das großzügige Geschenk des moslemischen Potentaten kann noch heute im Inneren der Basilika des Völkerapostels Paulus bestaunt werden.

XI. DIE GESCHICHTE DES KIRCHENSTAATES

In einem »historischen« Dokument hatte »der kaiserliche Herrscher, Caesar Flavius Constantinus, der treue, sanftmütige, größte, wohltätige, der fromme, erfolgreiche Sieger und Triumphator über Alemannen, Goten, Sarmaten, Germanen, Briten und Hunnen, der für immer kaiserlich Erhabene, dem heiligsten und seligsten Vater der Väter, Silvester, Bischof der Stadt Rom und Papst, und allen seinen Nachfolgern, die auf dem Sitz des seligen Petrus bis zum Ende der Weltzeit thronen werden« die weltliche Oberhoheit über die Stadt Rom, Italien und die Westhälfte des Römischen Reiches überantwortet.

Ein Staat aus der Notwendigkeit heraus

Zu Beginn des 15. Jahrhunderts war die »Konstantinische Schenkung« als Fälschung erkannt worden – als eine völlig unnötige Fälschung. Denn dieser vorgeblichen Legitimation des Kirchenstaates bedurfte man eigentlich gar nicht. Seitdem das Imperium Romanum das Christentum angenommen hatte, besaß die Kirche ausgedehnte Ländereien, die ihr kaum jemand streitig machte. Und bereits vor der berühmten Fälschung aus dem 8. Jahrhundert gab es bezeugte und anerkannte Urkunden, die dem Papst politische Unabhängigkeit und Herrschaft garantierten. 728 hatte der langobardische König Liutprand Papst Gregor II. die Rechte über die Stadt Sutri und weitere Orte Latiums übertragen; in der »Pippinischen Schenkung« von 754 sprach der König der Franken dem Oberhaupt der katholischen Kirche das Dukat und Exarchat Ravenna, Teile des nördlichen Italiens und die Herzogtümer von Spoleto und Benevent zu.

Politische Verantwortung in der westlichen Hälfte des Römischen Reiches hatten die Päpste schon bald nach der Verlegung der Residenz des Kaisers ins ferne Konstantinopel übernehmen müssen. Denn die kaiserlichen Exarchen in Ravenna nahmen ihre Verpflichtung als Statthalter nicht ernst, für die Nöte der Bewohner Mittel- und Süditaliens zeigten sie nur mäßiges Interesse. Die Päpste aber bewiesen, dass sie aus der Not heraus politische Verantwortung übernehmen konnten. Bei den Einfällen der Goten und Hunnen gelang es ihnen, die Bevölkerung Italiens wirksam zu schützen – durch ihr Gebet und die Autorität ihres Auftretens. Papst Leo der Große (440–461) zog Attila entgegen, traf ihn auf der Höhe von Mantua und erreichte, dass die »Geißel Gottes« die Ewige Stadt verschonte. Ein halbes Jahrhundert später – als die Langobarden die Stadt am Tiber bedrohten – richteten die Römer ihren Blick auf Gregor I. (590–604). Der Papst, und nicht der Statthalter des Kaisers, konnte die drohende Invasion durch Geld, Waffen und Verhandlungen abwenden. Im 8. Jahrhundert gingen die Nachfolger Petri einen Bund mit dem aufstrebenden Frankenreich ein. Papst Stephan II. salbte den Franken zum König und redete ihn mit *Patricius Romanorum* (»Schutzherr der Römer«) an, einem Titel, der bis dahin dem kaiserlichen Exarchen zustand. Am Weihnachtsfest des Jahres 800 band sich die Kirche noch stärker und enger an die Herrscher der Franken. Mit den Worten »Dem erhabenen Karl, dem von Gott gekrönten, großen und Frieden bringenden Kaiser der Römer, Frieden und

Sieg!« setzte Papst Leo III. Karl dem Großen in Sankt Peter die Krone aufs Haupt.

Mit diesem Schritt vertraute sich die Kirche der westlichen Reichshälfte unwiderruflich einem neuen Volk an und stellte dessen Regenten in die Rechtsnachfolge der Cäsaren. Der Kaiser aber konnte nicht unentwegt Rom zu Hilfe eilen. Immer wieder suchten die Flotten moslemischer Eroberer die Küsten Süd- und Mittelitaliens heim. Die Päpste durften nicht untätig bleiben. Leo IV. (847–855) gelang es, mit dem Herzog von Neapel und den Städten Amalfi und Gaeta ein Bündnis einzugehen. Bei Ostia, dem Hafen der Ewigen Stadt, kam es zur entscheidenden Schlacht, bei der die christliche Flotte den Sieg errang. 876 waren die Sarazenen bis weit ins Landesinnere des römischen Umlandes vorgedrungen. Johannes VIII. bat den Kaiser und die Fürsten und Städte Italiens um Hilfe – aber er erhielt sie nicht. Aus der Not heraus stellte er eine Flotte auf, die er trotz seines hohen Alters selbst befehligte. Der Pontifex stach mit gut ausgerüsteten und mit Marinesoldaten bewehrten *Dromonen* (»Ruderkriegsschiffen«) in See, nahm seinen Feinden achtzehn Schiffe ab und befreite sechshundert christliche Sklaven aus der Hand der Sarazenen. Es war das erste und letzte Mal, dass ein Oberhaupt der katholischen Kirche als Admiral in den Kampf gezogen war.

Wahrung der Unabhängigkeit des Kirchenoberhauptes

Für den Anspruch auf ein weltliches Hoheitsgebiet des Papstes sprach noch ein weiteres, leicht einzusehendes Argument: die Absicht, dem Nachfolger Petri als dem von Gott eingesetzten Vorsteher der christlichen, katholischen Glaubensgemeinschaft die notwendige Unabhängigkeit von fremden Mächten zu sichern. Enea Silvio Piccolomini, der spätere Papst Pius II. (1458–1464), fasste dieses berechtigte Ansinnen in seiner »Geschichte des Basler Konzils« in einem einzigen Satz zusammen: »Der römische Bischof ist ohne das Patrimonium der Kirche nichts anderes als der Knecht der Könige und Fürsten.« Piccolominis Worte machten sich die Päpste bis zum heutigen Tag als Argument für ihre weltliche Macht zu eigen. Zwar wurden die römisch-deutschen Kaiser von den Päpsten gesalbt und gekrönt und sie hatten den Stellvertretern Christi auf Erden im Jahre 962 im »Privilegium Ottonianum« ein eigenes Hoheitsgebiet zugestanden, doch wurden dem Papst seine territorialen Ansprüche immer wieder streitig gemacht. Kriegerische Auseinandersetzungen – so in der zweiten Hälfte des 12. Jahrhunderts mit Friedrich Barbarossa – fanden 1213 mit der »Goldbulle von Eger« eine Beruhigung, in der Kaiser Friedrich II. die Existenz des Kirchenstaates feierlich anerkannte. Obschon die Päpste im 14. Jahrhundert für sieben Jahrzehnte in Avignon weilten, gaben sie ihre Ansprüche in Italien nicht auf; kam es zu Aufständen, entsandten sie tatkräftige Legaten wie den spanischen Kardinal Gil Alvarez Carillo de Albernoz zur Befriedung ihres Herrschaftsgebietes.

Im 15. Jahrhundert erreichte der Kirchenstaat dann fast wieder die Ausmaße der »Pippinischen Schenkung«. Die Päpste der Renaissance – besonders Alexander VI. (1492–1503) und Julius II. (1503–1513) – werden gern als kriegslüsterne und eroberungssüchtige Potentaten dargestellt. Zu Unrecht. Der Borgia-Papst setzte sein Pontifikat gegen ein Wiedererstarken der römischen Barone und Adelsgeschlechter ein. Denn Teile des päpstlichen Herrschaftsgebietes drohten durch deren feudales Gebaren unregierbar zu werden. In der Sicherung der Provinzen bediente sich der Pontifex der harten, oft brutalen Hand seiner Söhne Juan und Cesare. Wenn auch so manches Handeln von Grausamkeiten begleitet wurde, zum Schutz des Kirchenstaates – wenn auch unter Einschluss familiärer Interessen – schien es vonnöten. Mit Julius II. hatte eine Ausnahmeerscheinung den Thron des heiligen Petrus bestiegen. Kinogängern wurde in den Sechzigerjahren des vergangenen Jahrhunderts ein farbenprächtiges Filmspektakel geboten: »Inferno und Ekstase«, ein Hollywoodstreifen über das Leben und Wirken Michelangelos. Die Zuschauer erblickten auf der Leinwand einen Papst in glänzendem Harnisch, der seinen Truppen voranritt. Als sich Perugia und Bologna gegen den Pontifex erhoben hatten, führte dieser sein Heer ohne jegliches Zögern gegen die aufständischen Städte. Die Strafexpedition wurde zu einem Triumphzug. Der Papst trug Michelangelo auf, ihm ein imponierendes Standbild in Bologna zu schaffen. Der florentinische Künstler wollte Julius II. mit einem Buch in der Hand darstellen. »Warum nicht mit einem Schwert?«, fragte ihn der selbstbewusste Pontifex mit drohender Stimme. In der feierlichen Totenrede für Julius II. hieß es: »Er eroberte nicht, er stellte wieder her!«

Zwei Jahrzehnte später erwies sich, dass nicht jeder Papst in der Verteidigung des Kirchenstaates Stärke zeigen konnte. Die Landsknechte Kaiser Karls V. zogen plündernd, brandschatzend und mordend durch die Ewige Stadt. Das folgende Jahrhundert brachte, abgesehen von den Unternehmungen zur Türkenabwehr, dem Papst nur wenige militärische Konflikte. 1649 war es um ein päpstliches Lehen, das Herzogtum Castro, zum Streit gekommen. Innozenz X. entsandte seine Truppen und warf den Aufstand in kurzer Zeit nieder. Als es Jahre später erneut zu Auseinandersetzungen um Castro kam, entzog 1660 Papst Alexander VII. dem Herzogtum den Status eines päpstlichen Lehens und gliederte es in den Kirchenstaat ein. Man ist gewohnt, angesichts der weltlichen Macht des Papstes vom »Kirchenstaat« zu sprechen. Dieser Ausdruck wird jedoch der politischen Realität nicht gerecht. Korrekterweise muss von den »Päpstlichen Staaten« gesprochen werden. Neben dem *Patrimonium Petri* (»Erbe des heiligen Petrus«) – es umfasste Rom und Latium – übte der Papst die Herrschaft über eine Reihe von *Legationen* (»Staaten«) aus. Große Legationen wie die Romagna, Umbrien oder Bologna wurden von Kardinallegaten in relativer Eigenständigkeit verwaltet. Dieser Umstand kam auch in militärischen Angelegenheiten zum Tragen: Die Legationen und sogar viele ihrer Städte besaßen eigene Truppen und Milizen. Einen militärischen Oberbefehl im klassischen Sinne gab es im 18. Jahrhundert im Herrschaftsgebiet des Papstes nicht mehr; im 17. Jahrhundert hatte der Papst zum letzten Mal eine Ernennung zum *Capitano Generale di Santa Romana Chiesa* (»Generalhauptmann der Heiligen Römischen Kirche«) ausgesprochen.

Ein großes Problem für die päpstliche Armee lag darin, dass sie die meisten ihrer Führungsoffiziere aus ausländischen Armeen, oft der des Habsburgerreiches, berufen musste, selbst die inländischen Offiziere hatten ihre militärische Ausbildung größtenteils außerhalb der Päpstlichen Staaten erhalten. Seit dem Jahre 1709 hatten sich die Päpste einer strikten Neutralität verschrieben. Eroberungen durch fremde Mächte glaubte man nicht mehr befürchten zu müssen. Die dem Papst verbliebenen Truppen dienten in erster Linie der Aufrechterhaltung der öffentlichen Ordnung im Inneren seiner Staaten. Ein Großteil der Soldaten waren Söldner, zumeist aus den katholischen Kantonen der Schweiz. Als sich die Zahl der päpstlichen Soldaten immer stärker verringerte, erhoben sich warnende Stimmen. Schließlich überzeugte man Papst Clemens XIV., im Jahre 1770 ein Dekret zu erlassen, das verlangte, die Sollstärke der päpstlichen Armee auf siebentausend Mann zu bringen. Aber erst in der Regierungszeit Pius' VI. (1775–1799) und unter dem Eindruck der Französischen Revolution begann man, eine notwendige Reform des päpstlichen Heerwesens anzustreben – jedoch viel zu spät.

Die in Frankreich gelegenen Territorien des Papstes gerieten schon bald nach dem Sturm auf die Bastille in das Blickfeld der Revolutionäre. Nachdem die Päpste in die Ewige Stadt zurückgefunden hatten, waren Avignon und die Grafschaft Venaissin einem Kardinallegaten unterstellt worden; am Ende des 17. Jahrhunderts lagen dann die Regierungsgeschäfte in den Händen eines Vizelegaten. Schon zu Beginn des Jahres 1790 begann das »Volk«, den damaligen Vizelegaten des Papstes massiv zu bedrohen. Über die Schlagkraft der militärischen Macht, die ihm zur Verfügung stand, machte sich der Prälat keine Illusionen. Die päpstlichen Truppen bestanden aus einer eigenen Schweizergarde – einem Hauptmann, einem Leutnant und zwanzig Gardisten –, einer Kavallerieabteilung, bestehend aus sechsundzwanzig Mann, einer bescheidenen Artillerie mit drei Geschützen und einer Kompanie von Infanteristen. Der Großteil der Infanteristen unter dem Kommando eines Majors hatte das fünfzigste Lebensjahr überschritten, der dienstälteste Offizier brachte es auf stolze achtundachtzig Lenze. Am 12. Juni 1790 wurden der Vizelegat, die Mitglieder der Legation und die päpstlichen Truppen aus Avignon vertrieben. Im September 1791 beschloss die französische Nationalversammlung die Annexion Avignons und der Grafschaft Venaissin.

Die Geschehnisse an der Rhône waren ein Vorspiel zu einem immer wieder kriegerisch ausgefochtenen Konflikt zwischen Frankreich und den Päpstlichen Staaten. Die militärischen Auseinandersetzungen – von echten Schlachten kann man nicht sprechen – offenbarten die Hilflosigkeit der Truppen des Papstes. Problematisch erwies sich auch, dass zu viele Kleriker in die Befehlsstrukturen von Heer und Flotte eingebunden waren. Als man 1792 eine Landung französischer Schiffe an der Küste Latiums befürchtete, ordneten die Monsignori der Päpstlichen Marine hektisch den Bau von Wehrtürmen an. Der venezianische Botschafter schrieb im Dezember des Jahres an seine Regierung: »Das Kriegswesen ist nicht die Sache der Priester, man gibt viel Geld für eine Verteidigung aus, die mehr Schein als Wirklichkeit ist. In Civitavecchia herrscht die größte Verwirrung; der beste Schutz des Kirchenstaates ist der *Libeccio* (›Südwestwind‹), der zu dieser Jahreszeit eine Landung unmöglich macht.« Der Februar des Jahres 1798 läutete das Ende einer einst ruhmreichen Flotte ein. Nach der Einnahme Roms ließ Napoleon die päpstliche Marine seiner eigenen Flotte einverleiben. Die Schiffe des Papstes brauchte der Erste Konsul für seinen geplanten Ägyptenfeldzug; sie sollten zum Transport der Truppen und als Eskorte des Konvois dienen. Zwei Korvetten, fünf Galeeren, zwei Küstenwachschiffe, vier Lancioni sowie acht Kanonenboote und ein Granatwerfer traten jetzt gezwungenermaßen in die Dienste Frankreichs – und gingen auf dem Nil und vor Alexandria und Aboukir zugrunde.

Die Päpstlichen Staaten und das Risorgimento

Nach dem Sturz Napoleon Bonapartes stellte der Wiener Kongress im Jahre 1815 die alte Ordnung größtenteils wieder her – auch die Päpstlichen Staaten erschienen erneut auf der Landkarte Europas, nur auf Avignon und die Grafschaft Venaissin hatte der Papst verzichten müssen. Doch schon bald wurde in Italien durch liberale und aufklärerisch orientierte Kräfte ein Nationalbewusstsein geweckt, das sich im Streben nach staatlicher Einheit äußerte. Der Kirchenstaat blieb von dieser Entwicklung nicht verschont; gegen die weltliche Herrschaft der Päpste wurde vehement zum Kampf aufgerufen. Militärisch erwiesen sich die Päpstlichen Staaten weiterhin als schwach. Der Papst verzichtete trotz der Erfahrungen mit Napoleon auf eine Zwangsrekrutierung von Soldaten, seine Armee setzte sich ausschließlich aus Freiwilligen zusammen. In Zeiten drohender kriegerischer Auseinandersetzungen warb man zusätzliche Regimenter an. Man vertraute darauf, dass katholische Staaten in bedrohlichen Situationen dem Papst militärisch beistehen würden, so, als 1831 politische Unruhen den Kirchenstaat erschütterten und 1849 bei der Zerschlagung der kurzlebigen »Römischen Republik«.

1859 wurde die Romagna von Aufständen heimgesucht. Als sich die österreichischen Truppen, die dort seit Jahren stationiert waren und die Autorität Roms zu wahren halfen, zurückzogen, ging die Provinz für den Kirchenstaat verloren. Als im darauffolgenden Jahr eine

Annektierung der Marken und Umbriens durch das savoyische Königreich drohte, hatte sich der Papst entschlossen, sein kleines und für Kriegseinsätze schlecht gerüstetes Heer neu zu organisieren. Mit den einheimischen Truppenteilen und den schon bestehenden Fremdenregimentern sollten aus aller Welt angeworbene katholische Freiwillige die »neue« Armee des Papstes stellen. Aber schon am 11. September 1860 marschierten italienische Truppen in die Päpstlichen Staaten ein, und die gerade erst begonnene Ausbildung der neuen Verbände fand ein vorzeitiges Ende. Den oberflächlich rekrutierten, kaum instruierten und unzureichend bewaffneten Streitern für die Rechte des Papstes standen die professionell ausgebildeten und gut gerüsteten Soldaten des Königs gegenüber. Bei Castelfidardo (Loreto) kam es zum militärischen Desaster der päpstlichen Armee. Dem Kampf gegen einen so übermächtigen Feind waren Grenzen gesetzt. Es kam zu nicht wenigen Desertationen, besonders in den von Schweizern dominierten Fremdenregimentern. Im Gegensatz hierzu bewiesen die neu angeworbenen Truppen außergewöhnlichen Mut. Die mit Todesverachtung kämpfenden französisch-belgischen Schützen verschafften sich auf dem Schlachtfeld den Respekt und die Bewunderung ihrer Gegner. Aus der »Compagnie des Tirailleurs Franco-Belges« entstanden Anfang 1861 die »Päpstlichen Zuaven«, ein viel bewundertes *Corps d'Elite* des Papstes, in das Katholiken aus aller Welt Aufnahme fanden.

1865 ernannte der Papst einen der fähigsten Offiziere des päpstlichen Heeres, den aus dem Badischen stammenden Brigadegeneral Hermann Kanzler (1822–1888), zum Waffenminister und Befehlshaber seiner Armee. Kanzler zeichnete sich durch Tapferkeit und strategische

Klugheit aus; für taktische Operationen besaß er die nötige Sachlichkeit. Der britische Gesandte im Kirchenstaat, Odo Russel, sah in dem Deutschen »einen erfahrenen Offizier von besonnenem und versöhnlichem Charakter«. Der neue Waffenminister reorganisierte in kürzester Zeit das päpstliche Heer und schuf eine kleine, aber schlagkräftige Armee. »Die päpstliche Armee zeigt sich als überaus diszipliniert und kampfbewusst«, wird der amerikanische Konsul in Rom, Edwin C. Cushman, 1867 nach Washington melden, in dem Jahr, in dem sich die Soldaten des Papstes in blutigen Gefechten und einer berühmt gewordenen Schlacht beweisen mussten. Die andauernde Bedrohung des Kirchenstaates bewog weiterhin Katholiken aus aller Welt, in die päpstliche Armee einzutreten. Die Bewerber kamen nicht nur aus Europa, sondern auch aus Übersee, Hunderte von ihnen aus den französischsprachigen Provinzen Kanadas. Alle sozialen Schichten waren in diesem Freiwilligenheer vertreten: Angehörige des europäischen Hochadels dienten in ihm ebenso wie Ärzte und Juristen aus Frankreich, Handwerker und Bauern aus den Niederlanden oder Studenten aus Deutschland und Österreich – als einfache Soldaten, ohne irgendwelche Standesprivilegien. Die meisten von ihnen traten dem Päpstlichen Zuavenregiment bei. Wo es Staaten erlaubten oder duldeten, gab es *Depositi di Reclutamento* (»Rekrutierungsbüros«). Um die päpstliche Kasse nicht zu belasten, waren überall in Europa und Übersee von engagierten Katholiken Komitees gegründet worden, die für den Sold der Soldaten aufkamen. Dem Einfallsreichtum beim Sammeln von Spenden waren keine Grenzen gesetzt: Auf Soiréen der römischen Gesellschaft spielte Franz Liszt durch sein Klavierspiel beträchtliche Geldbeträge ein; in Deutschland veranstaltete die Fürstin von Thurn und Taxis eine Lotterie zugunsten der päpstlichen Soldaten.

In Europa fand der Papst für seine Sache keine nennenswerte Unterstützung. Nur Frankreich bewährte sich als Schutzmacht, wenn auch Napoleon III., der immer ein wenig mit der Freimaurerei liebäugelte, oft ein doppeltes Spiel trieb. So am 15. September 1864, als er ohne Wissen des Papstes mit Viktor Emanuel II. die »Septemberkonvention« eingegangen war. Der Kaiser hatte sich darin bereit erklärt, innerhalb von zwei Jahren die französischen Truppen aus dem Kirchenstaat abzuziehen; der italienische König ging im Gegenzug die Verpflichtung ein, die bestehenden Grenzen des päpstlichen Herrschaftsgebietes zu respektieren. Bis zum Dezember 1866 sollten die Soldaten des *Second Empire* den Kirchenstaat verlassen haben; um die Gemüter aufgebrachter französischer Katholiken zu beruhigen, gestattete Napoleon III. jedoch die Aufstellung eines Freiwilligenkontingents, der »Antibes-Legion«. Franzosen, die diesem Korps beitraten, behielten ihre Staatsbürgerschaft und wurden in französischen Matrikelbüchern erfasst.

»*O Roma o Morte*«

Der winzige Kirchenstaat blieb den Anhängern eines geeinten Italiens ein Dorn im Auge. Das neu entstehende Königreich der apenninischen Halbinsel war durch internationale Konventionen gebunden und konnte sich nicht offiziell des päpstlichen Territoriums bemächtigen. Man musste zu anderen Mitteln greifen. Dem Plan zufolge sollte der Kirchenstaat destabilisiert werden; Giuseppe Garibaldi und seine Freischärler sollten hierzu das Nötige tun. Stände das »Patrimonium Petri« in Aufruhr, käme Italien dem Papst »zu Hilfe«, um die Ruhe wiederherzustellen. Ein Plebiszit würde folgen, das den Willen des Volkes, in die italienische Nation aufgenommen zu werden, kundtun würde – und der Papst wäre seiner weltlichen Sorgen entledigt. *O Roma o Morte* (»Entweder Rom oder den Tod«) gab Giuseppe Garibaldi als Devise für seinen Feldzug aus. Dem Revolutionär und Freigeist gelang es, Tausende Freiwillige für sein Unternehmen zu gewinnen. In Ermangelung einer Uniform trugen diese rote Hemden und Halstücher. Ende September 1867 fielen die ersten *Camicie rosse* (»Rothemden«) in den Kirchenstaat ein. Zunächst gelang es der Armee Pius' IX., die schlecht organisierten Banden über die Grenze zurückzuschlagen. In zahlreichen kleineren Gefechten ging der Sieg noch mit Leichtigkeit an die päpstlichen Truppen. Dann aber drangen immer mehr Anhänger Garibaldis in das Territorium des Papstes vor und terrorisierten die Bevölkerung.

Selbst die Ewige Stadt blieb von revolutionären Umtrieben nicht verschont. Aus Hinterhalten wurden Petarden und Orsini-Bomben – Vorläufer heutiger Handgranaten – auf öffentliche Plätze oder gegen Kleriker und Angehörige des päpstlichen Militärs geschleudert. Nur wenige Römer beteiligten sich an dem von außen in die Stadt getragenen Aufstand; die Verschwörer waren zumeist mit falschen Pässen nach Rom gekommen und illegal eingereist. »Die Bürgerschaft bewegt sich nirgends«, kommentierte der protestantische Geschichtsschreiber Ferdinand Gregorovius. Die Engelsburg, das Gasometer beim Circus Maximus und die Kasernen in der Stadt sollten in die Luft gesprengt, die Gefängnisse erstürmt und das Kapitol erobert werden. Von den geplanten Aktionen aber gelang nur eine: Ein Sprengstoffattentat auf die in unmittelbarer Nähe zu Sankt Peter gelegene Serristori-Kaserne. Das Gebäude wurde durch die Wucht der Explosion beinahe völlig zerstört. Die dort untergebrachten Kompanien blieben jedoch von dem Anschlag verschont; sie hatten kurz zuvor ihr Quartier verlassen. Vierundzwanzig Regimentsmusiker, überwiegend Italiener, aber fanden den Tod, ebenso zahlreiche Zivilisten, unter ihnen auch einige im Nachbarhaus lebende Kinder.

Als die strategisch bedeutsame Ortschaft Monterotondo Ende Oktober in die Hände der Freischärler fiel, erkannte man in Rom den Ernst der Lage. In den frühen Morgenstunden des 3. November verließ eine dreitausend Mann starke päpstliche Streitmacht unter dem Kommando von General Hermann Kanzler die Ewige Stadt und zog auf der Via Nomentana in Richtung Monterotondo, gefolgt von einem zweitausendköpfigen französischen Expeditionskorps, das Kaiser Napoleon III. auf Drängen seiner katholischen Untertanen zur Unterstützung des Papstes nach Rom entsandt hatte. Gegen Mittag traf man bei dem Städtchen Mentana auf mehr als siebentausend Freischärler. Bis zum frühen Abend tobte eine von beiden Seiten unter höchstem Einsatz geführte Schlacht. »An Mut fehlte es niemandem«, bezeugte Ferdinand Gregorovius in seinen Aufzeichnungen. Was kaum jemand für möglich gehalten hätte, gelang: Die zahlenmäßig weit unterlegenen Truppen des Papstes errangen einen historischen Sieg und fügten der Identifikationsfigur des *Risorgimento* eine schwere Niederlage zu. Garibaldi floh aus dem Kirchenstaat – weder hatte er Rom eingenommen noch den Tod gesucht.

Der Vorhang fällt

Die Niederlage der Verfechter der italienischen Einheit vermochte es jedoch nicht, den drohenden Untergang des alten Kirchenstaates zu verhindern – zu sehr wirkten die politischen Gegebenheiten gegen dessen Bestehen. Aber sie verschaffte dem Kirchenstaat drei Jahre ohne militärische Auseinandersetzungen und ermöglichte es dem Papst, in voller Freiheit das I. Vatikanische Konzil zu beginnen und eine für die Kirche bedeutsame Glaubenswahrheit zu bekräftigen. Das weitere Schicksal des kleinen Teils Italiens, der noch unter der weltlichen Jurisdiktion des Papstes stand, war mit dem Frankreichs verbunden. Der Kaiser hatte Einheiten des 1867 entsandten Expeditionskorps zum Schutz des Papstes in der Ewigen Stadt zurückgelassen; sie garantierten letztendlich ein Überleben des Kirchenstaates. Als 1870 der deutsch-französische Krieg ausbrach, sah sich Napoleon III. gezwungen, auch über seine in Rom stationierten Soldaten zu verfügen. Die französischen Truppen wurden abgezogen – der Kirchenstaat war nun auf sich selbst gestellt.

Der Sieg der deutschen Heere bei Sedan führte zum Sturz des zweiten französischen Kaiserreiches. Das Königreich Italien nutzte nun die Gunst der Stunde. Viktor Emanuel II. erklärte die Septemberkonvention von 1864 für nichtig – mit der Begründung, dass der Vertragspartner des Abkommens nicht mehr existiere. Am 11. September befahl er seinen Truppen, in den Kirchenstaat einzumarschieren. Der Papst teilte General Hermann Kanzler mit, dass er wegen eines zu befürchtenden Blutbades davon absehen wolle, von seinen Soldaten zu verlangen, für die Sache des Heiligen Stuhles bis zum letzten Mann zu kämpfen. Fast sechzigtausend Italiener standen dreizehntausend Mann der päpstlichen Armee gegenüber. Jedoch solle der Kirchenstaat nicht ohne Gegenwehr aufgegeben werden; das unrechtmäßige Handeln des italienischen Königs müsse vor der Welt sichtbar dokumentiert werden. Die päpstliche Order, nicht bis zum letzten Blutstropfen zu kämpfen, traf die Armee Pius' IX. hart. Die Angehörigen der päpstlichen Armee wären bereit gewesen, alles für die Sache der Kirche zu geben. Doch sie fügten sich dem Wunsch des Papstes.

Als die italienischen Truppen am Morgen des 20. Septembers 1870 nach mehrstündigem Gefecht bei der Porta Pia eine Bresche in die römische Stadtmauer geschlagen hatten, kam aus dem Vatikan der Befehl, das Feuer einzustellen und die weiße Flagge zu hissen. Wenige Stunden später begab sich General Kanzler in die Villa Torlonia vor den Toren Roms, wo die italienische Armeeführung ihr Quartier aufgeschlagen hatte. Die Kapitulationsurkunde sah die Auflösung aller militärischen Formationen des Heiligen Stuhles vor, nur die Palastwachen des Papstes, Nobelgarde, Palatingarde und Schweizergarde, sollten weiter ihren Dienst innerhalb der vatikanischen Mauern ausüben dürfen, ferner »gestattete« Italien den Fortbestand einer Kompanie der päpstlichen Gendarmerie zum Schutz des Pontifex innerhalb der Mauern des Vatikans. Mit der Unterschrift General Kanzlers hörte die Armee des Kirchenstaates auf zu existieren – und der Kirchenstaat mit ihr. Der Papst zog sich in den Apostolischen Palast zurück und sah sich von nun an als »Gefangener des Vatikans«. Italien erließ die sogenannten »Garantiegesetze«, die dem Oberhaupt der katholischen Kirche die Unverletzbarkeit seiner Person und Residenz zusicherten. Der Papst bestand jedoch in der Sorge um seine Unabhängigkeit und die der Kirche auf eine wie auch immer geartete territoriale Souveränität. Keine der beiden Parteien vermochte es, sich zu bewegen, der Heilige Stuhl und das offizielle Italien beharrten auf ihren Ansprüchen und Positionen. In der Politik und Diplomatie sprach man von der offenen »Römischen Frage«.

XII. DER STAAT DER VATIKANSTADT

Am 7. Juni 1929, kurz vor 11 Uhr, traf der Ministerpräsident Italiens, Benito Mussolini, in der Vatikanstadt ein. Ein Pikett der Päpstlichen Schweizergarde erwies ihm im Damasushof des Apostolischen Palastes die militärischen Ehren. Der Ministerpräsident und seine Begleitung wurden über die *Scala Nobile* in die Appartements des Kardinalstaatssekretärs geführt. Dort erfolgte durch Kardinal Pietro Gasparri und den Duce der Austausch der Ratifikationsurkunden, eines Abkommens, das am 11. Februar 1929 im Lateranpalast feierlich geschlossen worden war. Als Ministerpräsident Benito Mussolini um 11.25 Uhr den Vatikan verlassen hatte, wurden die italienischen Karabinieri aus dem Bereich der Vatikanstadt abgezogen; päpstliche Gendarmen übernahmen unverzüglich den Ordnungsdienst.

Ein Hellebardier der Schweizergarde öffnete den Bronzeflügel des Haupteingangs zum Apostolischen Palast, den man am 20. September 1870 aus Protest gegenüber der Eroberung Roms geschlossen hatte. Von der Menschenmenge auf dem Petersplatz stürmisch begrüßt zogen Punkt 12 Uhr Abteilungen der Schweizergarde bei der Basilika des Apostelfürsten auf. Der Wachwechsel über die Vatikanstadt wurde eingeleitet. Ein zwölf Mann starkes Detachement der eidgenössischen Leibwache des Papstes begab sich durch die Vorhalle von Sankt Peter zum Reiterstandbild Kaiser Karls des Großen. Dort stieg es hinunter und nahm vom *Arco delle Campane* (»Glockentor«) Besitz. Auch an den übrigen Eingängen zur Vatikanstadt zeigten sich fast zeitgleich

Abteilungen des Korps. Überall begleiteten Beifallsbekundungen und »Eviva«-Rufe das militärische Schauspiel.

Der Wille zu einem neuen Kirchenstaat

Die Wahl Papst Pius' XI. fand am Montag, 16. Februar 1922, statt. Im vierzehnten Wahlgang des Konklaves hatten sich die Kardinäle auf den Erzbischof von Mailand, Achille Ratti, als neuen Pontifex Maximus geeinigt. Der neue Papst wusste zu überraschen. Noch im Konklave kam er zu einer Entscheidung, die die Weichen für sein Pontifikat stellten. Für die Erteilung des Apostolischen Segens gab er Anweisungen, die verblüfften und dem Papsttum einen neuen Weg ebneten. Nachdem man den Gläubigen auf dem Petersplatz die Wahl Achille Rattis angezeigt hatte, versuchte die Menschenmenge, in die Basilika zu strömen, um den ersten Segen des neuen Papstes zu empfangen. Aus Protest gegen ihre »Gefangenschaft« im Vatikan hatten die Päpste seit dem Ende des Kirchenstaates den Segen nur noch von der inneren Loggia des Domes aus erteilt. Doch der Zugang nach Sankt Peter blieb verschlossen. Ungläubiges Staunen entstand und Unruhe drohte aufzukommen. Doch dann vernahm die Menge einen leisen Trommelwirbel, dem immer lauter werdende Marschmusik folgte. Zur Überraschung aller zog auf der Terrasse, die sich über dem linken Kolonnadenflügel befindet, die Päpstliche Palatingarde auf. Fast zeitgleich ließ man ein karmesinrotes Antependium von der äußeren Loggia herab. Minuten später erschien unter kaum vorstellbarem Jubel Pius XI. und spendete seinen Segen.

Die »Römische Frage« für immer zu beantworten, war dem Papst ein Herzensanliegen. Der Pontifex wusste, dass mit ihrer Lösung weit über ein nationales Interesse Italiens hinaus Signale gesetzt wurden, der Heilige Stuhl freier und wirkungsvoller seinen Aufgaben nachkommen konnte. »Es stehe Gott zu, diese Stunde herbeizuführen und schlagen zu lassen und sie den Vernünftigen sowie denen, die guten Willens sind, nicht vergebens schlagen zu lassen. Sie wird zu den feierlichsten und fruchtbarsten Stunden für die Wiederherstellung des Reiches Christi und die Befriedung Italiens und der Welt zählen«, schrieb der Papst in seiner Antrittsenzyklika. Im Sommer des Jahres 1926 knüpfte der Vatikan die ersten Verbindungen mit Italien, im Oktober wurden dann auch offizielle Schritte für eine Annäherung unternommen. Sie fanden unter völliger Geheimhaltung statt.

Oft drohten die Verhandlungen zu scheitern. Pius XI. war nicht bereit, jeden Preis zu zahlen. »Entweder so oder ins Archiv«, lautete mehr als einmal seine Entscheidung. »Nicht jeder Weg darf beschritten werden«, hatte er gefordert. Bedrohten die italienischen Faschisten die Rechte Gottes und seiner Geschöpfe in existenzieller Weise, ließ er die Gegenseite wissen, dass »Wir mit Menschen, die die Dinge so sehen, nicht zu verhandeln beabsichtigen«, auch wenn er sich in einer Ansprache an Seminaristen grundsätzlich dazu bereit erklärt hatte, um des Seelenheils willen »mit dem Teufel persönlich zu verhandeln«. In mehr als zweihundert Sitzungen – sie alle fanden in Anwesenheit des Papstes statt – beriet sich die vatikanische Seite über das Vertragswerk. »Die Arbeit ist getan«, konnte der Papst zu Anfang des Jahres 1929 befriedigt feststellen. Am 11. Februar unterzeichneten Kardinalstaatssekretär Pietro Gasparri für den

Papst und Ministerpräsident Benito Mussolini für den italienischen König im Apostolischen Palast des Laterans die *Patti Lateranensi* (»Lateranverträge«).

Pius XI. war ein nüchterner Mann. Sich mit Visionen und Prophezeiungen zu befassen, entsprach nicht seinem Naturell. Doch von einer Aufzeichnung aus dem vierzehnten Jahrhundert zeigte sich der Papst dann doch berührt. Sie war ihm unmittelbar nach dem 11. Februar von der seligen Maria Elisabeth Hesselblad, der Wiederbegründerin des Birgittenordens, überreicht worden. Der Text enthielt eine Vision der heiligen Birgitta: »Ich sah in Rom in der Nähe des Palastes des Papstes von Sankt Peter zur Engelsburg und von da bis zum Hause des Heiligen Geistes und bis zur Peterskirche etwas wie eine Ebene, von gewaltigen Mauern umgeben, und verschiedene Gebäude entstanden entlang dieser Mauer. Dann hörte ich eine Stimme, die sprach: ›Der Papst, der seine Braut ebenso liebt, wie ich und meine Freunde sie geliebt haben, wird zusammen mit seinen Räten diesen Ort besitzen, damit er seine Ratgeber freier und in größerer Ruhe zusammenrufen kann.‹«

Ein Staat – aus dem Boden gestampft

Der Papst sah in dem neu entstehenden Kirchenstaat »jenes bisschen an Körper, das notwendig ist, um die Seele zusammenzuhalten«. Das Territorium des Staates der Vatikanstadt würde gerade einmal eine Fläche von vierundvierzig Hektar umfassen; als seine Grenzen waren vorgesehen: die Kolonnaden des Petersplatzes, die Via di Porta Angelica, die Straße bei der Piazza del Risorgimento, die Via Leone IV, Viale Vaticano, Via della

Stazione Vaticana und Via della Sagrestia. Einer Reihe von Liegenschaften des Heiligen Stuhles sprachen die Lateranverträge exterritorialen Status zu: dem Komplex des Laterans mit seiner Basilika, dem Palast und der Universität, den päpstlichen Basiliken »Santa Maria Maggiore« und »Sankt Paul vor den Mauern«, den Gebäuden der Kongregationen der Römischen Kurie, einigen Palästen und Kollegien in Rom sowie der päpstlichen Sommerresidenz in Castel Gandolfo.

»Jenes bisschen an Körper« sollte nach dem Willen Pius' XI. präsentabel sein, all das vorweisen können, was von einem Staat verlangt wird. Die Pläne des Papstes sahen den Bau eines Regierungssitzes und eines Bahnhofs in den Vatikanischen Gärten vor. Die gesamte für die Versorgung der Vatikanstadt benötigte elektrische Energie wollte Pius XI. innerhalb der Staatsgrenzen selbst erzeugt wissen und ordnete daher den Ausbau des schon 1897 von Leo XIII. errichteten ersten Elektrizitätswerks an. Der Norden des Vatikans war als »Industriezone« gedacht – mit einem Post- und Telegrafenamt, der Druckerei des Heiligen Stuhles, einer Apotheke, dem Lebensmittelamt und Warenlager, »Anona« genannt, einem Heizwerk und dem Fuhrpark des Papstes mit den entsprechenden Werkstätten. Der für alle technischen Erneuerungen aufgeschlossene Pontifex forderte ein Straßennetz »mit asphaltierten Wegen, auf denen Automobile vernünftig fahren können«.

Die neue Vatikanstadt, wie sie Pius XI. vorschwebte, verlangte einschneidende Maßnahmen in die bestehende Bausubstanz. Mitgliedern des Kardinalskollegiums veranschaulichte der Papst in einer Audienz seine Pläne. Rund um Sankt Peter befanden sich viele kleine Häuser, die von Arbeitern in päpstlichen Diensten bewohnt wurden; sie wirkten zwar malerisch, waren aber oft halb zerfallen. Sogar Geschäftslokale, Buden und Osterien, wie sie in der römischen Campagna üblich waren, gab es im Schatten der Basilika. Sie alle müssten der Spitzhacke zum Opfer fallen, erklärte der Pontifex. Einer der anwesenden Kardinäle merkte an, es sei doch schade, dass der Vatikan damit sein Lokalkolorit verlieren würde. Der Papst blickte von seinen Unterlagen auf, nahm den Purpurträger mit einem scharfen Blick ins Visier und kommentierte die Bemerkung mit den Worten: »Lokalkolorit? Elend und Schmutz, den man niemandem zumuten kann!« Alle vorgetragenen Einwände konnte der Papst zurückweisen – und zwar mit Sachverstand. In den Vatikanischen Gärten befanden sich noch die Rebstöcke eines Weingartens, den Leo XIII. dort hatte anlegen lassen. Auch sie sollten den neuen Bauvorhaben weichen. Dem Hinweis, die Trauben kämen doch der päpstlichen Mittagstafel zugute, entgegnete Pius XI. mit säuerlicher Miene: »Ich weiß, ich habe sie gekostet.« Schon Mitte der Dreißigerjahre konnte Pius XI. zufrieden auf »seine« Stadt blicken. In relativ kurzer Zeit war es ihm gelungen, der Weltöffentlichkeit einen winzigen, aber mustergültigen Staat zu präsentieren. Der Papst hatte seine Mitarbeiter, wie einst Julius II. einen Michelangelo, zu Höchstleistungen angetrieben und die Arbeiten unnachgiebig in eigener Person kontrolliert. Der Papst kam des Öfteren unangemeldet zu den Baustellen; einen Bediensteten des Apostolischen Palastes, der den Arbeitern einen bevorstehenden Besuch »verraten« hatte, ließ er für einen Monat strafversetzen. Die erbrachte Leistung wusste der Pontifex jedoch zu honorieren. Den Abschluss der Arbeiten kommentierte er mit einem großen Lob: »Ihr habt mit der Schöpfung gewetteifert, auf

Schritt und Tritt finden Wir Täler und Berge, Wiesen und Wälder, die früher nicht da waren. Ihr habt ein wahres Wunder vollbracht!«

Auch die Nachfolger Pius' XI. wurden als Bauherren im Vatikan und auf den exterritorialen Besitzungen des Vatikanstaates tätig. Pius XII. setzte die von seinem Vorgänger initiierte Restaurierung der päpstlichen Villen in Castel Gandolfo, besonders der »Villa Barberini« fort. In der »Villa Cybo« entstand eine neue Audienzhalle, die jedoch erst im Pontifikat seines Nachfolgers fertiggestellt werden konnte. 1957 weihte der Papst eine auf der exterritorialen Zone von Santa Maria di Galeria errichtete neue Sendeanlage des päpstlichen Rundfunksenders ein. Papst Paul VI. setzte sich zu Beginn seines Pontifikates für einen Ausbau der Vatikanischen Museen ein. Der Apostolische Palast des Vatikans wurde gründlich renoviert; die Arbeiten fanden ihren Abschluss mit der Errichtung eines Dachgartens auf der päpstlichen Residenz. 1964 begann man mit den Plänen für eine neue Audienzhalle an der südöstlichen Grenze des Stadtstaates. 1976 wurde auf Wunsch Pauls VI. auf dem höchsten Punkt der Vatikanischen Gärten ein *Portus helicopterorum* (»Hubschrauberlandeplatz«) angelegt.

Papst Johannes Paul II. sah sich dazu verpflichtet, auch in der Vatikanstadt den karitativen und geistlichen Auftrag des Petrusamtes zu verdeutlichen. Beim Palast des ehemaligen »Heiligen Offiziums« erhielten die Schwestern der Mutter Teresa 1988 eine Unterkunft für ihr Apostolat an den Bedürftigen und Kranken. Im ehemaligen Gärtnerhaus der Vatikanischen Gärten entstand 1993 ein Klausurkloster, das 2013 zum Alterswohnsitz Benedikts XVI. umgebaut wurde. Die Konklaveversammlungen des Jahres 1978 zeigten durch die hohe

Zahl der teilnehmenden Kardinäle, dass sich der Apostolische Palast als Unterkunft für die Papstwähler nicht mehr als angemessen erwies. Johannes Paul II. ordnete daher den Bau des »Domus Sanctae Marthae« an – es ersetzte das alte Pilgerhospiz bei Sankt Peter, das man für das Heilige Jahr 1900 erbaut hatte. 1999 wurde bei der Piazzale della Stazione in der Nähe der Bahnhofsstation ein Parkhaus errichtet; es bietet 284 Automobilen und über 100 Motorrädern Platz. Im gleichen Jahr erhielten die Vatikanischen Museen einen neuen Eingang, das beeindruckende Bronzetor ist ein Werk des italienischen Künstlers Cecco Bonanotte. Von 2002 bis 2004 entstand in der »Industriezone« des Vatikans die Piazzale Santa Rosa mit dem neuen Sitz der Direktion für Telekommunikation und einem weiteren Parkhaus; dem Bau einer Ausfahrt zur Piazza del Risorgimento stimmte Papst Benedikt XVI. 2005 zu.

Verwaltung und Rechtsprechung des Staates

Im Vatikanstaat, einer absoluten Wahlmonarchie, verfügt der Papst über die volle und uneingeschränkte gesetzgebende, ausführende und richterliche Gewalt. Während der Sedisvakanz, dem Zeitraum, in dem das Amt des Papstes unbesetzt ist, liegen diese Befugnisse in den Händen des Kardinalskollegiums. Zur Verwaltung des neuen Kirchenstaates setzte Pius XI. einen Gouverneur und einen Generalrat ein. Zehn Jahre später errichtete Pius XII. zudem eine »Päpstliche Kommission für den Staat der Vatikanstadt«. Als der erste Gouverneur, ein römischer Marchese, verstarb, wurde sein Amt nicht wieder besetzt. Für die Verwaltung des Vatikanstaates blieb jedoch weiterhin die Bezeichnung »Governatorato« bestehen. Heute sind die »Regierungsgeschäfte« des kleinsten Landes der Erde dem Präsidenten des Governatorates des Vatikanstaates anvertraut, der in der Regel auch der Präsident der »Päpstlichen Kommission für den Staat der Vatikanstadt« ist und im Rang eines Kardinals steht.

Die Aufgaben des Governatorates sind vielfältig. Es gilt, wie in jedem anderen Staat auch, ein Geburten-, Heirats- und Sterberegister zu führen. Das Governatorat unterhält ein Verzeichnis der Staatsbürger und erteilt Aufenthaltsgenehmigungen, die zeitlich beschränkt oder auf Dauer ausgestellt sind. Neben dem *Registro Automobilistico Vaticano* (»Verzeichnis der vatikanischen Kraftfahrzeuge«) gibt es sogar ein eigenes Schifffahrtsregister, das jedoch noch keinen Eintrag aufweist. Der Vatikan besitzt das international verbriefte Recht, unter päpstlicher Flagge Schiffe auf den Weltmeeren fahren zu lassen. Das Governatorat trägt Sorge um die Instandhaltung der Gebäude in päpstlichem Besitz, der Straßen und Gärten in der Vatikanstadt und den exterritorialen Gebieten; der Abteilung der Technischen Dienste mit ihren diversen Werkstätten sind die zahlreichen Wasser-, Elektro-, Heizungs- und Klimaanlagen anvertraut.

Ein *Ufficio Merci* (»Warenamt«) kümmert sich um die Versorgung des Vatikans mit Gütern aller Art. Die »Floreria«, ein groß angelegtes Magazin, besorgt den Schmuck und die Ausgestaltung der Räume, in denen die liturgischen Feiern, Zeremonien und Audienzen des Heiligen Vaters stattfinden; ferner betreut sie die Einrichtung der Wohnungen des Papstes, der Kardinäle und übrigen kirchlichen Würdenträger ebenso wie die der Büros der Kurie und des Vatikanstaates. Dem Governatorat unterstehen das Post- und Telegrafenamt des Vatikans, der Telefondienst, die staatseigene Druckerei und Verlagsbuchhandlung, die Vatikanischen Museen sowie die Sternwarte des Heiligen Vaters in Castel Gandolfo. Auch der Bahnhof des Papstes und der Fuhrpark des Pontifex werden von den Büros im »Palazzo del Governatorato« aus verwaltet. Für die Sicherheit im weltlichen Herrschaftsgebiet des Papstes sorgen ein eigenes Gendarmeriekorps und eine kleine, aber äußerst effiziente Feuerwehrtruppe; beide unterstehen der Direktion für die Sicherheits- und Zivilschutzdienste.

Der »Vatileaks«-Prozess des Jahres 2013, der sich mit dem Diebstahl vertraulicher Dokumente aus den Privatgemächern Benedikts XVI. zu befassen hatte, weckte überall auf der Erde das Interesse an der weltlichen Gerichtsbarkeit des Papstes. Das Grundgesetz des Staates der Vatikanstadt stellt unmissverständlich fest, dass »die richterliche Gewalt im Namen des Papstes von den nach der Gerichtsordnung des Staates bestellten Organen ausgeübt wird«, als Staatsoberhaupt des Vatikans kann er jedoch »in jeder Zivil- oder Strafsache und in jedem Stadium des Verfahrens die Untersuchung und die Entscheidung einer besonderen Instanz übertragen, auch mit der Berechtigung, die Entscheidung nach Billigkeit und unter Ausschluss aller weiteren Rechtsbehelfe zu fällen«. Dem Papst ist zudem das Recht vorbehalten, »Amnestien, Indulte, Straferlasse und Gnadenakte zu gewähren«.

Die Vorermittlungen zu einem eventuellem Prozess obliegen dem *Promotore di Giustizia* (»Staatsanwalt der Vatikanstadt«). Er befragt Verdächtige und Zeugen und lässt mögliche Beweise sichern. Dann wird vom *Giudice Unico* (»Untersuchungsrichter«) die Einleitung der formalen Ermittlungen vorgenommen, nach denen er entscheidet, ob ein Verdächtiger aus der Haft entlassen oder ein Verfahren eröffnet wird. Im letzteren Fall kommt es zu einem Prozess am vatikanischen Gerichtshof. Der Angeklagte wird dann einem Gremium von drei Richtern gegenüberstehen. Im Falle einer Berufung wird das Verfahren vor dem Appellationsgericht verhandelt. Waren die Richter bisher Laien, so sind es nun Kleriker, die ein Urteil fällen. Dem Kassationsgericht als letzter Instanz steht der Präfekt des »Obersten Gerichtshofs der Apostolischen Signatur« vor. Zu Beginn eines jeden Gerichtsjahres bestimmt er zwei weitere Purpurträger der »Apostolischen Signatur« zu seinen Mitrichtern. Die Aufgaben der Gerichtspolizei sind dem vatikanischen Gendarmeriekorps übertragen.

Eine Kuriosität blieb dem Vatikanstaat nicht erspart: Bei seiner Gesetzgebung im Jahre 1929 hatte er sich in der Ahndung von Kapitalvergehen der Rechtsprechung Italiens angeschlossen. Die 1944 erfolgte Abschaffung der Todesstrafe durch die Republik »entging« ihm jedoch. Erst ein Vierteljahrhundert später, als ein päpstlicher Advokat durch Zufall auf diesen Umstand stieß, tilgte man stillschweigend die entsprechende Bestimmung – die wohl kaum noch Anwendung gefunden hätte.

Gendarmen zum Schutz des Vatikans

Knapp und präzise erklärt der Einsatzleiter ein letztes Mal seinen Männern das Vorgehen. Die vermummten Gestalten, geschützt durch kugelsichere Westen, nicken. Dann klappen sie die Visiere ihrer Sturmhauben herunter und beginnen nach einem »Avanti! Avanti!« mit der Erstürmung. Eine gut zwanzig Kilogramm schwere Metallramme lässt das Türschloss zersplittern. In Sekundenschnelle dringen die Männer in die Räume ein; nur wenige Augenblicke vergehen, dann sind die Attentäter gestellt – ohne dass ein einziger Schuss gefallen ist oder Sprengsätze gezündet werden konnten. Das Kommando, das hier sein Können unter Beweis stellte, hat einen ungewöhnlichen Dienstherrn.

Auf dem linken Ärmel ihrer Uniform tragen die unbekannten Einsatzkräfte die Tiara mit den gekreuzten Schlüsseln Petri; das Abzeichen auf dem rechten Ärmel zeigt das Wappen des Vatikanstaates, unterlegt mit einem Schwert und dem Spruch *Semper parati* (»Immer bereit«). Die Männer gehören zur »Schnellen Eingreiftruppe« der vatikanischen Gendarmerie. Nachdem die Elite-Polizisten die Räume gesichert haben, rückt eine zweite Sondereinheit der päpstlichen Polizei an. Die »Anti-Terror-Einheit« kümmert sich um die rasche Entschärfung der sichergestellten Sprengsätze. Die Übung der *Special Forces* des vatikanischen Gendarmeriekorps spiegelt die Antwort auf außergewöhnliche Bedrohungen wider, vor denen man heute auch im Vatikan nicht sicher sein kann. Denn vor Attentaten und Terrorismus können nicht einmal die hohen Mauern des Kirchenstaates einen unangefochtenen Schutz bieten. Im Alltag sind die Anforderungen an die Gendarmen des Papstes aber anderer Natur. »Die vatikanische Gendarmerie hat eine ganze Reihe von Aufgaben; sie ist im kleinsten Staat der Erde Verkehrs-, Kriminal-, Justiz- und Grenzpolizei«, betont Domenico Giani, der Kommandant des Korps. »Die wichtigste Aufgabe aber ist der Schutz des Heiligen Vaters und der Personen, die ihn hier im Vatikan besuchen«, fügt er an.

An Arbeit mangelt es den päpstlichen Ordnungshütern nicht. Alljährlich besuchen gut neunzehn Millionen Pilger und Touristen den Petersdom und die Vatikanischen Museen, und das bei einer Sollstärke des Korps von 198 Mann. Für die Gendarmen sind die gewaltigen Menschenmassen eine enorme Herausforderung. Zudem müssen sie in den Basiliken »Santa Maria Maggiore«, »Sankt Paul vor den Mauern«, dem »Lateran«, in der Sommerresidenz des Papstes in Castel Gandolfo und all den Gebäuden präsent sein, die als exterritorial gelten. »Bei so vielen Besuchern darf es daher niemand wundern, dass wir als der Staat mit der höchsten Verbrechensrate der Erde gelten«, gibt die Gendarmerie zu bedenken, wobei natürlich angemerkt werden muss, dass sich dieses Verhältnis der Straftaten – fast ausschließlich der Raub von Handtaschen und Geldbörsen – aus dem Bezug zur Einwohnerzahl des Landes ergibt.

Die Überwachung der Vatikanstadt wird von der *Sala Operativa* (»Kontrollzentrum«) aus, die sich beim Sant' Anna-Tor in der Kaserne der Gendarmerie befindet, koordiniert. Auf über fünfzig Monitoren können die Beamten in fast jeden Winkel des Kirchenstaates blicken. An die fünfhundert Videokameras erfassen alle Personen, die den Vatikanstaat betreten oder verlassen. Die Anlage ist fähig, Verdächtige in Echtzeit zu scannen und mit Fotografien in Datenbanken abzugleichen. Aber das Kontrollzentrum dient nicht nur der polizeilichen Überwachung des Vatikans, sondern soll auch Notsituationen erkennen. So verhindert es immer wieder, dass sich Lebensmüde von der Kuppel des Petersdoms in die Tiefe hinabstürzen. In den heißen Sommermonaten kommt es auf der Wendeltreppe, die zur Kuppel hinaufführt, bei Besuchern oft zu Schwächeanfällen. Dank der zahlreichen Kameras ist es möglich, den Betroffenen schnelle Hilfe zukommen zu lassen.

Mit der pittoresken Tracht und der eindrucksvollen mittelalterlichen Bewaffnung der Schweizergarde kann die Gendarmerie nicht mithalten. Doch auch ihre Uniform beeindruckt die Besucher des Kirchenstaates. Die Ordnungshüter der Vatikanstadt tragen eine dunkelblaue Uniform, dazu eine Schirmmütze gleicher Farbe, auf der das päpstliche Emblem und die Farben des Vatikanstaates angebracht sind. Als Waffe verfügen sie über eine Pistole, eine »Beretta automatica«, Kaliber 7,65. Gelebtes Christentum und Engagement im Glauben sind für den Dienst in der Gendarmerie Voraussetzungen. Für den stellvertretenden Gendarmeriechef Davide Giulietti steht fest: »Wenn du hier arbeitest und nicht ein Minimum an Glauben hast, für wen arbeitest du dann? Wenn du im Dienste des Papstes stehst, glaubst du an seine Person. Wer daran nicht glaubt, hat meines Erachtens den falschen Job.«

Die Päpste wissen, dass ihr Schutz und der des Vatikans bei der Gendarmerie in guten Händen liegen. Benedikt XVI., selbst Sohn eines Gendarmen, hatte kurz vor seinem Rücktritt den Ordnungshütern für das gedankt, »was ihr zusammen mit der Schweizergarde jeden Tag voll Hochherzigkeit und Treue tut, um dem Papst und seinen Mitarbeitern zu dienen, um Frieden und Ordnung in der Vatikanstadt zu gewährleisten und die Pilger zu empfangen, die die Gräber der Apostel besuchen oder dem Nachfolger Petri begegnen wollen … Ihr leistet eine schwierige und höchst notwendige Arbeit, die Hingabe, Umsicht und große Hilfsbereitschaft erfordert«.

Die Feuerwehr des Papstes

Die weltberühmten Stanzen Raffaels im Apostolischen Palast geben Auskunft über ein dramatisches Großfeuer in der Ewigen Stadt. Ein Fresko zeigt, wie der heilige Papst Leo IV. im Jahre 847 einem Brand im Viertel bei Sankt Peter durch eine Segensgeste Einhalt gebietet. In unseren Tagen vertraut man im Vatikan bei einer solchen Katastrophe nicht nur dem Gebet, sondern auch einer professionellen Feuerwehrtruppe. Die Geschichte einer päpstlichen Feuerwehr reicht bis in das Jahr 1810 zurück. Auch nach dem Ende des alten Kirchenstaates existierte das Feuerwehrkorps innerhalb der Vatikanmauern weiter. 1941 entschloss sich Pius XII., das *Corpo dei Vigili del Fuoco* neu zu ordnen. Bereits in den Jahren des Zweiten Weltkrieges konnte sich das Korps beweisen. Obschon der Vatikan ein neutraler Staat war, fielen Bomben auf sein Hoheitsgebiet. Durch den schnellen Einsatz der eigenen Feuerwehr konnten Brände verhindert werden. In den Sechzigerjahren des zwanzigsten Jahrhunderts stellte das II. Vatikanische Konzil an die Feuerwehrtruppe hohe Anforderungen. Der Umbau von Sankt Peter zur Konzilsaula erforderte ständige Kontrollen der gewaltigen Tribünen, die für die Teilnehmer an der Kirchenversammlung errichtet worden waren.

Derzeit setzt sich die Feuerwehr des Papstes aus gut vierzig Mann zusammen. Im Quartier des Korps beim Belvederehof des Vatikans laufen die Alarmanlagen des päpstlichen Palastes und aller Gebäude des Stadtstaates zusammen. Das besondere Augenmerk der päpstlichen Feuerwehr gilt Sankt Peter. Jeden Abend, nach der Schließung der Basilika, unterziehen die *Vigili* (»Feuerwehrmänner«) das Gotteshaus einer eingehenden Überprüfung. Bei kleineren und mittleren Bränden vertraut man im Vatikan ganz auf die eigene Feuerwehr. Für größere Brände liegt ein Katastrophenplan bereit, der auch den Einsatz italienischer Feuerwehrkräfte mit einschließt. »Viel Zeit und Aufwand verwenden wir darauf, erst gar keinen Brand entstehen zu lassen«, versichert Kommandant Paolo De Angelis. Die Statistik gibt ihm recht, kaum mehr als zwei Brände sind im Jahr bei insgesamt sechshundert Einsätzen zu verzeichnen. Die Arbeit der Feuerwehrmänner des Vatikans ist nicht nur auf den Brandschutz beschränkt. Sie müssen Lebensmüde davon abhalten, von der Kuppel der Petersbasilika zu springen, und Autos abschleppen, die dem Wagen des Papstes die freie Fahrt versperren.

Oder sie versuchen, eine der vielen Katzen des Vatikans, die sich immer wieder in Bäumen oder auf den Dachvorsprüngen der Paläste verirren, aus ihrer misslichen Lage zu befreien. Oft ist von den Feuerwehrleuten Einfallsreichtum gefordert, der aber nicht zu weit gehen darf. »So eine Katze möchten wir manchmal am liebsten mit dem Schlauch herunterholen«, gesteht einer der Feuerwehrmänner ein, »aber das kommt nicht infrage. Was würde der Heilige Vater sagen, wenn er sähe, wie wir eine Katze mit dem Wasserschlauch vom Baum schießen!« 2009 kam die päpstliche Feuerwehr zum ersten Mal im benachbarten »Ausland« zum Einsatz. Ein schweres Erdbeben in Mittelitalien, in L'Aquila und Umgebung, hatte viele Opfer gefordert. Es gab Verletzte und Tote. Als der Vatikan von der Katastrophe erfuhr, entschied man sich dort spontan, mit der Feuerwehr der Vatikanstadt vor Ort zu erscheinen: »Auch wenn unser Beitrag eher symbolisch war, wir wollten in dieser großen Not da sein und unsere Hilfe anbieten, als Unterstützung für die Menschen, die leiden – im Namen des Papstes.«

XIII. FACETTEN DES KLEINSTEN STAATES DER ERDE

Zwar wird die Größe des Staates der Vatikanstadt mit »nur« vierundvierzig Hektar angegeben, doch das kleinste Land der Erde ausführlich zu beschreiben, seine Geschichte, seine Institutionen, Bauten und Kunstwerke eingehend zu behandeln, würde die Arbeit an einem mehrbändigen Werk erfordern. Ein wenig kann man sich ihm nähern, einen kleinen Eindruck gewinnen, wenn man die unterschiedlichen Facetten dieses ungewöhnlichen und einzigartigen Staatswesens auf sich wirken lässt.

Briefmarken und Münzen

Fremdenführer und Leiter von Pilgergruppen geben ihren Schutzbefohlenen immer wieder den Rat, Ansichtskarten an Freunde und Verwandte in der Heimat mit Briefmarken des Papstes zu frankieren und dann in die entsprechenden Kästen des Kirchenstaates zu werfen. Es sind nicht so sehr die bekannten Vorbehalte gegen das italienische Postwesen – denn die Karten werden in vorsortierten Säcken Italien zur Weiterbeförderung übergeben – als die Kuriosität, Urlaubsgrüße mit der Marke und dem Stempel des kleinsten Staates der Erde verschickt zu haben.

Am 1. August 1929 wurde die erste Freimarkenserie des Vatikanstaates herausgegeben. Ein Zeitzeuge berichtete, dass der erste Verkaufstag der päpstlichen Briefmarken zu einem denkwürdigen Ereignis wurde: »Lange Reihen standen vor den Verkaufsschaltern Schlange, und die herbeiströmende Menge musste von den Gendarmen des Papstes reguliert werden. Die Briefkästen wurden ständig geleert. Es musste eine Verkaufsbeschränkung auf drei Serien festgesetzt werden, um nicht die ganze Kollektion sofort vergriffen zu sehen.« 1933 konnte Pius XI. das von Giuseppe Momo erbaute Postgebäude an der Via del Belvedere einweihen. Später wurden noch verschiedene Zweigstellen der *Poste Vaticane* eingerichtet: im linken Kolonnadenflügel in der Nähe des Arco delle Campane, bei der Mauer an der Porta San Pietro und in den Vatikanischen Museen; ferner existiert seit den Siebzigerjahren ein mobiles Postamt, das bei Bedarf auf dem Petersplatz eingesetzt werden kann. Briefkästen der Vatikanpost befinden sich überall in der Vatikanstadt und auf den exterritorialen Besitzungen des Heiligen Stuhles.

In den Sechzigerjahren wurden die Briefmarken des Vatikans zu einem Spekulationsobjekt. Händler kauften die Marken gezielt auf. Der Vatikanstaat erhöhte dann die Auflage so sehr, dass der Sammlerwert der Briefmarken ins Bodenlose stürzte. Als man darauf reagierte und noch vorhandene Bestände vernichtete, trat genau das Gegenteil der beabsichtigten Korrektur ein. Die Verwirrung bei den Philatelisten wurde noch größer und die Bewertung vatikanischer Marken beinahe unmöglich. Die päpstliche Postverwaltung besann sich: Sie legte von da ab die Auflagenhöhe definitiv fest und ordnete Verkaufsbeschränkungen für die Briefmarkenserien an. Heute sind die Briefmarken des Papstes wieder beliebte und seriöse Sammelobjekte. Dem Finanzhaushalt des Vatikans bringt der Verkauf der Postwertzeichen ein beachtliches Plus. Eine weitere lukrative Einnahmequelle der Vatikanpost ist seit Dezember 1992 die Ausgabe vatikanischer Telefonkarten. Sie sind nur für die Benutzung in den Telefonzellen des Kirchenstaates vorgesehen und weigern sich daher beharrlich, an italienischen Apparaten zu funktionieren, werden jedoch gerne als Souvenir oder Sammelobjekt mit nach Hause genommen.

1929 erhielt der Vatikanstaat zwar das Recht, eigene Münzen zu prägen, war aber eine Währungsunion mit Italien eingegangen. Als der große Nachbar dem Euro beitrat, stand auch für den Vatikan eine Umstellung auf das europäische Zahlungsmittel an. Es gab Bedenken Frankreichs und einiger anderer Staaten, dass nun religiöse Symbole – das Profil des Heiligen Vaters – auf Münzen in einem Land auftauchen könnten, in dem offiziell die Trennung zwischen Staat und Kirche besteht. Im Vatikan zeigte man sich verärgert und stellte die berechtigte Frage, ob man sich auch so verhalten würde, wenn Großbritannien der Euro-Gemeinschaft beiträte? Denn immerhin sei auch der britische Monarch ein religiöses Oberhaupt und nehme den Anspruch eines *Defensor Fidei* (»Verteidiger des Glaubens«) für sich in Anspruch.

Im Dezember 1998 erteilte die Europäische Union dem Vatikanstaat das Recht, nach der Währungsumstellung eigene Euromünzen prägen zu lassen. Mit Datum vom 1. Januar 2002 wurde der Euro durch päpstlichen Erlass als alleinige Währung im Kirchenstaat eingeführt. Der Großteil der vatikanischen Euromünzen wird leider von Sammlern in Beschlag genommen. Zwar hat sich der Vatikan verpflichtet, seine Münzen zu einem bestimmten Prozentsatz in den normalen Zahlungsverkehr zu geben, doch wer ihn in den Museen, Postämtern und Souvenirgeschäften des Kirchenstaates als Wechselgeld bekommt, wird ihn als Rarität behalten. Und es wird daher eher unwahrscheinlich sein, dass man mit dem »päpstlichen«

Euro Frühstücksbrötchen oder Zeitungen bezahlen wird. Gegen die Bedenken der »Grande Nation« hat man sich übrigens durchgesetzt. Die Münzen des Vatikans tragen das Konterfei des Papstes. »Seit dem 8. Jahrhundert verfügen die Päpste über ihr eigenes Geld«, gab das »Governatorat« der Vatikanstadt gegenüber der Europäischen Zentralbank selbstbewusst an, »und niemand hat ihnen seitdem bei der Gestaltung ihrer Münzen Vorschriften gemacht. Warum jetzt damit anfangen?«

Ein vatikanisches Erfolgsrezept

Ein Besuch der Vatikanstadt ist nicht so ohne Weiteres möglich. Wer sich nicht nach Sankt Peter begibt, an einer heiligen Messe im »Campo Santo Teutonico«, dem deutschen Priesterkolleg, teilnehmen möchte oder beim Fotodienst des »L'Osservatore Romano« auf der Suche nach einem Bild von der allwöchentlichen Generalaudienz des Heiligen Vaters ist, muss den Schweizergardisten, von denen die Zugänge zum kleinsten Staat der Welt sorgfältig bewacht werden, schon einen triftigen Grund nennen, um eines der Passierscheinbüros der Vatikanstadt betreten zu dürfen. Die päpstlichen Gendarmen, die nur wenige Schritte hinter den eidgenössischen Wächtern postiert sind, geben ihrerseits nur demjenigen den Weg ins Innere des päpstlichen Herrschaftsgebietes frei, der sich im Besitz eines gültigen *Permesso* (»Passierscheins«) befindet.

Das Passierscheinbüro bei der Porta Sant' Anna hat den meisten »Kundenzulauf«. Die Beamten im *Ufficio Permessi* sind es gewohnt, dass ein Großteil der Personen, der ihr Büro aufsuchen, im Antragsformular in der

Zeile, die den Grund des Besuchs der Vatikanstadt erfragt, die beiden Worte *Farmacia Vaticana* (»Vatikanische Apotheke«) eintragen. Damit dem Antrag entsprochen werden kann, muss neben dem Personalausweis auch ein gültiges Rezept vorgelegt werden. Streng genommen müssten die Beamten sich davon überzeugen, dass das gewünschte Medikament in Italien nicht oder nur schwer erhältlich ist. Aber hier zeigt sich die vatikanische Bürokratie von ihrer menschlichen Seite. Die Überprüfung der Personalien und ein kurzer Blick auf das Rezept reichen für gewöhnlich aus, damit der begehrte *Permesso* (»Passierschein«) ausgestellt wird.

Die *Farmacia Vaticana* ist die meistbesuchte Apotheke der Welt. Tag für Tag wird sie von weit mehr als zweitausend Menschen aufgesucht, mehr als die Hälfte von ihnen kommt aus dem »Ausland«. In der Apotheke sind Medikamente vorrätig, die im benachbarten Italien noch nicht im Handel erhältlich sind oder dort überhaupt nicht vertrieben werden. Alle Medikamente, die auch in Italien verkauft werden, sind im Vatikan um zwölf Prozent billiger. Arzneien, die in Italien erhältlich sind, aber außerhalb des Landes produziert wurden, können im Vatikan sogar noch bedeutend kostengünstiger erworben werden. Der Direktor der *Farmacia Vaticana*, ein Mitglied des Ordens der Barmherzigen Brüder, weist ausdrücklich darauf hin, dass in der Apotheke keine Produkte verkauft werden, die moralisch verwerflich sind: »Unsere Arbeit vollzieht sich natürlich unter Beachtung der Soziallehre der Kirche, des Lehramtes und der katholischen Morallehre.« Gegen den Missbrauch von Medikamenten ist aber auch die Apotheke des Papstes nicht gefeit. Im November 1990 sprach der kanadische Leichtathletiktrainer Charlie Francis in einem Interview mit dem »Spiegel« über weltweite Dopingpraktiken und erzählte dabei dem deutschen Nachrichtenmagazin: »1981 in Rom rannten die Kugelstoßer immer in den Vatikan, und alle wunderten sich, wie religiös Kugelstoßer sind. Dann stellte sich heraus, dass die Vatikan-Apotheke als einzige in Rom Dianabol ausgab.«

Die vatikanische Apotheke kann auf eine lange Geschichte zurückblicken. Im März des Jahres 1874 bat Papst Pius IX., beim Generaloberen der »Barmherzigen Brüder vom heiligen Johannes von Gott« vorstellig zu werden, damit der Vatikan auch zur Nachtzeit mit Medikamenten versorgt werde. Die politischen Umstände nach der Einverleibung des Kirchenstaates in das Königreich Italien hatten eine solche Überlegung bewirkt. Der Generalobere entsprach dem Wunsch des Papstes und entsandte einen deutschen Mitbruder, Eusebius Frommer, in den Vatikan. Die erste päpstliche Apotheke wurde bald darauf beim *Cortile di Sisto V* eingerichtet. Im Laufe der Jahre mussten die Räumlichkeiten erweitert werden, da der Dienst der »Nachtapotheke« nun auch auf den Tag ausgedehnt wurde. 1917 veranlasste Papst Benedikt XV. die Verlegung in Räume der Kaserne der Päpstlichen Schweizergarde, ganz in der Nähe des Sant' Anna-Tors. Während des Tages durften nun auch die Bürger Roms die Apotheke aufsuchen. Nach der Aussöhnung mit Italien und der Gründung des Vatikanstaates erhielt sie unter dem Namen *Farmacia Vaticana* einen neuen Sitz, und zwar im »Palazzo del Belvedere«.

Die Apotheke ist hauptsächlich mit der Beschaffung von Medikamenten für vatikanische Bürger, Angestellte des Heiligen Stuhles und der Vatikanstadt beauftragt. Wenn sie ihre Dienste auch »Ausländern« ohne nennenswerte bürokratische Hürden zukommen lässt, folgt sie damit der karitativen Gesinnung, die ihren Gründer, den seligen Pius IX., auszeichnete. Im Pontifikat dieses Papstes kam in der Ewigen Stadt ein Krankenhaus auf etwas mehr als neuntausend Einwohner. (In London hingegen mussten sich zweiundvierzigtausend Einwohner mit einem Hospital bescheiden.) Die Kranken-, Pflege- und Altenheime, Waisenhäuser und Besserungsanstalten im Kirchenstaat wurden vorbildlich geführt. 1869 hatte der Papst eine Poliklinik für kostenlose ärztliche Untersuchungen und Arzneien zugunsten der Armen gegründet.

Die Bank des Papstes – Wirklichkeit und Legenden

Fotografen bevorzugen die Morgen- oder Abenddämmerung, wenn sie die Objektive ihrer Kameras auf den Nikolausturm des Papstpalastes richten. Denn so lassen sich Aufnahmen vom Sitz der Vatikanbank am besten in Szene setzen und geben ihnen den nötigen Anstrich des Geheimnisvollen. Wer in den vergangenen Jahrzehnten den Schalterraum des »IOR«, *Istituto per le Opere di Religione* (»Institut für die religiösen Werke«), betrat, konnte sehen, dass sich dieser kaum von dem einer deutschen Kleinbank unterschied. Weder die Kunden noch das Personal benahmen sich auffällig. Niemand trug dunkel getönte Augengläser oder versuchte, verdächtig aussehende Umschläge den Angestellten der Bank zu übergeben. Ungewöhnlich war eher, dass sich an der Wand ein Kruzifix und ein Bild des Papstes befanden.

Der freundliche Schalterbeamte, der den Ordensschwestern beim Ausfüllen von komplizierten Formularen half, wusste jedoch schon seit den Siebzigerjahren, dass die Institution, in der er arbeitete, unter Beobachtung stand. Heute steht die Bank so stark im Fokus, dass man sogar den Publikumsverkehr so weit wie möglich zurückgedrängt hat. Es gibt nur wenige aktuelle Mafiathriller und kirchliche Verschwörungsromane, in denen das »IOR« keine Rolle spielt. Fernsehanstalten und Zeitungen sparen nicht an Sendeminuten und Zeilen, wenn es darum geht, über das geheimnisumwitterte Geldinstitut des Heiligen Vaters zu berichten. Was aber verbirgt sich nun wirklich hinter dem »IOR«, der sogenannten »Bank des Vatikans«?

1887 hatte Papst Leo XIII. eine Kardinalskommission eingesetzt. Die Purpurträger sollten sich unter Mitwirkung fachkundiger Laien um die Aufbewahrung der Gelder kümmern, die aus Testamenten, Schenkungen und Stiftungen an den Papst geflossen waren. Mit nur geringfügigen Änderungen – 1904 und 1908 ließ Pius X. die Statuten verbessern – bestand diese Kommission bis zum Sommer des Jahres 1942. Als Italien im Dezember 1941 den USA den Krieg erklärte, gerieten die italienischen Ordensgemeinschaften in große finanzielle Bedrängnis. Sie hatten all ihr Geld bei italienischen Banken angelegt; es gab für sie nun keine Möglichkeiten mehr, Gelder ins Ausland zu transferieren. Dies traf mit besonderer Härte die weltweit wirkenden Missionsgemeinschaften. Um Abhilfe zu schaffen, entschloss sich Pius XII., im Juni 1942 das »IOR« als eine auf dem Gebiet des neutralen Vatikanstaates ansässige Bank zu gründen.

Als autonome juristische Körperschaft sollte sie unabhängig von jeglichem Einfluss der Kurie sein und nur dem Papst Rechenschaft schulden. Der Gründung eines vatikanischen Bankinstitutes lag auch die Sorge zugrunde, dass nach einem Sieg des faschistischen Italiens das

Regime eine Konfiszierung von Kirchenbesitz hätte durchführen können. Die gleiche Gefahr hätte bei einer Kriegsniederlage durch eine linksorientierte oder kommunistische Regierung bestanden.

Konten beim »IOR« durften eröffnen: Behörden der Römischen Kurie, Bistümer, Pfarreien, Ordensgemeinschaften, religiöse Stiftungen, Bürger des Vatikanstaates und Bedienstete der Kurie, beim Heiligen Stuhl akkreditierte Diplomaten sowie einige wenige Privatpersonen. Das vatikanische Bankinstitut nahm Einlagen entgegen, ermöglichte den Transfer auf ausländische Konten und investierte oder reinvestierte in Verwahrung genommene Depots; erst in den folgenden Jahrzehnten stieg es dann verstärkt in den Devisen- und Aktienhandel ein und erweiterte den Kundenkreis.

Bis in die Mitte der Siebzigerjahre wirkte das »IOR« unauffällig und effizient; erst dann geriet es in die Schlagzeilen. 1975 brach das Bankenkonsortium des Michele Sindona zusammen. Sindona, der seit Anfang der Sechzigerjahre einer der einflussreichsten Finanzberater des »IOR« gewesen war, hatte sich geschickt seiner Beziehungen zu den Verantwortlichen des Institutes bedient und sie missbraucht. Die Vatikanbank, die an vier Geldinstituten Sindonas beteiligt war, verlor fast fünfzig Millionen US-Dollar. Sieben Jahre später sollte es noch weitaus dramatischer werden, es kam zum Konkurs einer bekannten, der Kirche nahestehenden Mailänder Bank, der »Banco Ambrosiano«. Ihr Generaldirektor Roberto Calvi hatte in aller Welt ein unüberschaubares Netz von Schein- und Briefkastenfirmen aufgebaut und sich zahlreicher Vergehen schuldig gemacht. Er führte die Bank in den unvermeidlichen Ruin. Der Konkurs brachte auch das »IOR« in beträchtliche Kalamitäten. Eine vatikanische Untersuchung kam zwar zu der Ansicht, dass der Vatikanbank keine rechtliche Mitschuld anzulasten sei, empfahl jedoch aus einer moralischen Verpflichtung heraus, »freiwillige Leistungen« an die Gläubiger in der Höhe von 240 Millionen US-Dollar zu übernehmen.

Die Skandale verunsicherten gläubige und kirchentreue Katholiken. Das irdische Ende der beiden betrügerischen Bankiers, das sich einer medialen Aufbereitung geradezu anbot, trug nicht zur Beruhigung der Gläubigen bei: Michele Sindona starb in einem italienischen Gefängnis, nachdem er einen mit Zyankali vergifteten Kaffee zu sich genommen hatte; Roberto Calvi wurde 1982 in London tot aufgefunden, aufgehängt an der Blackfriars-Bridge. 1987 begann man mit einer Umstrukturierung des vatikanischen Bankinstitutes. Konstruktive Vorschläge kamen von Kardinal Josef Höffner aus Köln. Höffner, der ein Doktorat in Wirtschaftswissenschaften vorweisen konnte, schlug vor, die Geschäftsleitung des »IOR« in die Hände erfahrener Laien zu legen sowie die Geschäftsführung und den Haushalt des Institutes regelmäßig durch unabhängige Stellen prüfen zu lassen.

Doch trotz vieler Bemühungen kam das »IOR« nicht aus den Schlagzeilen heraus. Echte und angebliche Skandale ernährten viele »Enthüllungsjournalisten« – bis hin zu Gianluigi Nuzzi. »Finanzvergehen sind die illegitimen Kinder einer jeden Bank und werden sich nie vermeiden lassen«, bemerkte vor einiger Zeit einer der Kardinäle im Aufsichtsgremium der Bank, »aber im Ambiente der Kirche können wir uns das nicht leisten.« Benedikt XVI. und Franziskus haben begonnen, Missstände in der Arbeit des »IOR« abzustellen und durch konkrete Maßnahmen Verfehlungen in der Zukunft erst gar nicht entstehen zu lassen. Zu dem Maßnahmenpaket gehören eine Reihe von Gesetzen, die für die Vatikanstadt erlassen wurden – so gegen Korruption und Geldwäsche.

2013 verfügten 5 200 katholische Institutionen und 13 700 Einzelpersonen über ein Konto; das »IOR« zahlt aktuell die Pensionen und Gehälter von rund fünftausend im Dienst des Vatikans stehenden Personen aus. Im Oktober 2013 begann man, Konten von Kunden zu kündigen, die nicht zum satzungsgemäßen Kreis der Bankkunden gehörten. Auf eine eigene Bank werden der Heilige Stuhl und der Vatikanstaat nicht verzichten können. Ein Höchstmaß an Seriosität ist daher für das »Institut für die religiösen Werke« ein Muss und unabdingbar. Nur so kann dies- und jenseits der leoninischen Mauern Vertrauen geschaffen werden und der Heilige Stuhl weiterhin Herr seiner Finanzen bleiben. Würde der Vatikan seine Geldgeschäfte einer fremden, ausländischen Bank anvertrauen, käme er in eine zu große Abhängigkeit und damit vom Regen in die Traufe.

Eine unermessliche Pflanzenwelt

Als »Schöpfer« der Vatikanischen Gärten wird Papst Nikolaus III. (1277–1280) angesehen. Er ließ im Nordwesten seines Palastes einen Rasen, einen Ziergarten und ein *Pomerium* (»Obstgarten«) anlegen. Nikolaus IV. (1288–1292) gab seinem Leibarzt Simone da Genova die Erlaubnis, bei Sankt Peter Heilkräuter zu pflanzen. Aus den mit Sorgfalt gepflegten Beeten des päpstlichen Medicus wurde der erste botanische Garten Italiens. Auch in der Zeit, als die Oberhirten der katholischen Kirche in Avignon residierten, zeigten sie Interesse für ihren Garten im Vatikan. Urban V. befahl seinem Vikar in der Ewigen Stadt, »diesen zu bestellen und mit guten Reben, Obst- und Zierpflanzen unterschiedlicher Art bepflanzen zu lassen«. In der Renaissance war es Innozenz VIII. (1484–1492), der den »Palazzo del Belvedere« mit Zypressen und Orangensträuchern umgab. Unter Papst Julius II. (1503–1513) entstanden Anlagen mit Hecken, Bäumen und Grünflächen. Clemens VII. (1523–1534) förderte mit Nachdruck die Pflanzung von ausgedehnten Zierbeeten.

Paul III. (1534–1549) schließlich ordnete an, den *Giardino Quadrato* als »Geheimgarten«, das heißt zur persönlichen Verfügung des Pontifex, anzulegen. Dieser war von hohen Mauern umgeben, um den Papst bei seinen Spaziergängen zwischen den quadratisch angelegten Beeten und Wegen vor den Blicken der Neugierigen zu schützen. Er stand in der mittelalterlichen Tradition des *Hortus conclusus* (»eingefriedeten Gartens«) als Symbol der Jungfrau Maria. Die Fläche war durch eine kreuzförmige Pergola in vier Bereiche aufgeteilt, ein großer Marmorbrunnen in der Mitte und zahlreiche kleinere Brunnen an den Seiten verzierten die Anlage. Der *Giardino Quadrato* erfuhr im Laufe der Jahrhunderte viele Veränderungen und man ließ ihm nicht mehr die Pflege und Sorgfalt angedeihen, die er benötigt hätte. 1928 erfuhr der Garten eine Verkleinerung; ein Teil des Terrains wurde für den Bau der neuen Pinakothek des Vatikans genutzt.

In unseren Tagen ist der einstige Geheimgarten des Papstes zu neuen Ehren gekommen. Mit dem Rücktritt Benedikts XVI. ist der Besuch der Vatikanischen Gärten für alle, die nicht im Kirchenstaat leben oder dort arbeiten, erschwert worden. Der Umbau des ehemaligen Klausurklosters im Vatikan zum Wohnsitz des emeritierten Pontifex und die Nutzung des Gästehospizes »Domus Sanctae Marthae« als Residenz von Papst Franziskus haben Spaziergängen und Führungen in diesem Teil der Vatikanstadt Grenzen gesetzt. Als kleine Entschädigung kann aber nun jeder, der die Museen des Kirchenstaates mit einer Eintrittskarte aufsucht, ohne weitere Formalität einen Abstecher in einen der ältesten Teile der päpstlichen Gartenanlagen unternehmen. Gregor XVI. (1831–1846) hatte im *Giardino Quadrato* Blumenteppiche anlegen lassen, die das Wappen des regierenden Papstes zeigten – dieser Brauch wurde nach der Gründung des Vatikanstaates im Jahre 1929 für den Bereich der Gärten, der sich vor dem Gouverneurspalast des Vatikans erstreckt, übernommen. Um das päpstliche Wappen in seiner ganzen Pracht und Schönheit bewundern zu können, muss man auf die Kuppel des Petersdoms hinaufsteigen. In dieses »lebendige« Kunstwerk wird von den Gärtnern des Papstes viel Zeit und Material investiert; über fünftausend Pflanzen sind für die detailgetreue Darstellung der heraldischen Insignie nötig.

2001 erfolgte die Erstellung des »Index Plantarum Vaticani Horti«. In der ersten wissenschaftlichen Bestandsaufnahme und Katalogisierung der vatikanischen Flora wurden an die einhundert botanische Familien, dreihundertachtzig Gattungen, dreihundertvierzig Arten und über sechstausendneunhundert Exemplare in messbarer Größe verzeichnet. Die Vielfalt überrascht, aber auch die Erkenntnis, an welchen unerwarteten Orten Gewächse unterschiedlichster Art aus dem Boden sprießen. Man erfährt aus dem Verzeichnis, dass sogar beim Hubschrauberlandeplatz des Vatikans eine reiche Pflanzenwelt existiert: Arizona-Zypresse, Bergkiefer, Chinesischer Wacholder, Gartenhibiskus, Kiebsame, Kletterficus,

Kreppmyrte, Pfeifenstrauch, Spiräe, Thuja und Virginischer Wacholder. Es sind oft Geschenke, die die Vatikanischen Gärten weiter anwachsen lassen. Paul VI. bekam aus dem Libanon eine Zeder übersandt, der Staat Israel schenkte Papst Johannes Paul II. 1995 einen Ölbaum, 2004 erhielt der Vatikan zweiundzwanzig Kirschblütenbäume aus Japan. Und manchmal wagt der Vatikan selber Ungewöhnliches, so entstand im März 2008 in den Gärten eine Anlage mit Essenzen zur Trüffelzucht.

Rebstöcke jedoch wurden – den Spott Martials noch immer in den Ohren – in der Regel in den Gartenanlagen der päpstlichen Residenz bei Sankt Peter nicht angepflanzt. Urban V. ging im 14. Jahrhundert das Wagnis ein, im Vatikan einen Weinberg anzulegen und setzte über ihn sogar einen eigenen Aufseher ein. Das Wagnis des Pontifex hielt sich jedoch in Grenzen, denn er selber residierte in Avignon, wo kein Mangel an ausgezeichnetem Rebensaft herrschte – eine Flasche »Châteauneuf-du-Pape« erfreut noch heute jeden Weinkenner. Gegen Ende des 15. Jahrhunderts begannen die Päpste, sich vermehrt für die Verschönerung ihrer Gärten zu interessieren, ohne aber Wert auf den Anbau von Wein zu legen. Dass man gegen Ende des 19. Jahrhunderts in den Vatikanischen Gärten wieder Rebstöcke antraf, ging auf eine persönliche Initiative Leos XIII. zurück. Den kleinen Weinberg hatte Don Candeo, der Pfarrer von Mestrino, auf Wunsch des Papstes angelegt.

Der Geistliche aus der Gegend von Padua hatte sich in ganz Italien einen Namen als Winzer gemacht. Er besaß eine große Menge von Diplomen und hatte mit einer besonderen Art der Beschwefelung von Reben international Beachtung gefunden. Die Rebenzucht wurde zu einer echten Leidenschaft des Pecci-Papstes. Man konnte

Leo XIII. beobachten, wie er sich auf seinen Spazierstock stützend die Reihe der Rebstöcke abging – vor ihm der Weingärtner, neben ihm ein Offizier der Nobelgarde und die Würdenträger des Hofes. Der Papst wollte alles bis ins Kleinste besichtigen und feststellen, ob der Weinbau so vor sich ginge, wie er es sich wünschte. Er ließ sich genauestens über alles Bericht erstatten. Als die erste Lese, die diese Bezeichnung verdiente, ungewöhnlich gering ausfiel, beklagte er sich enttäuscht bei seinem Winzer, der ihm einen herausragenden Ertrag in Aussicht gestellt hatte. »Heiliger Vater, Ihr habt die Rechnung ohne Eure Gendarmen gemacht!«, klärte man den Papst auf. Pio Centra, der Kammerdiener des Papstes, notierte in seinem Tagebuch, der »Diebstahl« der Gendarmen habe den Papst vor einer großen Enttäuschung, einem ungenießbaren Tropfen, bewahrt.

Mehr als hundert Jahre später schenkte das Land Niederösterreich Papst Benedikt XVI. einen Weinstock für die Vatikanischen Gärten. Er wurde nicht weit vom historischen Sitz des päpstlichen Rundfunksenders bei der »Madonna della Guardia« eingepflanzt. Den Schutz der Muttergottes werde er auch bitter nötig haben, merkten die Mitarbeiter des vatikanischen Gartenbauamtes nach getaner Arbeit mit einem Schmunzeln an.

Ein Paradies für Tiere

Die kleine Geschichte war dem »L'Osservatore Romano« eine eigene Meldung wert. Die Tageszeitung des Vatikans berichtete davon, dass Papst Benedikt XVI. bei einem Spaziergang in den Vatikanischen Gärten einen *Merlo bianco* (»weiße Amsel«) gesichtet habe. Der Papst ermunterte seinen zweiten Privatsekretär, den aus Malta stammenden Prälaten Alfred Xuereb, mit der Kamera auf die »Jagd« nach dem nicht gerade alltäglichen Vogel zu gehen. Dem Monsignore gelang es, einige Fotos zu schießen, die dann von der Vatikanzeitung veröffentlicht wurden.

Die Vogelwelt des Kirchenstaates war schon in den vergangenen Jahrzehnten akribisch unter Beobachtung genommen worden. Der langjährige Sonderdelegat der »Päpstlichen Kommission für den Staat der Vatikanstadt«, der römische Marchese Don Giulio Sacchetti, hatte sich ihr mit großer Leidenschaft verschrieben – mehrmals in der Woche durchstreifte er, mit Notizbuch und Bleistift ausgestattet, die Vatikanstadt. Die Aufzeichnungen des passionierten Freizeit-Ornithologen riefen bei seinen akademischen Kollegen beträchtliches Interesse hervor, wurden in Fachzeitschriften publiziert und führten dazu, dass italienische Ornithologen die vatikanische Vogelwelt systematisch untersuchten. Sechsundzwanzig verschiedene Vogelarten hatte der Aristokrat im Vatikan nachweisen können, mehr als in jedem Park der Ewigen Stadt verzeichnet wurden. Den Artenreichtum führte Giulio Sacchetti nicht zuletzt auf die besondere Flora der päpstlichen Gärten und deren aufwendige Pflege zurück, aber auch auf die vielen verwinkelten Gebäude des Kirchenstaates und die zahlreichen Nischen im vatikanischen Mauerwerk: »Die Kuppel von Sankt Peter umfliegen Wanderfalken, Stare bauen sich Nester unter den Dächern des Apostolischen Palastes und Sperlinge bevölkern fast alle Örtlichkeiten der Vatikanstadt«, zeigte sich der Marchese von der Vielfalt der vatikanischen Vogelwelt begeistert, »wir leben hier in einem kleinen irdischen Paradies.«

Doch nicht immer herrschten paradiesische Zustände in den Vatikanischen Gärten. Im Pontifikat Leos XIII. fanden sich häufig Flintenkugeln auf den Wegen, die der Papst für seine Spaziergänge und Fahrten mit der Kutsche benutzte. Die Monsignori des »Päpstlichen Hofes« gerieten darüber in Aufregung, konnten jedoch von den Gendarmen des Papstes beruhigt werden. Die Kugeln waren kein Überbleibsel eines misslungenen Attentates auf den greisen Pontifex; sie zeugten vielmehr von einem »Sport«, der noch heute in Italien ausgeübt wird: die Vogeljagd. Dass sich die Geschosse nicht nur von außerhalb des Vatikans in die Gärten verirrt hatten, sondern ihr Ursprung manchmal auch innerhalb der vatikanischen Mauern zu suchen war, verschwiegen die Gendarmen dem Pontifex wohlweislich. Der Papst hätte kein Verständnis für eine »Jagd« in seinen Gärten gehabt, zumal er in ihnen einen regelrechten »Tierpark« hatte errichten lassen.

»In einem großen Vogelkäfig wurden zusammen Fasane und Pfauen, Turteltauben und Pharaohühner, Enten und Papageien gehalten«, berichtete Silvio Negro, »in einem Gehege sah man Damhirsche und Rehe, Strauße, Pelikane und Gazellen, die dem Papst als Geschenk von Kardinal Lavigerie, dem Erzbischof von Karthago, übersandt worden waren. Als sie im Vatikan ankamen, in Kisten und Käfigen verschlossen, wurden diese Tiere natürlich Gegenstand der lebhaftesten Neugierde. Bald darauf leistete sich solches Vieh einen hübschen Streich. Eines Morgens machte ein Pelikan sich aus dem Staub und ließ sich, man bedenke das Zusammentreffen, ausgerechnet im Wald von Castel Porziano nieder, der damals königliches Jagdgehege war. (Papst) Leo liebte es besonders, sich mit den Gazellen abzugeben, indem er sie mit dem Stock neckte. Einmal aber stürzte eine von ihnen zum großen Entsetzen des Gefolges mit einem plötzlichen Seitensprung auf ihn los. Verwundert wandte er sich um: ›Was soll diese Aufregung? Glaubt ihr vielleicht, dass eine Gazelle einen Leo (lat. »Löwen«) in Schrecken setzen könnte?‹«

Manchmal muss man aber auch in der Vatikanstadt auf die »Jagd« gehen, dann nämlich, wenn die Flora der Gärten von der Fauna bedroht wird. 2008 wurde eine Equipe des *Centro Studi e Richerche per le Palme* (»Zentrum für das Studium und die Erforschung der Palmen«) tätig. Die Experten aus San Remo waren zu einem besonderen Einsatz nach Rom beordert worden. Erstmals wurden die Palmen des Kirchenstaates genauestens unter die Lupe genommen. Die Fachleute nahmen den gesamten Palmenbestand des Vatikans in einen Katalog auf, spezifizierten ihn, versuchten festzustellen, ob die Pflanzen schon von einer Krankheit befallen waren und ergriffen vorbeugende Maßnahmen, unter anderem durch das Anbringen von Radiofrequenz-Chips und das Aufstellen von Duftfallen. Als größter Feind der Palmen gilt der *Rhynchophorus ferrugineus* (»Rote Rüsselkäfer«). Er hat im Umkreis von Rom schon beträchtlichen Schaden angerichtet. Nach wenigen Tagen konnten die Männer aus Ligurien den erfolgreichen Abschluss der *Operazione Vaticano* vermelden.

Ein ökologisches Vorbild

Im Umweltschutz sieht sich der Vatikan seit Langem als Vorreiter. 1970 wurde im Vatikanstaat und auf seinen exterritorialen Besitzungen ein Tempolimit von dreißig Stundenkilometern vorgeschrieben. Die Gendarmen des

Papstes nehmen die Überwachung ernst und sorgen mit Strafmandaten für einen Zugewinn in der vatikanischen Staatskasse. Violett gesäumte Soutanen und Ordensgewänder halten sie bei Verfolgung von Verstößen nicht ab. 2002 trat ein umfassendes Rauchverbot im Kirchenstaat in Kraft; es gilt sogar für vatikanische Dienstfahrzeuge, die Wagen von Kardinälen nicht ausgenommen. Verstöße werden mit einem Bußgeld in Höhe von dreißig Euro geahndet. Die *Multa* (»Geldstrafe«) muss innerhalb von fünf Tagen in einem der Wachbüros der Gendarmerie beglichen werden. Widerstrebenden »Tätern« und solchen, die sich weigern, die Geldstrafe zu entrichten, droht die Vorladung vor die Richter des Stadtstaates.

Der päpstliche Autopark weist immer mehr Zugänge umweltfreundlicher Wagen auf. Auch Elektroautos haben im Vatikan Einzug gehalten. Mittlerweile gibt es in der Vatikanstadt und in Castel Gandolfo eine Reihe von Elektrosäulen, an denen die umweltfreundlichen Fahrzeuge benzinfrei »aufgetankt« werden können. Von »Renault Italia« erhielt der Papst eine Spezialausführung des »Kangoo Maxi Z.E.« überreicht. Die *Light*-Version eines Papamobils – es ist 4,60 Meter lang, 1,80 Meter breit und verfügt über einen Elektromotor von 44 kW mit einer Reichweite von 170 Kilometern – soll aber nur dort zum Einsatz kommen, wo es die Sicherheitslage zulässt, innerhalb der Vatikanstadt und der päpstlichen Sommerresidenz. An eine Nutzung auf dem Petersplatz oder im normalen römischen Straßenverkehr ist nicht gedacht. Es ist nicht allein der Umstand, dass der Wagen über keinerlei Panzerung verfügt, der vonseiten des vatikanischen Sicherheitsapparates eine derartige Verwendung ausschließt. »Im Notfall können wir mit einem

Elektroauto nicht die Beschleunigung erreichen, um den Heiligen Vater schnell in Sicherheit zu bringen«, heißt es von den Personenschützern des Papstes.

2008 wurden auf dem Dach der päpstlichen Audienzhalle 2 394 Solarmodule montiert. Durch sie können pro Jahr etwa 300 000 Kilowattstunden umweltfreundlicher Strom produziert werden; mit dieser Energieerzeugung wird alljährlich ein beträchtlicher Ausstoß von Kohlendioxid vermieden. Die Solarkraftanlage, die dem Papst von einem deutschen Unternehmen zum Geschenk gemacht wurde, versteht sich als Beitrag des Vatikans zur Nutzung alternativer Energiequellen. Die Installierung auf dem Dach der Aula Pauls VI. soll aber nur ein erster Schritt sein. Auch für andere Gebäude im Vatikan ist die Versorgung mit Solarenergie ins Auge gefasst worden. »Wir möchten den Vatikanstaat autonomer machen, unabhängiger von fremder Energie«, heißt es aus dem Governatorat. In seiner Botschaft zur Feier des Weltfriedenstages 2007 hatte Benedikt XVI. »das täglich wachsende Problem der Energieversorgung« angesprochen und »die Zerstörung der Natur, den unangemessenen und egoistischen Umgang mit ihr und den gewaltsamen Aufkauf ihrer Ressourcen« beklagt.

Ein unnötiger und überflüssiger Staat?

Konkrete historische Ereignisse der jüngeren Zeit sind ein eindrucksvolles Plädoyer für die Existenz des Vatikanstaates. Eine katholische Wochenzeitung stellte fünfundachtzig Jahre nach der Gründung des Vatikanstaates die Überlegung an, ob denn die Kirche überhaupt einen eigenen Staat benötige. Das Blatt plädierte für einen

Verzicht auf den Vatikanstaat, denn »eine solche Entweltlichung würde der Kirchenleitung erst ihre Freiräume eröffnen, um auf die drängenden Fragen der Menschen zu antworten«. Freiräume gab der Kirchenstaat in den Jahren von 1943 bis 1944; auf »drängende Fragen der Menschen« antwortete er mit Gewährung von Schutz und Asyl.

Als im September 1943 deutsche Truppen die Ewige Stadt besetzten und SS und Gestapo ihr verbrecherisches Handwerk auch in Rom ausübten, ordnete Papst Pius XII. an, in Gotteshäusern, Klöstern und kirchlichen Einrichtungen Verfolgten Zuflucht zu gewähren. Vor allem die exterritorialen Besitzungen des Heiligen Stuhles nahmen viele Flüchtlinge auf, unter ihnen auch Tausende Männer, Frauen und Kinder jüdischer Abstammung. Als Schutztruppe für die exterritorialen Gebiete bot der Vatikan die Palatingarde, die Bürgermiliz des Papstes, auf, die ansonsten Ehren- und Ordnungsdienste bei päpstlichen Zeremonien leistete. Wenige Tage nach der Besetzung Roms wurde die »Generalmobilmachung« des Korps angeordnet. Ende September waren schon über einhundert Ruheständler reaktiviert worden. Dass die schon eingeleitete Verstärkung der Garde nicht ausreichen würde, erkannten die Verantwortlichen sehr schnell. Mit Zustimmung des Papstes wurde die Anwerbung von Hilfsgardisten betrieben. Von höchster Stelle kam die Aufforderung, bei der Rekrutierung all jene Bürger der Ewigen Stadt zu berücksichtigen, die in besonderer Weise um ihr Leben fürchten mussten. Sechzehntausend (!) Aufnahmegesuche erreichten das Gardekommando. Schon im November 1943 standen mehr als zweitausend Mann bereit, ihren Dienst unter der gelbweißen Fahne mit der Tiara und den gekreuzten

Schlüsseln anzutreten. Unter den Neuzugängen gab es zahlreiche Römer jüdischen Glaubens.

Bereits in den ersten Tagen des Einmarsches der Deutschen in Rom hatten viele, die um ihr Leben fürchten mussten, in Castel Gandolfo, der exterritorialen Sommerresidenz des Papstes, hoch über dem Lago di Albano Schutz vor Verfolgung gefunden. Sie wurden mit großer Diskretion untergebracht, um bei den deutschen Besatzern keinerlei unnötige Aufmerksamkeit zu erregen. Anfang des Jahres 1944 äußerte der Direktor der päpstlichen Villen gegenüber Papst Pius XII. die Besorgnis: »Heiligkeit, ich befürchte, wir werden bald einen größeren Zustrom von Flüchtlingen bekommen.« Er sollte recht behalten. Am 20. Januar begann bei Anzio und Nettuno die Landung anglo-amerikanischer Verbände, und die heranrückende Kriegsfront brachte die Bevölkerung der Albaner Berge in beträchtliche Gefahr. Die unbeteiligten Zivilisten drohten zu Opfern der Kämpfe zwischen der deutschen Wehrmacht und den Alliierten zu werden, denn todbringende Bombengeschwader unterstützten die Offensive der amerikanischen und britischen Truppen. Pius XII. ließ damals Monsignore Giovanni Battista Montini zu sich kommen. Der Pontifex trug dem Prälaten auf, dafür zu sorgen, dass die Pforten der Sommerresidenz nun auch offiziell geöffnet wurden. Jedermann sollte Zutritt erhalten – ohne dass er nach Herkunft, Religion oder politischer Gesinnung gefragt wurde. Montini erhielt die Anweisung, die Flüchtlinge mit allem Nötigen zu versorgen: Matratzen, Decken und Lebensmitteln. Eine beeindruckende Logistik wurde geschaffen. Lastwagen mit vatikanischem Kennzeichen brachten aus ganz Mittelitalien Lebensmittel in die Sommerresidenz. Die Wagen hatte man gelbweiß angestrichen und mit dem Schriftzug »Vaticano« versehen; auf den Dächern war das Kürzel *SCV* (»Stato della Città del Vaticano«) aufgemalt worden. Dennoch war jede Fahrt mit einem großen Risiko verbunden. Die Wagen wurden bombardiert und beschossen, manche von ihnen beschlagnahmt und geplündert.

Alle Räumlichkeiten der Sommerresidenz wurden für die Unterbringung der Flüchtlinge genutzt. In den Gärten errichtete man Baracken und schlug Zelte auf. Selbst in den unterirdischen Gängen aus der Zeit Kaiser Domitians wurden Schlafstätten eingerichtet. Die medizinische Versorgung auf dem päpstlichen Besitz war überraschend gut; das Hospital von Albano hatte sich wegen der Bombenangriffe, denen es permanent ausgesetzt war, für eine vollständige Übersiedlung in die »Villa Barberini« entschieden. Seine Privatgemächer stellte der Papst werdenden Müttern zur Verfügung – das Schlafzimmer des Pontifex wurde zur Hebammenstation. Sechsunddreißig Kinder kamen im Apostolischen Palast von Castel Gandolfo wohlbehalten zur Welt. An allen Gebäuden des päpstlichen Sommersitzes wehten die gelbweißen Fahnen des Vatikans. Sie signalisierten den Kriegsparteien den völkerrechtlichen Status des Territoriums. Der Heilige Stuhl war in Washington und London vorstellig geworden, um den Schutz der Zivilbevölkerung zu erreichen. Doch vergebens. Die päpstlichen Bittgesuche wurden beiseitegeschoben. Sie störten die strategischen Pläne der Militärs. Die Alliierten setzten ihre Angriffe unvermindert fort. Und so flohen die verängstigten Bewohner der Castelli Romani zu Tausenden auf das vatikanische Hoheitsgebiet.

Doch zweimal fielen Bomben auf den exterritorialen Sommersitz des Papstes, am 1. und 10. Februar 1944. Der zweite Angriff war der schwerste und derjenige, der am meisten bestürzte. Gegen neun Uhr in der Früh war damit begonnen worden, die tägliche Milchration zu verteilen. Hunderte von Menschen hatten sich angestellt, vor allem Mütter mit ihren Kindern. Dann brachte ein Bombengeschwader der Alliierten den Wartenden in nur wenigen Sekunden den Tod. »Ein furchtbares Bild von apokalyptischem Ausmaß offenbarte sich. Ein Bombenkrater neben dem anderen, Trümmer auf Trümmer, und Opfer, viele Opfer überall. Beim Atmen spürte ich den Tod in meinen Lungen«, berichtete ein Augenzeuge. Mehr als fünfhundert Tote waren zu beklagen. Alljährlich gedenkt man in Castel Gandolfo des Bombardements. »Wir begehen den Tag in Trauer, aber auch in Dankbarkeit«, so bekennt die Vereinigung der Opfer des Bombardements, »in Trauer, weil wir so viele unserer Angehörigen und Mitbürger verloren haben, in Dankbarkeit, weil der Papst die Pforten seiner Sommerresidenz öffnete und Tausenden Menschen Zuflucht gewährte; kein einziger Flüchtling, der dort aufgenommen wurde, ist den deutschen Besatzern oder den italienischen Faschisten in die Hände gefallen.« Nachdem die Truppen der Wehrmacht und die Schergen der SS Anfang Juni 1944 aus Rom abgezogen waren, strömten die Menschenmassen nach Sankt Peter. Zu Fuß, auf Lastwagen, mit der Straßenbahn. Sie führten Fahnen in den Farben Italiens und des Vatikans mit sich. Schilder und Transparente wurden in die Höhe gehalten, »Viva il Papa« und »Grazie Santo Padre« standen auf ihnen geschrieben. Die Menge, die sich auf dem Petersplatz versammelt hatte, wusste, wem viele von ihnen ihr Leben zu verdanken hatten – dem Papst und der Existenz des Vatikanstaates.